上德無為而無不為也上仁為之而無以為也 如類上德如谷大白如辱廣德如不足建
上義為之而有以為也上禮為之而莫之應 德如媮質德如渝大方無隅大器晚成
也則攘臂而扔之故失道而後德失德而大音希聲大象無形道褒無名夫唯
後仁失仁而後義失義而後禮夫禮者忠 道善始且善成
信之薄也而亂之首也前識者道之華也反也者道之動也弱也者 道之用也天
而愚之首也是以大丈夫居其厚而不居其下之物生於有：生於無
薄居其實而不居其華 故去彼取此

说老子

玄之又玄

罗养毅 著

世界知识出版社

前　言

老子是道家的代表人物，道家思想是中华文化的重要组成部分，离开对道家思想的解读就不可能读懂中华文化，而老子五千言则是道家思想的内核。不了解老子的思想也就无从了解道家文化。

老子对道的思考、对德的思考汇成五千言留世，被后人称为《道德经》（又称《老子》《道德真经》等）。《道德经》其言至简，其意至深。唯如此，自《道德经》问世两千多年以来，历朝历代有无数的学者注疏释义孜孜不倦以求其解，但是从未有哪一种说法被公认为正解。绝大多数学者研究老子都是在说“其然”，也就是说探究老子说的是什么，鲜有学者说“其所以然”，也就是探究为什么。

本书是在前人研究的基础上力求换一种思路解读老子。即尽可能回到老子的语境中去解读老子，不仅说其然，也说其所以然。希望这种解读能为研究老子抛一块引玉之砖。

目 录

老子发出了中国思想史上百家争鸣的先声，使道家站在了诸子百家掀起的思想大潮的潮头。老子是孤独的思想者，他似乎也很享受这份孤独。他不屑于世人的追名逐利，守着一份宁静，甘于寂寞、甘于淡泊。老子还是修道的开山鼻祖，提出了一整套修道方法。

隐逸是一种文化，与正统文化相辅相成，共同成为中华文化的组成部分。隐士有入仕的才能，有入仕的条件，却愿意远离政权，离群索居，追求一种自我的圆满。传承老子思想的道家分两大流派：一是楚之庄子学派，一是齐之稷下道家。入仕则从黄老，在野则学庄周。

走遍中国的名山大川，凡有道教宫观的地方就会看到供奉老子的神位。在道教中，老子是被主神的，他并没有亲创道教。道教将老子奉为尊神，既是一种需要，也是一种必然。老子作为被神化的人物在民间的影响远大于在宫廷的影响。

老子用他的思想之手触摸到了一种独立的、先于天地而生的、无所不包的、永恒不息的、对万事万物起支配性作用的存在。他的惊天一语，可谓惊世骇俗，道出一条中华文化的根脉，道出一个影响中华文化两千多年的道家学派。老子之道是有无之道，是创生万物之道，也是人的因循之道。

第五章　老子之德 / 178

道内在于物，化而为德。“德”因“道”而存在，“道”通过“德”来显现。德具有纯真、简单、直接，并富有强大生命力的特性。自然无为、柔弱不争、宽容谦下、知足知止和见素抱朴是德的具体内涵。

第六章　老子的大生命观 / 251

道归根结底左右着天、地、人的兴衰存亡。个体的生命是整体生命的一部分。个体生命的出生入死和整体生命的复命是生命的根本。生命在于自然。养生贵在养心，养心贵在养性，养性贵在淡泊，淡泊贵在平和，平和贵在寡欲。

第七章　老子的为政理念 / 286

天下是被天下人寄托给圣人的，圣人是被委托治理天下的人，受到被委托人的信任，应当全心全意为天下人理政，而不可将公权力私用。抽象概念“圣人”是完美人格的代表。圣人要有很高的道德修养，他的所作所为要符合道的准则。

解读《老子》有两种路向：一种是将其作为深奥的思想；另一种则作为宗教的“经”。这两种路向是道家与道教的分野。这两者相互交叉，各取所需。历朝历代各种不同的版本对《老子》的解读释义，是传播老子思想的载体。

第一章

老子——和光同尘的智者

老子发出了中国思想史上百家争鸣的先声，使道家站在了诸子百家掀起的思想大潮的潮头。老子是孤独的思想者，他似乎也很享受这份孤独。他不屑于世人的追名逐利，守着一份宁静，甘于寂寞、甘于淡泊。老子还是修道的开山鼻祖，提出了一整套修道方法。

老子是周朝的守藏史，在周朝走下坡路时出现，选择在周朝尚未完全解体时离去。老子的学说早于百家争鸣中其他学派，道家因老子学说而站到了思想大潮的潮头。老子置身于众生之中和光同尘，内里却是得道的大智慧者。老子开创了修道的先河，他指出的修道路径是每一个修道者的必由之途。

一、百家争鸣的先声

老子所处的时代距今 2500 多年，大约在公元前 6—前 5 世纪，周简王姬夷（前 585 年—前 572 年在位）周威烈王姬午（前 425 年—前 401 年在位）之间。其时周王朝盛期已过，缓慢地、不可逆地走向衰落。周王朝初定之时为稳固中央王权而建立的“封诸侯，建藩卫”制度，经过数百年的演化就像一件又旧又破的衣衫漏洞百出，无法缝补。周王朝衰落的直接后果就是诸侯国的兼并。杀伐征战，血雨腥风，恃强争霸，弱肉强食。司马迁在《太史公自序》中不胜唏嘘：“春秋之中，弑君三十六，亡国五十二，诸侯奔走不得保其社稷者，不可胜数。”如此乱象，岂止是民不聊生，即使是王侯百官亦不聊生。

曾几何时，周王朝不可一世，“溥天之下，莫非王土，率土之滨，莫非王臣”。（《诗经·小雅·北山》）“礼乐征伐自天子出”（《论语·季氏》），周天子一呼百应，威风八面。然而，时过境迁，周天子权威不再，中央王朝成了一种摆设。原本作为藩卫的诸侯国却视朝廷为无物，各行其是，各逞其能，恃强凌弱，鲸吞蚕食，彼此争斗，咸与争锋。于是，“礼乐征伐自诸侯出”，（《论语·季氏》）大小诸侯各举旗号，在兼并的大潮中为了称霸天下，不遗余力、不择手段，诸侯国的疆域一如拼图玩具，瞬息万变。于是，相继出现了春秋五霸（齐、晋、秦、楚、吴），出现了战国七雄（齐、楚、燕、韩、赵、魏、秦），演出了一幕幕绵延数百年的争斗大戏。这就是历史上的春秋战国时期（春秋：前770年—前476年，战国：前475年—前221年）。

老子是在周朝走下坡路时出现的，选择在周朝尚未完全解体时离去。史书关于老子的介绍主要是《史记》。司马迁在《史记·老子韩非列传》中是这样描述的：

老子者，楚苦县厉乡曲仁里人也，姓李氏，名耳，字聃，周守藏室之史也。孔子适周，将问礼于老子。老子曰：“子所言者，其人与骨皆已朽矣，独其言在耳。且君子得其时则驾，不得其时则蓬累而行。吾闻之，良贾深藏若虚，君子盛德容貌若愚。去子之骄气与多欲，态色与淫志，是皆无益于子之身。吾所以告子，若是而已。”孔子去，谓弟子曰：“鸟，吾知其能飞；鱼，吾知其能游；兽，吾知其能走。走者可以为罔，游者可以为纶，飞者可以为矰。至于龙，吾不能知，其乘风云而上天。吾今日见老子，其犹龙邪！”

老子修道德，其学以自隐无名为务。居周久之，见周之衰，乃遂去。至关，关令尹喜曰：“子将隐矣，强为我著书。”于是老子乃著书上下篇，言道德之意五千余言而去，莫知其所终。

或曰：老莱子亦楚人也，著书十五篇，言道家之用，与孔子同时云。

盖老子百有六十余岁，或言二百余岁，以其修道而养寿也。

这是公认的正史中所载有关老子最可信的记录，《史记》在叙述其他人物时也有涉及老子的内容，如

《史记·孔子世家》。其他有关老子的记述大体来源于《史记》，只是不同的人根据司马迁的材料按照自己的需要进行编撰、演绎罢了。

从司马迁所述内容可以判明一些主要信息：

第一，老子的出生地是清晰的，老子的姓氏、名、字、职务也是清晰的。不过，司马迁没有解释为什么姓李、名耳、字聃却被称为老子。或许有些事情在那个时代是众所周知的，不用解释，后因历史变迁，物是人非，到后来却不明白了。后人关于老子的出生地之争、姓氏之争多属于这种情况。

第二，儒家的首创者孔子曾问礼于老子，说明老子深知周礼，不然的话，孔子也不会专程前往拜访求教。孔子对老子钦佩不已，表明孔子对老子的学识非常赞赏，从文中的表述看，孔子拜访老子时，老子的思想已经成熟，而且老子年长于孔子，文中看不出老子给了孔子关于礼的教诲，反倒是在个人修养上给了孔子直白的建议。老子希望孔子去掉身上的骄气和各种欲望，以及过分的追求。这表明，在老子看来，孔子年轻气盛，很张扬，想法很多，所以给他一些个人修养上的建议。而孔子对老子的印象却是非同俗类，像龙一样腾云驾雾，难以把握。众所周知，老子是道家第一人，因此可以说，道家略早于儒家，不过两者的形成时间相差无几，大致是同一时代的产物。

第三，老子的学说不求名利，以修道为目的，他曾在周朝作了很长时间的守藏史（管理图书资料），后来辞官归隐。老子西出函谷关外归隐，但具体归隐地并不明确。

第四，老子西出函谷关时被关令尹喜强留，并且写下五千言。而这五千言就是讲述老子思想的《老子》（《道德经》）。

第五，老子是长寿者，寿命长达一百六十岁甚至二百岁。老子长寿的方法是修道。

不过，司马迁所述情况是非常概括的，也有许多不确定的内容。比如，他没有讲老子是在周王朝哪个时期作守藏史，人们只能根据文中的内容推测老子所处的时代。在讲完老子的情况后司马迁又提了一笔老莱子，说老莱子是楚人、讲道家学说，与孔子同时期。如此一来，老子的身世便扑朔迷离起来。于是，后世的人对老子的故里，对老子的姓氏，甚至对老子本人是否真的存在都产生怀疑。于是，各种考据、辨析绵绵不绝。每个研究者都会提出自己的说法，每种说法都有依据，大多研究者都各执己见，认为己是而人非。争论没有休止，自然也没有定论。这种现象已经持续了两千多年，也还将持续下去。

好在这种争论并无大碍。因为对于真正要认识老子的人来说，最重要的不是老子的出生地，不是老子的姓氏，也不是老子真的活了多大岁数，而是老子的思想。五千言是老子思想的载体，老子以其言而不朽。

百家争鸣老子为先

在中国历史上，周王朝是一个辉耀千古的王朝，它的物质文明和礼乐文化使其之前的王朝黯然失色。周王朝迄今仍是中国历史上存续时间最长的王朝，西周、东周前后共存在了八百余年。然而，事物的发展总是物极必反，辉煌之后就会走向衰落，这是历史发展的逻辑。春秋战国时期正是这一历史发展逻辑的鲜明呈现。

周王朝衰落的标志是“礼崩乐坏”。这意味着周王朝政治的失范，意味着周室定的规矩不再不可逾越。在周王朝的盛期，“礼”是规范，是人们的行为准则，人的思想和行为被禁锢于“礼”的窠臼。孔子倡导的所谓“非礼勿视，非礼勿听，非礼勿言，非礼勿动”（《论语·颜渊》）说的就是周王朝曾经的现实。所以，政治的失范的另一后果是以“礼”制为核心的政治思想体系的解体。此外，由于生存环境严酷，诸侯国或是图存，或是为了称霸，都迫切需要新的思想、新的理念、新的方法来应对新的挑战。王侯们不得不广纳人才，求贤若渴，备其所需。于是，原本处在政权下层或政权边缘的“士”活跃起来，在特定的环境下他们有了话语权，思想像怒泉般喷涌而出，于是，新思想、新理念、新方法在相当长的时间里层出不穷。不同领域的人物、不同学派的人物相继登场，形成了所谓诸子百家。他们周游列国，向当政者宣传自己的主张，以自己的智慧博取功名。一时间“凡诸子百家，蜂出并作，各引一端，从其所善，以次驰说，联合诸侯”（班固《汉书·艺文志》）。在春秋战国这一特殊的历史时期，社会动荡、人人思变，而政治环境又相对宽松，使得各种思想雨后春笋般的蓬勃涌现，形成了波澜壮阔的思想大潮，其盛况蔚为大观，迄今未能再现。

在老子出现之前，中国鲜有以抽象思辨见长的思想家。虽然西周时期的周公旦早于老子，被儒家奉为圣人，但周公旦的突出作为是政治业绩，他制定礼乐，建章立制，为周王朝的安定和长治久安立下汗马功劳，更多的是扮演政治家的角色。至于其他人，箕子、微子有思想却不成体系，最多不过是对当朝政治思想的补充，而且没有什么与当朝全然不同的思想。可以说，在老子出现之前，周王朝正统思想几乎是一统天下，在公开的思想言论中绝无异类。但是，老子的出现使原本单一的思想体系变得多彩起来。老子论道的思想独树一帜，以理性思维去寻求天地万物的本原，寻求事物发展的规律。就其思想体系、价值观念而言，完全不同于周王朝的传统，全然是周王朝的异类。可以说正是老子这种异类的出现发出了中国思想史上百家争鸣的先声，从而使道家站在了诸子百家掀起的思想大潮的潮头。

从司马迁的介绍来看，老子在归隐之前思想已经形成，且已有相当的影响。不过，当时老子仅代表他自己，所谓道家之宗是后世对他的推崇。老子开道家先河后，道家便绵绵不绝，成为诸子百家中最有影响的一大流派。也正是因为老子的思想使他在司马迁的《史记》中占有一席之地。

与道家几乎同时出现的是儒家。儒家学派的创始人是孔子（前551年—前479年）。儒家虽说是诸子百家之一，但儒家的主张与周王朝并无二致，孔子以复周礼为己任，认为“克己复礼，天下归仁焉”。在社会伦理关系上，主张“君君、臣臣、父父、子子”（《论语·颜渊》）。也就是说，无论朝廷还是百姓各色人等都要按照礼的规范行事。而老子则认为，“夫礼者，忠信之薄，而乱之首”（《老子·第三十八章》）。由此可见，儒家与道家的主张大相径庭，两者的治国理念、社会价值观有着根本的差异。而这种差异的碰撞，使得后来诸子百家有了自我发挥的广阔空间。

当然，这并不妨碍他们的交往。除《史记·老子韩非列传》之外。儒家经典也记载了孔子向老子请教“礼”的佳话。孔子适周，向老子问礼，临别，老子对孔子说：“吾闻富贵者送人以财，仁者送人以言，吾虽不能富贵，而窃仁者之号，请送子以言乎：凡当今之士，聪明深察而近于死者，好讥议人者也。博辩闳达而危及身，好发人之恶也。无以有己为人子者，无以恶己为人臣者。”孔子曰：“敬奉教。”孔子自周反鲁，道弥尊矣。远方弟子之进，盖三千焉。（《孔子家语·观周第十一》）

意思是：“我听说富贵者赠人钱财，仁爱者送人言语，我虽不能像富贵人那样赠你钱财，就借用仁者的名号送你几句话吧。当今的士人，因聪明深察而危及生命的，是喜欢讥讽议论别人的人；自以为博学多识喜好辩论而危及其身的，是喜欢揭别人短的人。作为人子不要只想着自己，作为人臣要尽自己本分。”孔子说：“一定谨记您的教诲。”从周国返回鲁国，孔子之道更加受人尊崇了。

老子告诫孔子不要恃才傲物非议别人，不要自以为是揭人之短，不然会招来祸患。作为人子，不可以看重自己；作为人臣，不可以轻看自己。看来老子的话孔子还是听进去了，而且还起了作用，所谓“道弥尊矣”。由此可见，老子对孔子的影响。在《论语》中也可以看到与老子思想相近的说法。如老子强调“**重积德则无不克**”（《老子·第五十九章》），孔子说“为政以德，譬如北辰，居其所而众星拱之”（《论语·为政》）；老子说：“**以正治国**”。孔子则说：“政者正也，子帅以正，孰敢不正？”（《论语·颜渊》）老子主张“**为无为**”，孔子也谈“无为而治者，其舜也与？”（《论语·卫灵公》）这说明儒家的鼻祖孔子在创立学说时吸纳了老子学说的一些重要观点。不过，儒家与道家的差异也是显而易见的。简言之，孔子的学说偏重伦理说教，而老子的思想偏重于抽象思辨。两者根本的差异在于价值取向和治国理念的不同。孔子是基于“礼”，老子是基于“道”；儒家主张刚迈有为，锐意进取；道家强调无为而治，乐于守成。两者看似对立，却相反相成，正是这种对立和并存构成了中国主流文化的两面性。这是非常值得玩味的文化现象。道家和儒家一阴一阳，一柔一刚，恰恰可以阴阳互补，刚柔相济，成就了中华文化的独特景观，凸显出经久不衰的旺盛活力。

在老子开启了道家先河后，诸子百家纷纷登场，不仅儒道两家弟子辈出，各立门派，继之，还陆续出现兵、墨、名、阴阳、法、农、纵横、杂等主张各异的流派。司马迁之父司马谈（？—前110年）是最早归纳各家特点的史学家，他在《论六家要旨》称"《易大传》：'天下一致而百虑，同归而殊途'。夫阴阳、儒、墨、名、法、道德，此务为治也，直所从言之异路，有省不省耳。"所谓"天下一致而百虑，同归而殊途"是说六家的观点不一样，但都是为了治理国家，而不是说只有六家。除了六家之外还有兵家、农家、纵横家、小说家、杂家等，不一而足。

所谓百家是就各自的特点而言的，而在百家争鸣的时代，实际上各家都会从其他的学派中汲取有益于自家的学问。老子的学问是最早成熟的，因此从各家的观点中不难看出与老子学说有相近之处。

兵家的鼻祖孙子（约前545年—约前470年）稍晚于老子，是享誉世界的军事思想家，被誉为"兵圣"，以兵法十三篇传世。《孙子兵法》至今仍被中外军事家们奉为圭臬，是案头必备的参考书。不过，从孙子兵法中却能看到老子思想的影子。究其思想根源正是领悟了老子的用兵之道，并将其具体化了。比如，老子是反战的，他认为：“**夫兵者，不祥之器，物或恶之，有道者不处。**”（《老子·第三十一章》）旗帜鲜明地对战争持否定态度。《孙子兵法》虽然是谈交战用兵，与血腥很近，但孙子内心深处却反对血腥，把杀人看作是最糟糕的选择，历来主张慎重用兵，“主不可以怒而兴师，将不可以愠而致战”（《孙子兵法·火攻篇》），正所谓“知兵非好战”。老子说“**以奇用兵**”，孙子则说“凡战者，以正合，以奇胜。故善出奇者，无穷如天地，不竭如江海”。（《孙子兵法·兵势篇》）又如，老子说：“**善为士者不武，善战者不怒，善胜敌者不与。**”（《老子·第六十八章》）孙子说：“不战而屈人之兵，善之善者也。”（《孙子兵法·谋攻篇》）老子说：“**将欲歙之，必固张之；将欲弱之，必固强之；将欲废之，必固兴之；将欲取**（一作夺）**之，必固与之。是谓微明。**”（《老子·第三十六章》）孙子也有类似的说法。他说：“兵者，诡道也。故能而示之不能，用而示之不用，近而示之远，远而示之近……攻其无备，出其不意。”（《孙子兵法·

始计篇》）两者说的都是如何对付对手，一个是使对手充分暴露，盛极而衰，一个是隐蔽自己的真实状态，伺机出手。虽然方式不同，思路却一脉相承，有异曲同工之妙。因此，也有人认为孙子是道家（如大学者南怀瑾）。《孙子兵法》在思维方式、用兵思路上与老子多有相近之处，甚至可以说是老子思想在军事领域的具体运用。

墨家的创始人是墨翟（前 468 年—前 376 年）。墨子与古希腊的亚里士多德类似，文理兼通，是个百科全书式的人物，在自然科学如几何学、物理、光学等方面有高深的造诣。墨家在当时为显学，有“非儒即墨”之称。墨子出身小贵族，却是地道的平民思想家，他思想的核心是兼爱、非攻、天志、明鬼、尚同、尚贤、节用、节葬、非乐、非命。尽管墨子早年师从儒家，但有些思想更接近道家。如老子说：**“圣人不仁，以百姓为刍狗”**（《老子·第五章》），平等对待天下百姓。而墨子的“兼爱”也是在平等的基础上相互友爱。而且“官无常贵，民无终贱”（《墨子·尚贤上》）。墨子与老子一样，对用“礼”固化的等级制持批判态度。“非攻”也与老子的反对战争的思想相近，只是论述得更充分。又如，老子主张“**见素抱朴**”，墨子主张“节用”，认为“去无用之费，圣王之道，天下大利也”（《墨子·节用》）。当然，两者的区别也显而易见。如，老子主张不尚贤，而墨子主张尚贤，老子不看重神鬼，而墨子认为神鬼对治理国家有积极的作用，等等。

总之，战国时代思想相对开放，各种思想碰撞、交锋、交流，乃至融合出新，各学派都可以从其他流派的思想中汲取自己认为有益的元素。老子的思想是最早出现的，而且还是当时的显学，因此，其他学派受其影响是正常的，像阴阳家、名家、法家、纵横家也或多或少受到道家思想的影响。阴阳家的代表人物邹衍（约前324年—前250年），其最主要的学说是阴阳五行，《汉书·艺文志》称：“阴阳家者流，盖出羲和之官，敬顺昊天，历象日月星辰，敬授民时”，但老子所说“**万物负阴而抱阳，冲气以为和**”（《老子·第四十二章》）却是阴阳学说的根本。名家惠施（前390年—前317年）是与庄子同时代人，以“历物十事”而著称。在思辨方面惠施长于“名实之辩”，公孙龙的“白马非马”说在逻辑学上成就很高，从他们的才思中可以看到老子思辨的影子。老子对法家的影响也是显而易见的。老子反对“礼”，而法家的李悝治《法经》而非礼，认为“礼”是束缚人的。老子主张“不尚贤”，法家的集大成者商鞅的《商君书·慎法》篇也明确反对国家滥用贤能之士。韩非子也是法家的著名代表，他的学说与老子更是有很深的关系。韩非子是最早对老子的学说做出解读的，《解老》《喻老》开注解《老子》之先河。纵横家张仪、苏秦游走于诸侯之间，凭借自己的智慧博取功名。这两个人虽然是鬼谷子的学生，但他们的机辩更像是深谙老子之术。

上述各派是诸子百家中的主要流派，他们都与老子的学说存在不同程度的联系。老子之前虽然也有不少有思想建树的人物，但是没有形成独立的学派。显然，老子的学说发出了百家争鸣的先声，中国思想史最辉煌的篇章是那个战乱时代书就的，而在这最辉煌的篇章中，老子的学说无疑是最具思想深度的，也是最为绚烂夺目的，至今依然闪耀着智慧的光芒，为世人津津乐道。

二、老子——孤独的思想者

作为正史，《史记》对老子的记载是非常简略的，不过寥寥二百余字。司马迁说“道家盖出于史官”。作为史官的老子，史书中没有看到他的相关建树，倒是以独立思考闻名于世。

老子仕周，为守藏室之史。守藏室是周朝典籍收藏之所，集天下之文，收天下之书，汗牛充栋，无所不有。老子自然有机会近水楼台先得月，周朝廷所藏典籍可以为其所用。可以说，老子是那个时代学识最为渊博的人。但是，老子没有像孔子一样广收门徒。正史中，函谷关的官吏尹喜向老子强索五千言，其后自觉地成为老子学说的信奉者和传播者，但老子并未收其为徒，因此，算不上老子的弟子。至于老子出函谷关后在楼观台讲授《道德经》，也只是一种传说，因为无论在史书中，还是在道家的脉系传承中都没有老子亲传弟子的记载。老子是一个孤独的思想者，他的学说不被当时的人理解，在社会上鲜有共鸣者。但是，老子的思想却广为流传。之所以被广为流传倒不是因为他弟子众多、香火不断，而是因为他的思想学说。尽管在中国思想史上活跃的各学派、各类人都可以从老子的学说中汲取适合自己的养分。然而，老子依然是孤独的。

老子的独白

老子处于周朝渐衰之时，在周朝廷为官，干柱下史的营生，对朝廷中的事情看得非常明白。当时的政治生态是非常畸形的，一方面，诸侯坐大，朝廷式微；另一方面，当朝奢靡显摆之风依然畅行其道。老子在这种状态下只能独善其身。他感慨道：

使我介然有知，行于大道，唯施是畏。

大道甚夷，而人好径。

朝甚除，田甚芜，仓甚虚；

服文采，带利剑，厌饮食，财货有余。

是谓盗竽（一说盗夸），**非道也哉！**

（《老子·第五十三章》）

意思是：即使我认识浅薄（介然），也要追求大道，唯恐走了邪（施）路。大道很平坦，但朝官却喜欢走小路。宫殿华美，农田荒芜，仓储空虚，而朝官仍衣着锦绣，佩带长剑，食不厌精，财货堆积，简直就是强盗头子（盗竽）。这是背道而驰啊！

在这样的政治氛围中，老子没有可以言说的对象，没有可以交流思想的同僚或朋友，老子内心的孤寂溢于言表。按理说朝廷中的各级官吏也都是有一定知识水平的人，但这里没有人懂得老子。虽然他的睿智、博学早已名播朝野，甚至远在鲁国的孔子也专程前往请教，但是在那个时代并没有人真正懂得老子。老子自己也说：

吾言甚易知，甚易行。
天下莫能知，莫能行。
言有宗，事有君。
夫唯无知，是以不我知。
知我者希，则我者贵。
是以圣人被褐而怀玉。

（《老子·第七十章》）

意思是：我的话很好懂，也很容易做。然而天下竟没有人能懂，也没人能做。说话有主旨，做事有规矩。正是（天下人）不明白这个道理，因此才不懂我。懂我的人少，能像我这样做的人更是难得。所以，表面上得道的圣人穿着粗布衣服，与常人无异，但他内在的品行修养却像珍贵的美玉一般。

这正是老子处境的生动写照，大概也是老子弃周而去，西出函谷关归隐林泉的重要原因。

老子是孤独的，无以名状的孤独。一如登临绝顶四下环顾，目及之处却没有可与比肩之人。他仰观苍天，或许孤悬在天际的明月、散落于苍穹深处的星辰能知晓他的心语；他俯察大地，或许大地上奔腾的江河、默立的山川能读懂他的玄思。

老子只能是孤独的，他的孤独之处不在于他超迈深邃洞察天地的思想不被人识，他平和自然的修身信条不被人用，也不在于他长治久安的治国理念不见容于当时，且鲜用于后世，而在于人自身被利欲蒙蔽不识大道。老子慨叹：“**吾言甚易知，甚易行，天下莫能知，莫能行。**”（《老子·第七十章》）不是老子的思想玄奥难懂，不是老子所倡导的做法难以实行，而是人们的欲念太甚，不愿节制。

老子是孤独的，他似乎也很享受这份孤独。他不屑于世人的追名逐利，守着一份宁静，甘于寂寞、甘于淡泊。在世俗中，老子真正做到了和光同尘。虽然在人群中看不出他与常人有多大区别，甚至显得木讷，但是他的思想却远远超越了他所处的时代。两千多年来，老子的思想作为中华文化的主流之一，一直影响着中国人的思维。可以毫不夸张地说，在中国思想史上老子是无与伦比的，甚至是难以逾越的。老子诞生以来，在中国这块土地上涌现出了多少思想家，又有几人能与其比肩？也正因如此，老子的孤独也是一种必然。在老子的五千言中，有一段精彩的话是说自己心境的，这段话很能说明老子与凡夫俗子在思想上认知上的差异。

唯之与阿，相去几何？
美（一作善）之与恶，相去若何？
人之所畏，不可不畏。
荒兮其未央哉！
众人熙熙，如享太牢，如春登台。
我独泊兮其未兆，如婴儿之未咳。
儽儽兮若无所归。
众人皆有余，而我独若遗，
我愚人之心也哉。
沌沌兮！
俗人昭昭，我独昏昏；
俗人察察，我独闷闷。
澹兮其若海，飂兮若无止。
众人皆有以，而我独顽似鄙。
我独异于人，而贵食母。

（《老子·第二十章》）

这是老子的独白，他这番话是说给自己听的，是他跳出自我来看自己在人群中的状态，来看自己与世人的区别。在短短的一百多字里竟有六处“**我独**”——“**我独泊兮其未兆**”“**我独若遗**”“**我独昏昏**”“**我独闷闷**”“**我独顽似鄙**”“**我独异于人**”——这充分表现了老子与社会的强烈疏离。在芸芸众生中，老子只能是孤独的。用现代话语解读老子的独白，或许有助于今人理解这位独步古今的思想者。

“**唯之与阿，相去几何？**”唯唯诺诺与趾高气扬有多大差别？

“**美之与恶，相去若何？**”人们赞美的与人们厌恶的又有多大差别？

老子所说的“唯”与“阿”反映的是尊卑差别。所谓“唯”是地位低的人对地位高的人说话时的语态，唯唯诺诺生怕说错什么；而“阿”则是地位高的人对地位低的人说话时的语态，居高临下拿腔作调。所谓美与恶，反映的是人们的审美取向和价值取向。美是人们喜欢的、欣赏的，而恶则是人们不喜欢的、讨厌的。据老子一贯的主张，凡事都是相对的、变化的，唯与阿、美与恶的观念当然也不是恒定的，是会随着条件的变化而改变的。稍有一点阅历的人都会认同这一点。此一时，彼一时，此时为贵，彼时为贱，此时为尊，彼时为卑。所谓“世态炎凉”“冰火两重天”就是条件发生变化后两种截然不同的状态。

“**人之所畏，不可不畏。**”人们之所以有所畏惧心，是因为他们囿于唯与阿、美与恶观念。人人都希望为尊，而鄙视卑；人人都想美而鄙视恶，有了尊贵和卑贱、有了喜欢和厌恶也就有了趋避之心，有了趋避之心，自然就有了畏惧之心。人之所以有畏惧，是因为必定有使他畏惧的东西。

令老子遗憾的是人们不了解这一点，不知道自己的畏惧心正是来源于自己的趋避心。所以，老子慨叹“**荒兮其未央哉**”。这是说人们的观念是迷茫混乱的，且不着边际。（“荒”有多种解释，在此处作迷乱、迷茫讲比较合适，“其……哉”是语气词搭配，而“未央”是没有尽头的意思。）王弼认为这句话是说“叹与俗相反之远也”。

“**众人熙熙，如享太牢，如春登台。**”这里所说的众人应当是指有身份有地位的人而不是一般百姓。因为他们能享用最高级别的盛宴，能有闲登高台赏春。老子看到人们兴高采烈如享太牢（用大餐），如春登台（春游），却并不趋同，他坚守着内心的自我，淡然处之，不形于色，“**若婴儿之未咳**”，像一个襁褓中的婴儿似的对这些热闹场面无动于衷。

“**儽儽兮若无所归。**”老子喟然长叹，落落不群，形单影只，似无所归依。

“**众人皆有余，而我独若遗，我愚人之心也哉。**”老子与芸芸众生不同的是内心、是思想。表面看起来众人都有所得（皆有余），而唯独老子却像有所失（若遗），但老子保持着一个未被恶俗污染的纯朴心境（愚人之心）。

“**沌沌兮！俗人昭昭，我独昏昏；俗人察察，我独闷闷。**”世俗之人精于追名逐利，而老子却自以为昏昏然不谙其术；世俗之人在细微之处斤斤计较，而老子却大智若愚自甘糊涂。

“**澹兮其若海，飂兮若无止。**”淡泊而沉静的心一如广阔无垠的大海，自由而不羁的思想仿佛不知起止的长风。

“**众人皆有以，而我独顽似鄙。**”在老子看来，天下人都以“有”为尊，而唯独自己无欲无为显得似乎顽劣卑下。

“**我独异于人，而贵食母。**”老子认为，自己的思想观念之所以与众人完全不同，是因为自己重视的是事物的根本（贵食母）。

透过老子这番独白，我们多少能看到这位旷世哲人的内心世界和他对自己在世人中的评价。在芸芸众生中，老子看起来不像是一个特立独行，超然绝群的潇洒高人，他的与众不同之处在于他的思想，在于他的真知灼见和他对事物的评价尺度。也正因为如此，老子才是孤独的。

老子是孤独的，但是老子的孤独不同于其他人的孤独，既不是马其顿帝国的亚历山大大帝那种杀伐征战、所向披靡，仗剑四顾、天下无敌，踌躇满志的孤独；也不同于楚人屈原“举世皆浊我独清，众人皆醉我独醒”满腔忧愤，怀才不遇、报国无门的孤独；当然也不是法国存在主义大师萨特那种以邻为壑，他人即是地狱，全然自闭式的孤独。老子的孤独是哲人自省的孤独，是参通悟透大道后他人无法分享的孤独。

前无古人，后无来者，老子的孤独注定是无与伦比的。

三、老子——修道的开山者

修道是修道者津津乐道的事。修道者通过个人的体悟、修行而悟道、得道，进而达到人道合一，这是修道的最高境界，是所有修道者的终极追求。但是，修道这种形式始自何时，却鲜有人问津。在老子之前也曾有许多隐士修道，如巢父、许由等。但是，没有资料记载他们怎样修道，修道的过程是怎样的。佛家也讲究修行，但佛教传入中国是东汉时期，佛家的禅宗最讲究打坐参禅，但是中国的禅宗是南北朝时由达摩传入东土，比老子晚了很多。佛家打坐参禅的形式与老子的修道方法有诸多相同之处，这当然不会是一种巧合。客观地说，佛家的打坐修行得以流行，与老子的修道方式已经存在不无关系。在《老子》五千言中有不少内容记述了修道过程，可以推断老子是修道这种形式的开山鼻祖。

修道的前提

老子之道是一种超越人感官的存在，因此，对道的认知也很难像对有具象的物体的认知那样产生共识。修道首先对道有一定的认知，道虽然就在那里，但是不同的人却有不同的反应。老子说：

上士闻道，勤而行之；

中士闻道，若存若亡；

下士闻道，大笑之，不笑不足以为道。

故建言有之：

明道若昧；进道若退；夷道若颣；

上德若谷；大白若辱；广德若不足；

建德若偷；质真若渝。

大方无隅；大器晚成；

大音希声；大象无形；

道隐无名。

夫唯道，善贷且成。

（《老子·第四十一章》）

意思是：有悟性的人听了道，就会努力去做；悟性一般的人听了道，对道的存在将信将疑；凡夫俗子听了道，会认为关于道的说法有悖常理，很可笑。道若是不被凡夫俗子嘲笑，那就不足为道了。因此有这样的说法：（对修道者而言），道虽然明白，却好似暗昧；道虽然使人进步，却好似让人后退；道虽然平坦，却好似崎岖。德行高尚者，却行事低调，虚怀若谷；清白无瑕，却好像含有污垢；德行广布者，也像是有所不能顾及；德行完备却好像浅薄（偷：浅薄，不厚道。如，则民不偷。——《论语·泰伯》）；质地真纯（里表如一），却好像变化多端。方是一种形状，有边有角，而超越人们感知的大方，则无边无角（如天圆地方）；重大的器物制作耗工费时，所以总是晚成；宏大的音响，是各种声音的汇集，而具体的某一种声在其中却像是若有若无；被抽象的名象（大象），没有具体形态。道幽隐而没有名。只有道，才能使万物善始善成。

老子这段话应该是对修道者说的。因为对道的认知因人而异，人不但有上、中、下之分，而且对道的体悟也是各不相同。道是超然、超验的，内在于物，却视之不见，听之不闻，搏之不得。无论认知如何，道就在那里，本身无所谓明、昧，进、退，夷、类的差别，之所以对道的认知产生这样的差异，甚至错觉，是因为修道者资质的高下和悟道深浅所致。至于对德以及对其他事物的各种表述，是用来说明对道的认知的。对于修道者来说，必须心里有道，专心悟道，而不在意世人的耻笑。心里有道，才可能去修道、悟道，这是修道的前提。

修道虽然不设门槛，人人可修，但是对于修道者来说，修道容易得道难。有了求道之心只是站在了通往目标的起点，体道、悟道、得道像上九天揽月一般，绝非易事。所以，求道修道者如过江之鲫，不可胜数；得道者只是凤毛麟角，少之又少。难在何处？大千世界充满了诱惑。天大地大不如人的欲望大，爹亲娘亲不如世间的名利亲。私欲和名利是修道的最大障碍，不去私欲、名利之心难以进入修道的妙境。人们对名利的得失最明显的表现就是受宠或受辱时的心态。在名利面前人的意志是相当脆弱的。老子说：

宠辱若惊，贵大患若身。
何谓宠辱若惊？
宠为下，得之若惊，
失之若惊，是谓宠辱若惊。
何谓贵大患若身？
吾所以有大患者，为吾有身，
及吾无身，吾有何患？

（《老子·第十三章》）

意思是：宠和辱都会使人受惊扰，最大的担忧是自己的身体。什么叫作宠辱若惊？宠是等而下之的，得到它会受惊扰，失去也会受惊扰。这就是宠辱若惊。什么叫作最大的担忧是自己的身体？我之所以有大的忧虑，是因为有我的身体，如修炼到没有身体的程度，我还有什么可担忧的？

所谓“宠”就是光耀，就是被人喜欢和夸誉。得宠对常人来说是求之不得的好事情，可谓多多益善；受辱则是很糟糕的事，唯恐避之不及。这里的“患”是担忧的意思。与孔子所说“不患寡而患不均，不患贫而患不安”（《论语·季氏》）是同样的用法。“身”指代自我，亦即私念。但在老子看来，对修道者来说，无论宠辱都会使心境受到惊扰。这是因为修道者过于看重宠辱，尚未将名利置于身外，全心全意地投入修道。如何理解宠辱若惊？宠辱两者比较，宠对人心境的影响更厉害。得之也罢失之也罢都让人心境不得安宁。如何理解“贵大患若身”？对于修道者而言，应当抛弃名利心、宠辱心，专心修道，忘掉身体（自我）的存在，只有“忘我”才能达到人道合一的境界。但是，达到这种境界绝非易事。所以，修道者的最大障碍就是自我，是自我的名利心、宠辱心。如果能够抛弃名利心、宠辱心，达到了“忘我”的境界，那么，这种修道的障碍也就不再存在。

在这里，老子既是给修道者设置了一个前提，也是为修道者解惑。要修道首先要保持内心的平静，不被惊扰。这是修道的必要条件，如果做不到这一点，整天为宠辱之事患得患失也就谈不上修道。所以，修道首先要宠辱不惊，进而宠辱皆忘。宠辱心来自名利，名利心来自私念，私念是修道最大的障碍。抛去私念，进入“忘我”的境界，再往下就是修道的功夫和悟性了。

老子认为正是因为有“身”才有了宠辱、大患，若要宠辱不惊、无忧无患，必须达到“无身”的境界。

修道的过程

修道是很自我的，像吃饭、睡觉一样，别人只能指点，却不能替代。但是，修道的过程是什么样的？却是每一个修道者都想知道的。老子不愧是善于修道者，对修道有深刻的认识。他为修道者画了一幅像。当然，老子不是为他们的外形、长相画像，而是借自己的经验，描述了修道的过程。老子说：

> **古之善为道者，微妙玄通，深不可识。**
>
> **夫为不可识，故强为之容：**
>
> **豫兮，若冬涉川，**
>
> **犹兮，若畏四邻，**
>
> **俨兮，其若客，**

涣兮，若冰之将释。

敦兮，其若朴；

旷兮，其若谷；

混兮，其若浊。

孰能浊以止？静之徐清；

孰能安以久？动之徐生。

保此道者不欲盈，故能蔽而新成。

（《老子·第十五章》）

这段话旨在说明修道的过程和修道者的心态。从内容看，与其说老子在描述修道者的样子，毋宁说这是老子修道的体悟，是借言说他人来讲自己的修道经验。

“古之善为道者，微妙玄通，深不可识。”自古以来，善于修道的高人微妙通玄、高深莫测（玄通：通玄）。修道者有其神秘的一面，不为常人所知。

“夫为不可识，故强为之容”（描述他们的状态）。正是因为他们深不可测，所以我才勉强谈论他们。老子也是修道者，对修道有体悟，对修道者知之甚深。

“豫兮，若冬涉川”（豫兮：迟疑状态）。初修道时，处于探索阶段，像冬天过河，如履薄冰。所谓探索就是不知道正确的道路在哪里而去寻找，此时的心态一定是小心翼翼，生怕走错路。

“**犹兮，若畏四邻**”（犹兮：警觉状态）。修道却不知道自己做得正确与否，所以总是心怀忐忑，战战兢兢，有一种心中不踏实的感觉。

“**俨兮，其若客**”（俨兮：端坐状态）。修道若有所得，便内怀谦和，外显恭敬，目不斜视，正襟危坐，心态如同做客一般。

“**涣兮，若冰之将释**”（涣兮：放松状态）。修道有所得，亦即达到一定的境界后便进入一种释然的状态：身心俱放松，如饮甘霖，如沐熏风，冰凌缓缓消释，化成融融春水。

“**敦兮，其若朴；旷兮，其若谷；混兮，其若浊。**”得道之人，敦厚朴实，旷达宽容，内清而外浊，外表与世俗无异，和光同尘，而内里已修成得道之身。

“**孰能浊以止？静之徐清。**”修道之人如何才能抑制浊欲？去除杂念，入静入定，平和无念，心自会渐渐清明。

“**孰能安以久？动之徐生。**”修道之人如何才能持久地安心悟道？心念一动，万念俱生。因此排除欲念是持久修道的根本。

“**保此道者不欲盈，故能蔽而新成**”（蔽：概括）。修道是没有止境的，永远不可自满，修道者明白这个道理，所以才能不断提高，达到修道的新境界。

老子说这番话是对修道过程的完整描述，也是最早的修道箴言。

修道的方法

老子是一个饱览群书的博学者、一个冷眼阅世的大智慧者，同时又是一个道的觉知者，因此对为学和悟道自有心得。在老子看来，做学问和悟道的路径是不同的，甚至是相反的。他说：

为学日益，为道日损。
损之又损，以至于无为。
无为而无不为。

（《老子·第四十八章》）

这段话的意思是：学习知识是一个积累的过程，是一个经验的过程，时间越长，经验越丰富，学得就越好。但是，修道却与学知识相反，是一个不断去掉自身蔽障、反求诸己的内修过程，去掉得越多就越接近于无为。真正达到无为的境地，就无为而无不为了。

这是修道的至上境界。老子强调为学和为道的差别，是因为绝大多数人并不了解为学和修道的不同。为学可以皓首穷经，学富五车，可以学识渊博、无所不知。但是，这并不是修道方法，修道要做的是“日损”。那么，“损”什么？老子没有解释。但根据老子的一贯思想，“日损”可以理解为不断地去掉依附于自身的有碍修道的各种东西，主要指去经验、去成见、去各种欲望。因为，经验、成见是经历、为学所得，各种欲望是所为的动力，与修道所要求的无为更是格格不入。这些都是修道的蔽障，而去掉各种蔽障则是修道过程必须面对的。

按照老子的说法，“为学”和“为道”两者一增一减，似乎是相悖的，其实不然。“为道”并不是一个自然的过程，而是一个自觉的过程，通过自觉的修道才能达到个人的自然状态。“为道”是要自觉地舍弃或除去蔽障。但是，如果没有“为学”，“为道”也就没有什么可“损”的了。“为学”并不只是做学问，《红楼梦》里的一副对联“世事洞明皆学问，人情练达即文章”恰好反证了“为学”的本意。可以说，一切直接或间接的经验都是由“为学”而来，除了本能之外，一切欲望都是因外界诱惑而生。从这个意义上说，“为学”的过程实际上也是蔽障滋生的过程。一件器皿如果不沾灰尘也就用不着洗涤擦拭，但是在满是灰尘的环境中，这件器皿却不可能不沾灰尘。人也是这样。对绝大多数人而言，人首先是一个社会的人，在社会中生存，必然要受社会的各种影响，形成各种成见，而修道就是要尽可能去掉或减少社会影响和既有成见。人不可能不经历修道过程自然地成为得道者，可以说，“为道”就是要去掉“为学”所形成的蔽障。

修道是无止境的，不可浅尝辄止。在老子看来，真正得道的圣人总是以一种虚怀若谷的心态去修道，丝毫不敢沾沾自喜。他说：

知不知，上；

不知知，病。

圣人不病，以其病病。

夫唯病病，是以不病。

（《老子·第七十一章》）

意思是：（在修道上）明白自己有所不知，是最明智的；不明白却自以为明白，是修道的大忌，圣人没有这种弱点，是因为他总是明白自己有所不知。正是圣人谨记修道的忌讳，所以才不会被禁忌所困。

老子的这段话不仅是对修道而言，还具有普遍意义。认为自己无知，才可能进步；如果认为自己无所不知，那么只能说是见识浅薄的井底之蛙。自满则溢。这是所有自以为是者应当引以为戒的。

修道人人可为，但并不是人人可以修成圣人。修道达到一定高度才能超凡入圣。老子对得道圣人的表述是：

不出户，知天下；

不窥牖，见天道。

其出弥远，其知弥少。

是以圣人不行而知，

不见而明，

不为而成。

（《老子·第四十七章》）

意思很明白：不出家门，就可以知天下的事；不看窗外，就可以知天地运行的规律。走得越远，反而对道了解得越少。所以，得道圣人不用出行就知天下，不用看见就明白事理，以无为处事而事无不成。

有句老话说“秀才不出门，便知天下事”，是对读书人的褒奖，意思是读书人凭借大量读书就能知晓天下事。这话应当是从老子的话引申而来，但老子意思却是相反，指修道者通过“日损”，也就是不断地减少蔽障，包括书本知识，通过修道来知晓天下事。老子所说的圣人，不是帝王、不是公卿，而是通过修行而得道的人。

内修与得道

老子不仅描述了修道者外在的表现、修道的方法，而且还对修道者如何内修提出要求。他说：

载营魄抱一，能无离乎？
抟气致柔，能婴儿乎？
涤除玄览（一作玄鉴），**能无疵乎？**
爱民治国，能无为乎？
天门开阖，能为雌乎？
明白四达，能无知乎？
生之、畜之，
生而不有，为而不恃，长而不宰，
是为玄德。

（《老子·第十章》）

意思是：精神与肉体能不分开吗？凝聚精气以致柔和，能像婴儿那样吗？擦拭观照万物的心镜，能没有瑕疵吗？爱民治国，能做到无为吗？自身感官的启闭，能像雌性一般守静吗？通晓事理，能不用心机吗？（道的原则是）生育万物，却不占有，做事却不居功，领导却不主宰。这是道化而为德的最精妙的表现。

这一章是老子对修道者在修道时提出的六点要求，修道者进入修道状态时应是：

一、全身心投入，形神不二。抱一，即修道；营，即人的魂；魄，人的身体。修道时要身心一体，聚精会神，不能被杂念侵扰。杂念一起，必会对身体产生影响，形神不一便成了修道的蔽障。

二、要调理气息，使之平顺柔和，像是回到人的本初状态，自然而不故意。婴儿是人的本初状态，纯真自然，身心如一，毫无杂念。成人经过世俗的浸染早已心性大变，要想回到婴儿状态是不可能的，但是可以将婴儿的纯真自然，身心如一作为衡量修道的标尺。

三、形象地说，修道就是为使心镜明亮而擦拭。心镜原本是明亮的，但是在尘世中久了难免有瑕疵、沾染尘埃，要使心镜明亮就需不断擦拭。而这尘埃、瑕疵就是蒙蔽心镜的私欲，擦拭心镜就是去除任何有碍修道的私欲。

四、“**爱民治国**”，是针对当政者；而这里的无为是对当政者的要求。对修道者同时又是掌权者来说，爱民与治国所遵循的原则就是“无为”。当政者不要以一己之爱强施于民，不要以一己之念强加于民。

五、“天门”有多种解释，河上公说：“治身天门谓鼻孔。”有的学者解释为感官，这里的语境是修道，所以应当是指自身的感官，如眼耳口鼻等。人通过感官与外接触，而感官对人的影响是直接的。各种欲望都通过感官产生，进而影响人的心性。因此修道的内容之一，是要控制外界对感官的影响，使之处于相对平静的状态。

六、认识周边事物、通晓万事万物的事理，应当是一个内外交流的自然过程。人通过感官感知外部世界，而外部世界则被感知，两者是一种自然的互动关系。所以，通晓万物事理而不用机心，才算是得道者。

实际上，除了“**爱民治国，能无为乎**”之外，其他五点正是具体的内修要求。内修也就是打坐或静思。首先要静下来，身心合一，排除杂念；接着，便是调息，使呼吸自然、平顺柔和；然后，进入修道的状态，观内心深处，就像擦拭镜子一样一点点地去除有碍修道的蔽障；再往后，让自己身体的感官安静下来，被动地与外界交流；通晓所有事物，是一个自然感悟的过程，而不刻意用机心。总之，修道也是按照道的原则：**“生而不有，为而不恃，长而不宰”**，这是道内在于物化而为德的最高显现——玄德。

修道者注重的是内功，而不是嘴上的功夫。如果有人自以为得道，或者以得道为幌子，夸夸其谈，那么他一定不是得道者。得道者老子说：

> **知者不言，言者不知。**
> **塞其兑，闭其门，**
> **挫其锐，解其纷，**
> **和其光，同其尘，是谓玄同。**
> **故不可得而亲，不可得而疏；**
> **不可得而利，不可得而害；**
> **不可得而贵，不可得而贱，**
> **故为天下贵。**
>
> （《老子·第五十六章》）

意思是：对道体悟深的人不会随意论道，轻言论道的人并不真懂道。堵塞与外界通气的窍，关闭与外界交往的门，磨平棱角，消解各种纷扰。收敛光芒，与尘世混同。可以说这就是悟道后有所得的状态——玄同。所以，不可以为得道而亲，不可以为得道而疏，不可以为得道而利，不可以为得道而害，不可以为得道而贵，不可以为得道而贱，因此，才会被天下所尊崇。

这是老子对悟道有所得之人的告诫。即使修道有所得也不要妄言。“**塞其兑，闭其门**”是修道时的状态，身心全然与外界隔绝。而“**挫其锐，解其纷，和其光，同其尘**”这四句话老子在论道时曾用过，在此处则可理解为修道。前两句是说修道后心性平和，纷扰消解；后两句是说，看起来得道者与一般人无异，但实际上两者的差别却是内在的。这就是所谓的“玄同”。得道者不拘俗念，不要有分别心，无所谓亲疏、利害、贵贱，因此，才会得到天下人的尊崇。

老子修道是成体系的，从修道的前提、修道的过程、修道的方法，以及如何提高，提出了一整套的方法。正是因为有了这套可操作的方法，修道才有了路径。后人可能觉得这是一种本有的存在，但在二千五百年前，却是前无古人的。后来人们的打坐、冥想也无不遵从这种路径。从这个意义说，老子作为修道者的开山鼻祖是名副其实的。

第二章

老子与道家——隐逸文化的代表

隐逸是一种文化，与正统文化相辅相成，共同成为中华文化的组成部分。隐士有入仕的才能，有入仕的条件，却愿意远离政权，离群索居，追求一种自我的圆满。传承老子思想的道家分两大流派：一是楚之庄子学派，一是齐之稷下道家。入仕则从黄老，在野则学庄周。

老子被尊为道家之宗，也就是说道家是由老子开始的。其实不然。道家之宗也是被后世人尊奉的。老子归隐林泉之前并没有一个道家学派。但是，老子作为道家宗师却名副其实。这不仅因为老子的五千言是道家经典，而且老子与中国的隐逸文化有着割不断的联系。

一、隐逸文化的缘起

在中国，隐逸是一种文化，也是一种传统，与正统文化相辅相成共同成为中华文化的组成部分。对中国士人而言，归隐是很雅致的事情，很多当官的都有归隐情结，即使当官，心中也给归隐留一席之地。归隐者道家居多，他们寄情山水，修身养性，在隐逸中获得身心的自由。

隐逸文化存在的历史甚至与国家存在的历史一样久远，国家政权的出现之初就产生了远离政权的隐逸之士。中国最早的国家形态，可追溯至上古社会的尧、舜、禹时代。尧、舜、禹在中国历史上是明君的典范，而他们的老师却都是当时德行高尚的隐逸之士。隐士首先是士，是主动疏离政权的社会精英。隐士虽不在朝，但是影响却不小。孔子称“兴灭国，继绝世，举逸民，天下归心焉”（《论语·尧曰》）。这里的“逸民”就是指隐士。在孔子看来，能否任用隐士是当政者是否得民心的一个重要尺度。由此可见，隐士虽然每个人都是在独立修行，但他们却是一个群体。他们的存在似乎游离于社会之外，但他们的影响却在社会之中，只不过他们对社会的影响正如他们的身份一样是隐形的罢了。《吕氏春秋·尊师》记载：“神农师悉诸，黄帝师大挠，帝颛顼师伯夷父，帝喾师伯招，帝尧师子州支父，帝舜师许由，禹师大成贽。”悉诸、大挠、伯夷父、伯招、子州支父都是隐逸之士，这些上古社会的明君圣主以隐士为师向其求治国之道，而避世的隐士则通过教导弟子间接地影响社会。

隐逸是相对于入仕而言的，隐士有入仕的才能，有入仕的条件，却愿意远离政权，离群索居，追求一种自我的圆满。世人对隐士缺乏了解，总觉得他们的观念怪异、行为离群，有一种神秘感，因而许多隐士被视为世外高人。孔子游说列国途中就屡屡碰到隐逸之士，如长沮、桀溺、荷蓧丈人、接舆等人。《论语·微子》中记述了这些故事。其中有一则故事说：

长沮、桀溺耦而耕。孔子过之，使子路问津焉。长沮曰："夫执舆者为谁？"子路曰："为孔丘。"曰："是鲁孔丘欤？"曰："是也。"曰："是知津矣。"问于桀溺。桀溺曰："子为谁？"曰："为仲由。"曰："是鲁孔丘之徒与？"对曰："然。"曰："滔滔者天下皆是也，而谁以易之？且而与其从避人之士也，岂若从避世之士哉！"耰而不辍。子路行以告，夫子怃然曰："鸟兽不可与同群，吾非斯人之徒与而谁与？天下有道，丘不与易也。"

意思是：孔子在行路中碰到两个身材高大的人，让弟子子路打听渡口。其中一个人说，那个驾车的人是孔丘吧，他知道渡口。另一个人问子路："你是谁？"子路说："我是仲由。"这个人问："是鲁国孔丘的弟子吗？"子路答："是。"这个人又说："天下之乱如滔滔洪水，谁能改变它呢？你与其跟随回避小人的人到处跑，哪比得上跟随我们这些避世之人！"子路把这些话告诉了孔子，孔子不胜怅惘，说："鸟兽不可成为一个群体，我不与世人在一起又能和谁在一起呢？天下若有道，我就不参与改变它了。"

另一则故事说：

> 楚狂接舆歌而过孔子曰："凤兮凤兮！何德之衰，往者不可谏，来者犹可追。已而，已而。今之从政者殆而！"孔子下，欲与之言，趋而辟之，不得与之言。

意思是：楚国的狂人接舆从孔子的车前经过，唱道："凤鸟呀，凤鸟！你的德行为什么衰败了呢？过往的无法挽回，未来的还是可以追寻。算了吧，算了吧！当今从政的人很危险啊！"孔子下了车，想向他请教。他却连忙跑开了，两个人没有说成话。

这些隐逸之士共同的特点是对孔子的济世行为不屑，甚至不愿意搭理他，尽管孔子是名噪一时的闻人。其实，在春秋战国，流离乱世，孔子倡导仁义礼智信并不合时宜，隐居避乱不失为一种好的选择。

隐士的做派在常人看来有些矫情，甚至不可思议。皇甫谧所撰《高士传》有这样的表述：

> 许由，字武仲，阳城槐里人也。为人据义履方，邪席不坐，邪膳不食。后隐于沛泽之中。

尧让天下于许由，曰："日月出矣，而爝火不息，其于光也，不亦难乎！时雨降矣，而犹浸灌，其于泽也，不亦劳乎！夫子立而天下治，而我犹尸之，吾自视缺然，请致天下。"许由曰："子治天下，天下既已治也，而我犹代子，吾将为名乎？名者，实之宾也，吾将为宾乎？鹪鹩巢于深林，不过一枝；偃鼠饮河，不过满腹。归休乎君，予无所用天下为。庖人虽不治庖，尸祝不越樽俎而代之矣！"不受而逃去。

（《高士传·卷上·许由》）

意思是：许由，字武仲，是阳城槐里人。为人正直，举止规范，后来归隐于荒野泽地之中。尧想把天下交给许由管理，劝说道："日月出来了可火把却不灭，它的光相比于日月不是太过渺小了吗？及时雨普降却还浇水灌溉，这样的劳作相比于普降的及时雨不是徒劳的吗？您站出来管理天下，天下必大治，而我却还占着位置，我觉得不称职，请您出来管理天下吧。"许由说："你治理天下，天下已经治理得很好，却让我来代替你，我是为名声吗？所谓名，是实的依附，我难道去作依附吗？鹪鹩在森林做巢，不过只占一枝；偃鼠在河边饮水，不过只能满腹。你还是回去吧，我没有治理天下的本事。厨师不做祭食，主持祭祀的人也不会越俎代庖。”

更有意思的是许由将此事告诉了巢父。

> 巢父者，尧时隐人也。山居不营世利，年老以树为巢，而寝其上，故时人号曰巢父。尧之让许由也，由以告巢父，巢父曰：“汝何不隐汝形，藏汝光，若非吾友也！”击其膺而下之，由怅然不自得。乃过清泠之水，洗其耳，拭其目，曰：“向闻贪言，负吾之友矣！”遂去，终身不相见。
>
> 《高士传·巢父》

意思是：巢父是尧时代的隐士。居住在山里，不过问世事。上了岁数后在树上搭巢，住在上面。当时的人称他为巢父。许由将尧让天下给他的事告诉了巢父。巢父说：“你为何不隐居，不隐藏你的才华，你不配做我的朋友！”拍着胸以示绝交，这让许由很郁闷。许由过清流，以水洗耳，擦拭自己的眼睛，对自己说：“过去听这些浊言，辜负了朋友。”离开后，两人再不相见。

在巢父看来，许由只是做样子，还算不上真隐士。若是真隐就会隐藏自己的形迹，收敛自己的智慧光芒。于是，巢父断绝了与许由的友情。关于这则传说还有别的版本，如庄子的《逍遥游》也有记载，细节不同意思相近。

尧之后，舜也有让天下给隐士的传说。《高士传》记载：

> 善卷者，古之贤人也。尧闻得道，乃北面师之。及尧寿终之后，舜又以天下让卷。卷曰："昔唐氏之有天下，不教而民从之，不赏而民劝之，天下均平，百姓安静，不知怨，不知喜。今子盛为衣裳之服以眩民目，繁调五音之声以乱民耳，丕作皇韶之乐以愚民心，天下之乱，从此始矣。吾虽为之，其何益乎！"

意思是：善卷是古代贤明之人。尧听说善卷是得道之人，于是以善卷为师。到了尧过世后，舜又要将天下让给善卷治理。善卷说："过去唐尧治理天下，不用教育，而百姓自觉顺从，不用奖赏而百姓都很勤勉。天下平等，百姓安于生活，不知怨恨，也不耽于欢喜。

现在你穿华丽的衣裳炫耀勾起百姓的欲望，搞一些繁复的音律扰乱百姓的心绪，大费工夫作韶乐以蒙蔽百姓心智。天下大乱，从此开始了。让我来管理天下，又有何用！”

善卷不愧是得道之士，他见微知著，从舜喜欢愉悦耳目，做表面文章而看出天下大乱的先兆。果然，舜将帝位传禹，禹便传位于其子启，将公天下改为家天下，废弃了选贤与能的传统，自此权力之争始无止境。

禹传位于儿子启建立了夏朝，开家天下之先。其后，被商王朝取代。周取代商却是得益于一位隐士姜尚。相传姜尚八十多岁还不得志，隐居渭水之滨，垂钓于磻溪。姜尚垂钓，用的是长竿、直钩、短线，意不在鱼，而是在等待时机。民间有一种说法：姜太公钓鱼，愿者上钩。果然，周文王慧眼识珠，将这位老迈的山野村夫收于帐下，果然，姜尚有奇谋在胸，成为辅佐周夺天下的一代名相。

许由、巢父、善卷、姜太公的所作所为具有典型意义。许由“据义履方，邪席不坐，邪膳不食”。这些做法被统治当局所赏识，而且许由与最高权力者有很深的联系。虽说许由是隐士，但隐得不深，是尽人皆知的君子。这种人实际上与社会保持若即若离的关系，但并不是被统治者中的一员，而在统治者的管辖之外。巢父是真正的得道高隐，他像鸟一样在树上筑巢，远离尘世，远离权力，远离物质的享受，但是对自我精神的守护却一点也不含糊，并且对同道友人的德行近乎苛求。善卷是社会的旁观者，对世态的动向、趋势洞若观火。知其可为而为，知其不可为而不为，非常明智。他的理想社会是“天下均平，百姓安静”。这种思想与老子有相同之处。姜太公看似闲散，隐居垂钓，却是在等待一展身手实现政治抱负的机会。他的等待有了回报，以高龄事周，官至公卿，属于老来得志。姜子牙比起一味钻营之徒多了点耐心，多了一点机会和运气。他的隐居着实是博取功名利禄的另一种方式。

这几种人可以说是上古隐士的代表。历朝历代的隐士也大致不出这几种类型。比如，西汉的张良、严遵，东汉严光，五代末宋初的陈抟，等等。

许由、巢父、善卷、姜太公都早于老子，这些人可以说是隐士的先辈，是隐逸文化的开创者。但是，他们的影响仅止于传说，真正对中国隐逸文化影响最大的还是老子。老子迷离的身世、玄妙的学说和弃仕归隐对历朝历代的士人都有很强的吸引力。隐士未必是道家，但道家隐逸避世者居多，两者的联系非常密切。常言道：

大隐隐于朝，中隐隐于市，小隐隐于野。于此看来，老子应当是最早隐于朝的大隐之一。与其他大隐不同，老子归隐林泉，却留下了五千言，所以老子的思想并未随之归隐，反而流播深广。尤其是老子的学说，更成为春秋战国时期的显学。可以说，若非五千言，老子可能与其他隐士一样，只留其传说之名而已。也因这五千言，自老子之后，各种认同老子学说的士人自然地汇成了一个流派，被世人称为道家。

二、道家的学脉传承

道家原本称作道德家。司马迁的父亲太史公司马谈对春秋战国时代的思潮归类，他在《六家要旨》中说："夫阴阳、儒、墨、名、法、道德，此务为治也。"道家的称谓由"道德"而来，而道德则无疑出自老子五千言的"道德"，后人称老子的五千言为《道德经》。关于道家，《六家要旨》说："道家使人精神专一，动合无形，赡足万物。其为术也，因阴阳之大顺，采儒墨之善，撮名法之要，与时迁移，应物变化，立俗施事，无所不宜，指约而易操，事少而功多。"意思是：道家学说让人精神专注，行动合于无为，使万物富足。道家之术是依据阴阳家关于四时运行之说，采纳儒墨两家之长，汲取名、法两家之精要，顺时而动，随事物的变化而变化，树立良俗，用于人事，无不适宜。意旨简约而易于掌握，用力少而功效多。

可见，司马谈对道家评价甚高，一方面他本人就是道家的信奉者，另一方面，老子学说在西汉初期还是朝野都尊崇的显学。司马迁的《史记》言老子“著书上下篇，言道德之意五千余言而去”。西汉以后，道家一词成为老子学说信奉者的专有名词。晋皇甫谧《高士传·卷上·老子李耳》称老子“作《道德经》五千余言，为道家之宗”。

司马谈、司马迁父子都是史学家，所记述的内容是对历史的追溯。早在战国时，老子的思想已经相当盛行，为一时显学。道家在这一时期形成了两大流派：一是楚之庄子学派，一是齐之稷下道家。这两大学派并行发展而又有着交互关系。就思想境界而言，庄子的成就空前绝后；而治国理政，则是以黄老思想为主的稷下道家成为战国中期最有影响的思想流派。其后的道家也大致追随这两派，入仕则从黄老，在野则学庄周。

老子与庄子

老子的后学中以庄子（约前369年—前286年）最为著名，二人并称老庄。司马迁的《史记》载："庄子者，蒙人也，名周。周尝为漆园吏，与梁惠王、齐宣王同时。"由此可知，庄子大致活跃于战国时代，晚于老子一百余年，和老子并无直接的师承关系。庄子的经历也与老子有相似之处。老子做过与朝廷大政不相干的柱下史，庄子则做过漆园小吏；老子辞官后归隐，庄子辞官后则自食其力，还帮人打过草鞋。不过，相似的经历并不能说明什么，充其量只是志趣相投、命运相近而已。

之所以说庄子是老子的传人，是因为他对老子思想理解最深刻，解读最明晰，而且身体力行，运用自如。在现存的《庄子》中有内篇七，外篇十五，杂篇十一，共三十三篇约六万五千字。在这些文章中，庄子的言行俱在其中。文如其人，行如其文。与老子朴拙深奥的风格不同，庄子的文章，雄浑天成，仙气撩人。其言虽华彩外溢、精妙绝伦却不离道德；其行虽荒诞乖张、狂放不羁却合于天性。对于那些有归隐情结的士人而言，静心读《庄子》犹享精神盛宴。

有人评价《庄子》是对老子思想的诠释，的确如此。在庄子的文章中出现与老子及与之相关的称谓达七十余次，有许多篇如《知北游》《德符充》《养生主》等都是直接引用《老子》的章句或与老子相关。庄子认同老子之道，并且按照自己的方式解读。当然，庄子不是学究似地刻意释道，不是一字一句、一章一节地解读，而是言所欲言，行所欲行，其思想犹天马行空，凭空御风，不拘起止；其行为若信马由缰，从心所欲，无所羁绊。随意间，老子之道已浑然其中。

司马迁说庄子之文"大抵率寓言也"。此言不虚。在庄子的文章中，寓言比比皆是，似乎庄子不假思索，信手拈来，而读者却不期然被带到一种错愕的境界——不可思议又兴味盎然。庄子喜欢用极端的例子来说明事物的相对差异性。比如在《逍遥游》中，由大鱼鲲变成的鹏巨大无比，"鹏之背不知几千里，怒而飞，其翼若垂天之云"；而蜩、鸠小巧，"决起而飞，抢榆枋而止"。虽然两者反差巨大，但都是一种存在，而且各有各的存在方式，它们有大小之别，却无优劣之分。

在庄子的文章中，《齐物论》是最代表其思想的，文章以其惯用的手法，用寓言、用比喻、用雄辩来说明他对客观世界的认知。一般研究者认为，庄子的《齐物论》把事物看作是齐一的，无差别的。但并没有说为何庄子认为事物是齐一的、无差别的。还有的人认为，庄子的说法荒诞不经，诡辩而已。其实，这是不解庄子的深意。

人们常用“天壤之别”表示事物之间的巨大差异，人们观察事物首先看到的是事物的差异性，所以通常人们更多注意的是事物之间的差异性，而对事物的同一性缺乏认识。庄子并非不了解事物的差异性，但是他却偏偏说：“天地一指也，万物一马也。”意思就是天地不过与一个手指头，万物不过与一匹马都是一样的、平等的。庄子还说：“天地与我并生，而万物与我为一”。也就是说，我与天地共存，天地在，我便在；万物与我一体，万物存，我便存，我无生亦无灭。

庄子的说法与一般人的认知大相径庭。事物的差异性是摆在人们眼前的，因此，人们对差异性的认知是一种常识，似乎毋庸置疑。庄子的与众不同之处是从另一面来看事物的存在。庄子以他的方式说明，同一性才是事物的本质属性。存在是一切存在物的本质属性，这种本质属性对一切存在物都是一样的，同一的、平等的，没有差别。鲲鹏是一种存在，蜩、鸠也是一种存在；天地是一种存在，手指也是一种存在。以此观之，存在是一切存在物的本质属性，存在本身是同一的，没有差别，存在的不同形式只是存在物之间的差异性。因此，在庄子的认知中，差异性是以同一性为前提的。即所谓“万物尽然，而以是相蕴”（意为万物都是一样的，彼此相互蕴含）。“我”以及天地万物的同一性就是每个个体的存在，而这存在正是所有事物的本质属性。因此，庄子才说生死齐一，贵贱齐一，成毁齐一，大小齐一……所有彼此相对的事物“复通为一”。由此可知，同一性是事物的本质属性，事物的差异性是建立在同一性之上的。这才是庄子的本意。

庄子的“齐物”之论还有一层意思，即物我之间既是彼此分开的，又是一种可转换的关系。庄子用梦境与现实之间关系说明他的观点：“昔者庄周梦为胡蝶也，栩栩然胡蝶也。自喻适志与，不知周也。俄然觉，则遽遽然周也。不知周之梦为胡蝶与？胡蝶之梦之为周与？周与胡蝶必有分矣。此谓之物化。”（《齐物论》）意思是：庄周曾做一梦，梦见自己成了蝴蝶，栩栩如生宛如自己就是翩翩蝴蝶呀，自由自在，全然不知庄周。忽然梦醒，却还是那个庄周。不知是庄周在梦中成了蝴蝶？还是蝴蝶做梦成了庄周？这可以说就是物的相互转化。

庄周梦蝶的故事深刻诠释了虚拟与现实的关系。在认知上，庄子认为虚拟与现实之间不存在不可逾越的界限。当认知将虚拟当成现实，那么虚拟就成了现实；反之，如将现实看作虚境，那么现实便成了虚境。梦境是虚拟的现实，现实又何尝不是虚拟的梦境？是虚还是实，全在认知主体的认知。

其实，庄子的认知正是本于老子的“有”“无”之道。在老子的语境中，“有”“无”本质是没有差异的，“两者同出而异名”。而此“有”与彼“有”的差异性都是相对的，两者是建立在“有”的同一性基础上的。《齐物论》中有一段论“有”“无”的话颇近老子。“有始也者，有未始有始也者，有未始有夫未始有始也者。有有也者，有无也者，有未始有无也者，有未始有夫未始有无也者。俄而有无矣，而未知有无之果孰有孰无也。”

话虽绕口，但意思明了，即“有”作为一种存在状态，就一定会有“有”不存在的状态（即“无”）；进而推论也会有不存在“有”也不存在“有”之前的状态（即“无”）。存在“有”，就会存在“无”；存在既无“有”也无“无”的状态；推而论之也会存在“有”也不存在之前，“无”也不存在之前的状态。突然间有了“有”“无”，却不知何谓“有”“无”，不知到底什么是

“有”，什么是“无”。

在《知北游》中，庄子借“光曜”与“无有”用拟人对话的方式，对老子之道做了形象化的解读。光曜问乎无有曰：“夫子有乎？其无有乎？”光曜不得问而孰视其状貌：窅然空然。终日视之而不见，听之而不闻，搏之而不得也。光曜曰：“至矣，其孰能至此乎？予能有无矣，而未能无无也。及为无有矣，何从至此哉！”

光曜与无有是虚拟的，并无具象。对话的意思是：光曜问无有：先生您是一种存在吗？光曜得不到回答，于是观察无有的样子：深幽而空旷——看不见，听不见，摸不着。光曜感慨：“真是极致呵，谁能达到这种境界？我能认识到有无，而未能认识到无无。为无有之道，从何而为才能达到这样的境界！”

光曜是在问“道”，“无有”即老子之道。老子描述道的状态就是**“视之不见”，“听之不闻”，“搏之不得”**（《老子·第十四章》）。由此而知，庄子认同老子之道，而且在他看来，有无之道是一种抽象的极致。能如此深刻理解老子有无之道，庄子可谓千古一人，余者只能望其项背。也由此可见，庄子的哲学思想与老子是一脉相承的。

当然，庄子不只是解读老子，也有自己对事物的认知和思考。与老子不同，庄子更强调思维的主体性，强调思维主体之间的差异性。庄子说：“非彼无我，非我无所取。是亦近矣，而不知其所为使。”（《齐物论》）意思是：没有彼，就没有我；没有我，彼也不会被我认知。这种认知接近真知，却不知这样的真知从何而来？在这里，庄子把“我”作为认知的主体。如此鲜明地提出这种认知观在先秦思想家中是绝无仅有的。

在主体认知的差异性方面，庄子看得更清楚，他说：“物无非彼，物无非是，自彼则不见，自是则知之。故曰：彼出于是，是亦因彼。”（《齐物论》）意思是：物既是此又是彼，就彼方来看，则不见此方的是处；此方自我观之，则认为自己都是对的。所以说，彼由此而出，此也由彼而产生。也就是说，是彼还是此，是由认知主体决定的，事物的是非也是由认知的主体而定，而认知主体是不可替代的。《知北游》中所说“是其所美者为神奇，其所恶者为臭腐，臭腐复化为神奇，神奇复化为臭腐”。这话的意思也是说事物的性质由主体认知决定。神奇还是臭腐全在认知主体的一念间。

在庄子的观念中，认知主体是不可替代的。庄子与惠施著名的“濠梁之辩”对主体认知的不可替代性作了充分说明。

庄子与惠子游于濠梁之上。庄子曰："儵鱼出游从容，是鱼之乐也。"惠子曰："子非鱼，安知鱼之乐？"庄子曰："子非我，安知我不知鱼之乐？"惠子曰："我非子故不知子矣，子固非鱼也，子之不知鱼之乐也，全矣。"庄子曰："请寻其本。"子曰：'汝安知鱼乐'云者，既已知吾知之而问我，我知之濠上也。

（《秋水》）

意思是：庄子和惠施一起在濠水的桥上闲聊。庄子说："儵鱼在河水中悠然自得，这条鱼多快乐啊。"惠施说："你又不是鱼，你怎么知道鱼快乐？"庄子说："你又不是我，你怎么知道我不知道鱼是快乐的？"惠施说："我不是你，固然不知道你，你本来不是鱼，你不知道鱼的快乐，这可是完全确定的！"庄子说："请从我们最初的话题说起。你说'你怎么知道鱼快乐'的话，你已经知道我知道鱼快乐而问我。我是在濠水的桥上知道的。"

庄子作为认知的主体提出命题：他所看到的游鱼是快乐的。而惠子反诘：庄子不是被其认知的主体，不能替代被认知主体的感受。庄子用惠子的逻辑反击：你不是认知的主体，怎能取代认知主体的感知？惠子以循环论证来驳庄子：我固然不能取代你作为认知主体，但是你也不能取代鱼的主体地位，所以你是明白你并不能感知鱼是不是快乐的。庄子再次用惠子的逻辑来反驳：你所说的“你怎知鱼乐”这句话，表明你已经明白我认为游鱼是快乐的，是明知故问。我是在桥上（这一特定的地点）感知到（游鱼快乐）的。

这则论辩的主题实际上是说思维主体的认知是不可取代的，与认知的内容及认知的正确与否无关。庄子强调的是主体认知的不可取代性和思维主体之间的差异性。庄子这种观点揭示了认知的本质。即认知是每个人的认知，而认知主体之间的差异性是绝对的，不可相互替代的。实际上，每个人都是一个不可替代的认知主体，人的差异莫过于认知的差异，也正因为如此，才有了千奇百怪的想法，有了思想的多样性和由此产生的矛盾冲突。这也表明，禁锢人的思想实际是不可能的，强行统一人的思想，无异于缘木求鱼。从这个意义上说，庄子开启了中国思想史上的“心学”先河也不为过。明代大儒王阳明所谓“心外无理，心外无物”（《传习录》）的命题只是庄子认知论的发挥罢了。

庄子的《齐物论》所蕴含的思想丰富，它不仅是一种纯思辨的哲理，也可视为一种人文观和社会观。在庄子看来，人与万物是齐一的、无差别的，并无高低贵贱之分。由此可推论人与人也是平等的，这应当是人与人关系的本质。

在庄子的思想中，强调事物的相对性是一大特点。用反差极大的事物对比看事物的相对性是庄子常用的方法。比如《逍遥游》中鲲鹏与蜩、鸠的对比，《秋水》中河与海的对比等。庄子认为事物都是相对的，对比是有条件的，而绝对独立的事物无从评价。“天下莫大于秋毫之末，而泰山为小；莫寿于殇子，而彭祖为夭。”（《齐物论》）所谓大与小，寿命的长短都是相对的，秋毫之末、泰山、殇子、彭祖，相对的参照物不同，各自的评价也就不同。而强调事物的相对性，这本是老子的主要思想之一。老子说：**“故有无相生，难易相成，长短相形，高下相倾，音声相和，前后相随。”**（《老子·第二章》）指的就是事物的相对性。只是庄子以他的方式对相对性作了形象化的诠释。

庄子不但在思想上与老子相通，而且在处世上也是道的身体力行者。庄子才高于众，行异于人，世人皆知，但他对世人热衷追逐的名利权位有清醒的认识。以庄子的才能和名气本可出将入相，也可财富盈室，但他却不为所动，坚持我行我素。《史记·老子韩非列传》记载：

> 楚威王闻庄贤，使使厚币迎之，许以为相。庄周笑谓楚使者，曰：千金，重利；卿相，尊位也。子独不见郊祭之牺牛乎？养食之数岁，衣以文绣，以入大庙。当时之时，虽欲为孤豚，岂可得乎？子亟去，无污我。我宁游戏污渎之中自快，无为有国者所羁，终身不仕，以快吾志焉。

意思是：楚威王听说庄子贤明，让人携厚礼去拜访他，并请他为相。庄子笑着对楚王的使者说：“千金，是很重的利，卿相是很高的地位，你难道没看见作为祭品的牺牛吗？这牛被供养数年，给它披上华丽的外衣进大庙，到那时它即使想作一只猪也不可能。你走吧，别作践我。我宁可游戏于污泥中自得其乐，不为有权位所束缚。我的志向是终身不当官。”

意思大致相同的故事，在庄子文章《秋水》中也有记载。

常言道，“人穷志短，马瘦毛长”，但这话不适用于庄子。庄子虽贫穷，却另有一种风采。庄子见魏王的故事很有代表性。故事是这样的：

> 庄子衣大布而补之，正縻系履而过魏王。魏王曰："何先生之惫邪？"庄子曰："贫也，非惫也。士有道德不能行，惫也；衣弊履穿，贫也，非惫也；此所谓非遭时也。"
>
> （《山木》）

意思是：庄子身着满是补丁的粗布衣，穿露出脚趾头的破鞋就去见魏王。魏王见庄子这般模样，问道："先生为何这般窘困呀？"庄子回答："是贫穷，不是窘困。士人有道德而不能实行，是窘困；褴衣敝履是贫穷，而不是窘困。褴衣敝履不过是时运不济罢了。"

庄子在王者面前气定神闲，不卑不亢的形象跃然眼前。对世俗而言，一般人有高低贵贱的分别心。地位低的人去见地位高的人总有些心虚，要在穿着上费一番功夫，以免被人瞧不起。有这种想法其实已在精神上矮了一截。庄子甘于贫穷，并不以贫穷为意，对任何人都一视同仁。如此境界只有精神强大的人才能企及。

生离死别是人生之大事，悲戚哀号乃人之常情。庄子的做法与众不同。《至乐》篇载：

> 庄子妻死，惠子吊之，庄子则方箕踞鼓盆而歌。惠子曰："与人居，长子、老、身死，不哭亦足矣，又鼓盆而歌，不亦甚乎！"庄子曰："不然。是其始死也，我独何能无慨！然察其始而本无生，非徒无生也而本无形，非徒无形也而本无气。杂乎芒芴之间，变而有气，其变而有形，形变而又生，今又变而之死。是相与为春秋冬夏四时行也。人且偃然寝于巨室，而我噭噭然随而哭之，自以为不通乎命，故止也。"

意思是：庄子的老婆死了，惠子前往吊唁，庄子却随意坐着，边敲瓦缶边唱歌。惠子说："你和妻子生活了一辈子，给你生儿育女直到她故去。你不哭也罢了，还敲盆唱歌，也太过分了吧！"庄子说："不是那么回事。她人刚死，我怎么能不感慨伤心呢！然而想一想，原本就没有她这个人，不只是没有生命，而且本来就没有她的形体，不只是没有她的形体，而且原本也就没有形成她形体的气。夹杂在混沌的境域中，变化而有了元气，元气变化而有了形体，形体变化而有了生命，如今变化又回到死亡。这不过像春夏秋冬四季轮回一样罢了。死去的人将安寝于广袤的天地，而我却呜呜啼哭，自认为这是不通晓天命，所以也就停止了哭泣。”

庄子的特异行为说明他参透了人的生死，归根结底，与老子“复命”的自然生死观是一脉相承的。

在道家中，庄子的地位仅次于老子，习惯上并称老庄。道教中将庄子尊为南华真人，庄子的著作被奉为《南华真经》。如果说老子与庄子的不同的话，大致可以说，老子谈的是道本身，道的构成，道的状态，道的表现，道的作用，等等。而庄子更多地谈的是对“道”的认识，“道”的境界，本我之心对道的体悟。庄子在思辨哲学上受到老子的影响并做了进一步的发挥，但庄子更强调自我的内心感受。

庄子在其所处的时代就名播朝野，久负盛名，在其后的中国文化史上始终占有显赫的地位。庄子犹如一个擅长烹饪的大厨，将思想和文字调制成色香味俱全的一道道佳肴、让中国知识分子有幸享用的百尝不厌的精神大餐。从另一角度来说，庄子书写的篇章营造了中国清流士人恒久的精神家园，他还是中国失意落魄或不得志的知识分子永远的精神领袖。

老子与稷下道家

战国时期是诸子百家最活跃的时期，而最集中的体现当推稷下学宫。稷下在齐国的都城临淄（今山东淄博）。齐国本是姜子牙的封地，姜氏政权绵延数百年，共31世。田氏是齐国旺族，累世为相，左右姜氏朝政。公元前386年周安王正式册封田和为齐侯，公元前379年姜氏的齐康公卒，姜姓绝嗣，齐国为田氏取代，史称"田代齐姜"。田氏内部又经过血拼，齐桓公田午终掌朝政。虽说齐的国号未改，但田氏政权已完成蜕变，成为众多诸侯国中一个新崛起的王权。田代齐姜之时正值天下大乱，兼并频仍，诸侯争锋，求贤若渴。田氏政权开国伊始，又逢乱世，自然雄心勃勃，因此招贤纳士成了紧迫要务，稷下学宫可谓应时而生。一般认为，稷下学宫是齐桓公田午（前374年—前352年在位）始设。三国时名士徐干称："齐桓公立稷下之宫，设大夫之号，招致贤人尊宠之。"（《中论·亡国篇》）田午这一无心插柳之举，竟成就了世界上第一所官办学府，早于柏拉图创办的大学。其实，以其功能和成就而言，莫如说是一所思想研究院。因为培养学生并不是其目的，而博采众长以求得治国称霸之策才是稷下学宫的本来的目的。

齐国以十分优厚的待遇招募各方士人。据史书记载，齐王动用国家的财力，“为开第康庄之衢，高门大屋，尊宠之。览天下诸侯宾客，言齐能致天下贤士也。”（《史记·孟子荀卿列传》）除了优渥的物质条件之外，齐国还给稷下学宫的士人很高的政治地位，司马迁说：“宣王喜文学游说之士，自如邹衍、淳于髡、田骈、接予、慎到、环渊之徒七十六人，皆赐列第，为上大夫。”（《史记·田齐世家》）所谓“上大夫”，是一种地位的体现，享有相当于朝官的待遇，却并不管具体事务。除此之外，稷下学宫最大的特点是敞开言路，无所顾忌。在这里，每个人都可以畅所欲言，而不必考虑当政者爱不爱听，更不必担心因言获罪。他们著书立说，各抒己见，“不治而议论”。于是，各方士人趋之若鹜，儒、道、墨、法、名、兵、阴阳、纵横等流派纷纷汇于齐国，稷下学宫一时间成了诸子百家荟萃的中心，兴盛时汇聚天下贤士达千余人。儒家亚圣孟子曾来此游学，儒家的另一个大师荀子则三次作稷下学宫的祭酒（相当于学者领袖）。

稷下学宫是一个思想没有禁区，且可以任意挥洒的地方，是一个学术自由得到真正尊重的地方。在这里，流派有大小之分，却没有主从之别；众贤士有资历深浅之分，学问有大小之别，却没有哪一个人可以成为使众贤士心悦诚服的权威。各种流派通过思想交流、交锋，在不自觉间相互融合，撷取自家认为有益的思想。在中国历史上真正的思想自由只出现在这一时期，而稷下学宫则是那片思想自由的天空下猎猎飘扬的旗帜。在这里，诸子百家各显其能，各逞其强，可以“毁五帝、罪三王、訾五伯”（曹植《与杨德祖书》）而不必担心因言获贬；在这里，可以无视资历、权威，各流派相互论争，相互激辩，各展所长，以理服人；在这里，百家争鸣是一种常态，学术得以发展，执政者从中获益，社会并没有因此混乱，反而生机勃勃。可见，思想的开放并不会变成洪水猛兽。

当然，汇于稷下学宫的各流派并不是单纯地为了思想交流，他们著书立说，纵横国是，绝大多数还是想得到当政者的青睐，将自己的思想理念用于治国理政。正如司马迁所言“言治乱之事，以干世主”（《史记·孟子荀卿列传》）。这些士人是以自己的思想主张博取功名。

在稷下学宫诸流派中，道家是一个重要的流派，甚至也是最大一个流派。著名的学者有宋钘、尹文、田骈、接子、慎到、环渊，等等。稷下道家的目的主要是经世致用，其功利性不言自明。因此，尽管他们继承了老子的部分思想，但是，那时老子尚未被神化，仅托老子说事还不够有力。田齐以黄帝为其始祖，齐威王时的古器物铭文《陈侯因敦》："扬皇考昭统，高祖黄帝，迩嗣桓文。"加之田齐王权对道家治国理念的认同，于是，稷下道家将黄帝抬出来与老子结合，称为黄老学派。

在稷下学宫中，黄老学派人数众多，为一时显学。"百家盛于战国，但后来却是黄老独盛，压倒百家。"（蒙文通《略论黄老学》）稷下道家也分为若干派别。一派是宋钘、尹文；一派是田骈、慎到，还有一派是环渊（关尹）。

宋钘（约前370年—前291年），又叫宋荣子，是宋国人，活跃于齐威王、宣王时期，在稷下学宫讲学，是稷下先生之一。尹文（约前360年—前280年），齐国人，长期在稷下学宫活动，是宋钘的弟子。据《汉书·艺文志》载，宋钘著有《宋子》十八篇，但都亡佚，尹文著有《尹文子》尚存。近人考证：《管子》中的《心术》（上、下），《内业》，《白心》是宋、尹师徒所作。宋尹学派的政治主张主要是从老子的治国理念而来，兼采其他流派的思想，如儒、墨、法等。《庄子·天下》说宋尹的学说"以聏（意为调和）合欢，以调海内"。

当然，调和各家不仅是宋、尹学派的特色，也是稷下学宫的特色。

《管子》中的《心术》（上、下），《白心》，《内业》等四篇是宋尹学派重要思想载体，而这四篇的内容大体是他们对道的认识和解读。与众不同的是，宋尹学派在对道解读时提出了精气说。精气说是在《内业》篇中阐述的。所谓“内”是指修业者自身。文中开篇便是“凡物之精，化则为生，下生五谷，上为列星。流于天地之间，谓之鬼神，藏于胸中，谓之圣人”。意思是：物的精气，可化生万物。在地可生五谷，在天可为群星。穿行在天地之间的，称为鬼神，藏于心中的就可称为圣人。由此可见，在《内业》中，精气是一切事物的本源——天地、万物、神鬼、人，概莫能外。这精气的另一种叫法是“道”。《内业》说：“夫道者，所以充形也，而人不能固。其往不复，其来不舍……凡道无根无茎，无叶无荣。万物以生，万物以成，命之曰道。”意思是：道是用来充实形体的，但人们不能认识把握。它走开就不再来，来了又不固定在某一处所……凡是道，没有根也没有茎，没有叶子也没有花朵。但万物由于得到它才产生，由于得到它才成长，因此把它命名为“道”。

宋钘、尹文《内业》对道的表述，显然是对老子之道的发挥。精气论的特点在于将精、气、道与个人的修身养性紧紧地结合起来。在他们看来，自身的精气与道关联，可以内修。由此，在道的层面人与天地万物神鬼是相通的，而能不能与道相通，则看个人的德行，德行高者可以为圣人。不仅如此，个人的精神面貌、身体状况也与精、气、道相关。《内业》称："精存自生，其外安荣，内藏以为泉源，浩然和平，以为气渊。渊之不涸，四体乃固；泉之不竭，九窍遂通。"意思是，一个人精气充沛，他的外表就会显得神态安详，容光焕发。精气内藏于人，且以此为不竭的源泉，浩然平和，绵绵不绝。精气的源泉不干涸，身体就强健，九窍就畅通。这种说法与中医的养生理论有相通之处。《黄帝内经·素问》"上古天真论"中所谓真人、至人、圣人、贤人都与精气有密切关系，或是"提携天地，把握阴阳"；或是"积精全神，游行天地之间，视听八达之外"；或是"处天地之和，从八风之理"；或是"法则天地，象似日月"。这些说法与宋尹学派的理论有异曲同工之妙。《黄帝内经》成书不早于战国时期，说其受宋尹学派精气说的影响也不为过。

宋、尹的政治理想脱胎于老子，虽然在形式上没有直接说"小国寡民"，但在愿景上却是一脉相承。《庄子·天下篇》说宋、尹"不累于俗，不苛于人，不忮于众，愿天下之安宁以活长命（一说为'以活民命'），人我之养毕足而止，以此白心"。强调天下安宁，百姓长寿，自足而止。

在治国方略方面，宋钘本于老子的"无为之道"，并按照自己的理解将其具体化了。他提出"君道无为，臣道有为"（也有人认为是韩非子的观点）。他认为"有道之君，其处也若无知，其应物也若偶之，静因之道也。"（《管子·心术上》）意思是，得道的君主，虚心静观，处事保持无知的状态，不先入为主，因事物的具体情况而加以应对。这就是所谓"静因之道"。宋钘还进一步解释说："无为之道，因也。因也者，无益无损也"。在宋钘看来，君臣应各行其职，他说："……'君'，'毋代马走'……'毋代鸟飞'。此言不夺能能，无与下诚也。"意思是，君主不能代替马跑，不能代替鸟飞，说话不要取代臣下，君主能力强也不要影响到臣下的诚实。其实也就是说，君主不能为所欲为，做事要留有余地。君行君道，臣行臣道，为君者守静虚之道则无过，为臣者行正平之道则民安。

在尹文的思想中道是主体，但融合的色彩更浓一些。他认为："仁、义、礼、乐、名、法、刑、赏，凡此八者，五帝三王治世之术也。故仁以道之，义以宜之，礼以行之，乐以和之，名以正之，法以齐之，刑以威之，赏以劝之……凡此八术，无隐于人而长存于世，非自显于尧汤之时，非自逃于桀纣之期，用得其道，则天下治，用失其道，则天下乱”（《尹文子·大道下》）。

意思是：仁、义、礼、乐、名、法、刑、赏这八项办法是五帝三王治理社会的办法。因此，引导百姓接受仁，让百姓观念适应于义，让百姓行为遵从于礼，用乐来调和百姓的性情，给百姓与之身份相匹配的正确名分，让百姓都遵纪守法，让百姓畏惧惩罚，用奖赏来鼓励百姓……这八种治理办法从来都是公开长存于世的，并不是在明君尧王、汤王当政时显扬，也不是在暴君桀王、纣王就隐藏起来了。用的好，则天下安定，用的不好，则天下混乱。由此可见，尹文采儒、法、墨、名各家之说而成自家之言。

有一则故事很能说明尹文的思想：尹文子见齐宣王，宣王叹国寡贤。尹文子曰：“使国悉贤，孰处王下？”王曰：“国悉不肖，可乎？”尹文子曰：“国悉不肖，孰理王朝？”王曰：“贤与不肖皆无可乎？”尹文子曰：“不然，有贤有不肖，故王尊于上，臣卑于下，进贤退不肖，所以有上下也。”（《尹文子·逸文》）

意思是：尹文子见齐宣王，宣王感叹国家贤良人士少，尹文子说："倘若国家都是贤良人士，谁来做大王的臣下？"宣王说："国家都是庸才可以吗？"尹文子说："都是庸才的人，谁来当朝理政？"宣王又问："贤良和庸才都不要可以吗？"尹文子说："不可以。有贤良有庸才，大王才可以尊荣于上，臣子卑微于下，选用贤良，辞退庸才，因此才能发挥大王的作用。"

这表明，在尹文子的认知里事物总是相对而存。王、贤与不肖三者构成了一个共同体，无论哪一方都不能单独存在。所谓纯粹，只是一厢情愿。而这种事物相对而存的思想正是老子的核心思想之一。

田骈（约前370年—前219年）也是著名的稷下道家人物。司马迁说"田骈齐人，学黄老之术。"（《史记·孟子荀卿列传》）田骈口才好，以善辩闻名，号称"天口骈"。田骈是稷下道家的另一类人物，喜欢夸夸其谈，好争辩，东拼西凑，但缺少成型的思想。《庄子·天下》篇提到，田骈从学于彭蒙，"得不教焉"。《汉书·艺文志》载田子著文二十五篇，已无存。据先秦诸子的一些散论，大致了解田骈的思想是"贵齐"和"尚法"。田骈主张"贵齐"却没有更多的材料说明他的观点，只说"齐万物为首"。东汉时高诱注《吕氏春秋·不二篇》

中说：田子之齐生死，盖与庄生略似。而所谓“尚法”，荀子认为，田骈“尚法而无法，下修而好作，上则取听于上，下则取从于俗。终日言成文典，及训察之，则倜然无所归宿，不可以经国定分”（《荀子·非十二子》）。主要批评田骈只是虚言，因人而异，没有法的实质内容。事实也是如此。《淮南子·道应训》载：

> 田骈以道术说齐王，王应之曰：“寡人所有，齐国也，道术难以除患，愿闻国之政。”田骈对曰：“臣之言无政，可以为政。譬之若林木无材可以为材。愿王察其所谓，而自取齐国之政焉已。虽无除其患害，天地之间，六合之内，可陶冶而变化也。其国之政，何足问哉！”

意思是：田骈用他的学说游说齐王，齐王问询道：“我所有的是齐国，现有的治理方法难以消除弊端，想听听你是如何治国理政的。”田骈回答道：“为臣所说的为政方法是，没什么政可为，就好像林中之木，没有特定的用途。希望大王根据自己的理解取而用之。至于齐国的治理，虽然不能消除弊端，但在天地之间，寰宇之内可以浸润变化。国家这点事又算什么？”

由此可见，田骈只会虚与委蛇，他的道术没有具体的论策，而让齐王根据需要在他的道术中去找办法。像这样夸夸其谈，大而无当，没有任何实质的治国之道恐怕没有哪个执政者能心领神会。

《战国策·齐策》有一则故事反映了当时齐国人对田骈的看法。

> 齐人见田骈，曰："闻先生高议，设不为宦，而愿为役。"田骈曰："子何闻之？"对曰："臣闻邻人之女。"田骈曰："何谓也？"对曰："臣邻人之女，设不为嫁，行年三十而有七子。不嫁则不嫁，然嫁过毕矣。今先生设不为宦，訾养千钟，徒百人，不宦则然矣，而富过毕矣。"田子辞。

意思是：齐国人见到田骈对他说："听说先生高谈阔论，不愿当官管事，而愿意为百姓服务。"田骈说："你听谁说的？"齐人说："我听邻家女子说的。"田骈说："什么意思？"齐人说："邻家有女，不想婚嫁，年龄还没到三十岁却生养了七个孩子。说是不嫁吧，却比出嫁还过分。如今先生说是不当官，却享有厚禄，仆役成群，虽说不做官，可比做了官还富有呀！”田骈表示很惭愧。

齐人用邻家女子声言不嫁，却生养七子的事来讥讽田骈不做官却享厚禄。田骈虽称善辩，却也无言以对。其实，田骈也算是道家中的一类代表，只会做嘴皮子功夫，没什么真本事、真见地。这种人历朝历代都有，空谈误国者不绝于史。

慎到（约前395年—约前315年），赵国人，也是稷下道家的代表人物。庄子将慎到与田骈并列（《天下》），司马迁说他“学黄老道德之术”（《史记·孟子荀卿列传》），但实际上慎到与田骈差别还是很大的。田骈尚空谈，而慎到则干实事，不仅有治国思想，还直接为君主出谋划策。班固《汉书·艺文志》载，慎到著文42篇。其中大部分散佚，现仅存7篇，即《威德》《因循》《民杂》《德立》《君人》《知忠》《君臣》，还有一篇《逸文》记录了慎到的言论和逸事。一般认为，慎到的思想融合了道家与法家的主张，属于积极干政治国的一派。道家干预朝政可以说是从慎到开始的。

慎到之所以被归为道家，倒不是因为他对老子之道有什么精辟的见解，而是说他的治国理政学说受老子影响颇深，主张无为而治，倡导君无为而臣有为，所谓

“臣事事而君无事。君逸乐而臣任劳。臣尽智力以善其事，而君无与焉，仰成而已，故事无不治。”（《民杂》）

慎到的政治思想基本可归纳为“贵势”“尚法”。所谓“贵势”是指崇尚能够支配、调动和运用各种资源执行自己意志的权力。他曾说过“腾蛇游雾，飞龙乘云，云罢雾霁，与蚯蚓同，则失其所乘也……尧为匹夫，不能使邻家，至南面而王，则令行禁止。由此可见，贤不足以服不肖，而势位足以屈贤矣。”（《威德》）意思是：飞龙腾云，腾蛇驾雾，云散雨停，龙蛇与蚯蚓无异，因为失去了凭借……尧作为普通人不能指使邻里，到了称帝后，则令行禁止。由此可见，贤良不能让庸人服从，可是权力地位可以让贤良屈从。

由此可以明白地看出，慎到对权力的本质认识十分深刻，政治的核心是权力，如果没有权力，仅凭个人的品德和智慧就不会有大的作为，良政抑或恶政不过是权力施行的结果。因此，治国之道，首先就是最大限度地牢牢掌握权力。

但是，权力并不能自然地由掌权者从心所欲地掌控和行使，如果没有一定的措施来保证，权力之脆弱，犹如一件瓷花瓶，看起来很好，却不堪一击。因此，慎到“尚法”，以法来维护权力的权威性。慎到认为：“故治国无其法则乱，守法不变则衰。”（《艺文类聚》卷54引《慎子》）甚至认为恶法也比无法强。“法虽不善，犹逾于无法。”（《威德》）所以君主首先应该依法行事：“无法之言，不听于耳。无法之劳，不图于功。无劳之亲，不任于官。官不私亲，法不遗爱。上下无事，唯法所在。”（《君臣》）慎到强调法，就是强调秩序，强调对权力的服从，当然也限制权力滥用。

慎到不仅有思想，也有出谋划策化解危机的智慧。《战国策·楚策二·楚襄王为太子之时》中记述了一件事充分表现了慎到的智慧和知人善任：

> 楚襄王为太子之时，质于齐。怀王薨，太子辞于齐王而归。齐王隘之：“予我东地五百里，乃归子。子不予我，不得归。”太子曰：“臣有傅，请追而问傅。”傅慎子曰：“献之地，所以为身也。爱地不送死父，不义。臣故曰献之便。”太子入，致命齐王曰：“敬献地五百里。”齐王归楚太子。
>
> 太子归，即位为王。齐使车五十乘，来取东地于楚。楚王告慎子曰：“齐使来求东地，为之奈何？”慎子曰：“王明日朝群臣，皆令献

其计。”

上柱国子良入见。王曰："寡人之得求反，王坟墓复群臣、归社稷也，以东地五百里许齐。齐令使来求地，为之奈何?"子良曰："王不可不与也。王身出玉声，许强万乘之齐而不与，则不信。后不可以约结诸侯。请与而复攻之。与之信，攻之武，臣故曰与之。"

子良出，昭常入见。王曰："齐使来求东地五百里，为之奈何?"昭常曰："不可与也。万乘者，以地大为万乘。今去东地五百里，是去战国之半也，有万乘之号，而无千乘之用也，不可。臣故曰勿与。常请守之。"

昭常出，景鲤入见。王曰："齐使来求东地五百里，为之奈何?"景鲤曰："不可与也。虽然，楚不能独守。王身出玉声，许万乘之强齐也而不与，负不义于天下，楚亦不能独守。臣请西索救于秦。"

景鲤出，慎子入。王以三大夫计告慎子曰："子良见寡人曰：'不可不与也，与而复攻之。'常见寡人曰：'不可与也，常请守之。'鲤见寡人曰：'不可与也，虽然，楚不能独守也，臣请索救于秦。’寡人谁用于三子之计?”慎子对曰:“王皆用之!”王怫然作色曰:“何谓也?”慎子曰:“臣请效其说,而王且见其诚然也。王发上柱国子良车五十乘,而北献地五百里于齐。发子良之明日,遣昭常为大司马,令往守东地。遣昭常之明日,遣景鲤车五十乘,西索救于秦。”王曰:“善。”乃遣子良北献地于齐。遣子良之明日,立昭常为大司马,使守东地。又遣景鲤西索救于秦。

子良至齐,齐使人以甲受东地。昭常应齐使曰:“我典主东地,且与死生。悉五尺至六十,三十余万弊甲钝兵,愿承下尘。”齐王谓子良曰:“大夫来献地,今常守之何如?”子良曰:“臣身受弊邑之王,是常矫也。王攻之。”齐王大兴兵,攻东地,伐昭常。未涉疆,秦以五十万临齐右壤。曰:“夫隘楚太子弗出,不仁;又欲夺之东地五百里,不义。其缩甲则可,不然,则愿待战。”齐王恐焉,乃请子良南道楚,西使秦,解齐患。士卒不用,东地复全。

意思是:楚顷襄王做太子时,在齐国做人质。他父亲怀王死了，太子便向齐王提出要回楚国去，齐王不许，要求楚割让东地五百里里，不给不放太子回去。太子问老师慎子如何办。慎到说：答应齐王的要求。理由是，土地是为了安身的，因舍不得割地，而不为父亲送葬，这是不道义的。所以，献地对你有利。太子便答应了齐王，齐王这才放太子回国。

太子回到楚国，即位为王。齐国派人来楚国索取东地五百里。楚王向慎子问怎么办。慎子说“大王明天召见群臣，让大家来想办法吧。”于是，上柱国子良来拜见楚王，楚王说：“我能够回到楚国来办父亲的丧事，又能和群臣再次见面，使国家恢复正常，是因为我答应了给齐国割让东地五百里。现在齐国派使臣要地，如何是好？”子良说：“大王不能不给，您说话一字千金，既然亲口答应了万乘的强齐，却又不肯割地，这就失去了信用，将来您很难和诸侯各国谈判结盟。应该先答应给齐国割让东地，然后再出兵攻打齐国。割地，是守信用；攻齐，是不示弱。所以我觉得应该割地。”

另一大臣昭常说：“不能给。所谓万乘大国，是因为土地的广博才成为万乘大国的。如果要割让东地五百里，这是割让了东国的一半啊！这样楚国虽有万乘之名，却无万乘之实了。所以我说不能给，我愿坚守东地。”

还有一大臣景鲤说："不能给。不过，楚国不能单独守住东地，大王说话一字千金，既然亲口答应了强齐，而又不给割地，这就在诸侯而前违背了大义。楚国既然不能单独守住东地，我愿去求救于秦国。"

楚王把三个大夫出的主意都告诉了慎子，慎子回答说："三人的计策都采用。"楚王不解其意。慎子解释道："大王先派上柱子良带上兵车50辆，到齐国去进献东地500里；在派遣子良的次日，又任命昭常为大司马，要他去守卫东地；在派遣昭常的次日，再派景鲤西去秦国求救。"楚王说："好。"于是派子良到齐国去献地，在派子良的第二天，又立昭常为大司马，要他去守卫东地，还派遣景鲤去秦国求救。

子良到齐国献地。齐国派武装来接受东地。昭常回答齐国使臣说："我是主管东地的大司马，要与东地共存亡。"齐王对子良说："你来献地，昭常却守卫东地，这是怎么回事呢？"子良说："我是受了敝国大王之命来进献东地的。昭常守卫东地，这是他假传王命，大王可以去进攻他。"齐王于是大举进攻东地，讨伐昭常。当大军还未到达东地边界时，秦国已经派了50万大军进逼齐国的西境。齐王害怕了，就请求子良去告诉楚国，两国讲和。又派人出使秦国，声明不进攻楚国。于是，楚国不用一兵一卒，保全了东土。

在这道难题中，信誉和利益（领土）是一对矛盾。楚顷襄王既不愿担背信的名声，又不想履诺给齐五百里国土。朝臣子良、昭常、景鲤各有计策。但是，单用哪一个人的都不能达到既不失信又不失地的目的。慎到很明白齐强楚弱现状，深谙三个朝臣所献计策的关系，决定三计皆用。子良献地，以示守信；昭常守土，战意十足；而景鲤借兵，师出有名。如是，不动兵戈，却达到了不失信誉、不失国土的目的。从这件事足见慎到的智慧的确不同凡响。

环渊（一说与关尹是同一人，生卒年不祥），楚国人，也是稷下先生。司马迁说“环渊著上下篇”，即后世流传的《老子》上下篇。从老子五千言本身来看，应该是老子在不同时间、不同场合、对不同的问询、不同的人物发表的言论。若没有人整理，很难成体系。司马迁说老子“言道德之意五千余言而去”的说法只是记录传说，并不可信。将老子原本零散于各处的话语整理成系统的文章，这应该是环渊对道家的最大的贡献。

宋钘、尹文、田骈、慎到、环渊可以说是稷下道家的代表。他们的基本思想是承袭老子的道家学说，但也有各自的解读，并且融合了当时不同流派的思想。稷下道家最突出的特点是参政议政，他们的共同之处就是主张“无为而治”，并将这一治国理念向执掌国家最高权力的君王游说。尽管在战国时期，“无为而治”似乎只能作为一种治国思想存在，难以付诸实施，但对后世政治的影响却是巨大的。

秦一统天下后，力推严刑峻法，百家争鸣基本告终，焚书坑儒更是使士人噤若寒蝉。不过，就思想的传播而言，秦之所为犹如抽刀断水，力道虽大，结果却事与愿违。先秦诸子那些有生命力的思想虽然一时蛰伏，但条件允许时又会勃发生机。道家思想就是这样。西汉初期，道家思想由于当政者的提倡而成为显学。著名的“文景之治”就是稷下道家黄老之道治国思想的集中体现。一代名臣陈平、曹参等都是黄老之学的崇尚者和实践者。当然，“文景之治”在历史上也不是孤例。一般说来，历朝开国之初，战乱甫定，政权初建，民生疲敝，人心思安，因此，新生政权为休养生息，恢复国力也多采取“无为而治”的国策。如隋文帝、唐太宗、宋太祖、明太祖都非常重视道家的政治思想。著名的开国之君的辅国重臣如秦朝的吕不韦、唐朝的魏征、明朝的刘基等都是道家的信奉者。至于国力强盛之后，统治者忘乎所以，借有为而逞一己私欲，置百姓于水火而不觉，则是因为抛弃无为而治的为政理念，颠倒了本末关系所致。这样的例子也不乏史书，如汉武帝、隋炀帝等都是非常典型的例子。他们共同的特点是，放弃开国者让百姓休养生息的无为而治国策，欲成一代有为君王，想干一番大事，结果却使国家由兴而衰，甚至惨遭亡国。

道家的另一支疏离政治，也成一脉。他们好老庄，或谈玄论道，解读老庄，或以诗文抒怀，寄情山水，隐居避世。如魏晋名士、竹林七贤，王羲之、陶渊明、谢灵运、李白等。他们清新的文风、超迈的思想为世人留下了珍贵的作品，成为中华文化中最绚烂的瑰宝。

第三章

老子与道教——被主神的人

走遍中国的名山大川，凡有道教宫观的地方就会看到供奉老子的神位。在道教中，老子是被主神的，他并没有亲创道教。道教将老子奉为尊神，既是一种需要，也是一种必然。老子作为被神化的人物在民间的影响远大于在宫廷的影响。

宗教是一种人类普遍的文化现象，反映了人的精神需求。宗教大致分两类，一种原生宗教，一种是创生宗教。所谓原生宗教，包括图腾崇拜、神灵崇拜、祖先崇拜等，没有具体的创教者，是人类最早自发产生的宗教；所谓创生宗教，则是由具体的人物所创立的宗教，如犹太教由摩西所创，佛教由佛陀释迦牟尼所创，基督教由耶稣基督所创，伊斯兰教由先知穆罕默德所创。原生宗教和人类自身的历史一样古老，世界上的民族大多有原生宗教，而创生宗教是人类文明已发展到相当程度之后才出现的。

中国先民有宗教信仰，如神灵崇拜、图腾崇拜、祖先崇拜，等等，但是，并没有创生宗教。世界上现存最早的创生宗教应当是犹太教，约创始于公元前 13 世纪，佛教约创始于公元前 5 世纪，基督教约公元 1 世纪出现。道教是中国的创生性宗教，大致出现在东汉时期（约公元 2 世纪）。有意思的是，创生宗教的主神一般都是创教者本人，而道教的主神却不是创教者。

走遍中国的名山大川，只要有道教宫观的地方就会看到供奉老子的神位。在道教中，老子被尊为道德天尊，与元始天尊、灵宝天尊同为道教的最高主神。老子虽然是道教的主神却并没有创立道教，因为道教是在老子之后数百年后才出现的。那么，老子与道教是一种什么关系？

一、老子神话与神化老子

老子的身世扑朔迷离，老子的学说晦涩神秘。老子不仅在朝时名播海内，隐居后也影响不减。庄子距老子不远，庄子在《天下》篇中尊称老子为“古之博大真人”，而庄子对真人的表述具有超凡入圣的神话色彩。不过，庄子虽然敬重老子，但是在其笔下老子还是人，虽然长寿，也还有寿尽之时。他在《养生主》中写了“老聃死，秦失吊之”。稷下学宫推崇老子学说，将老子与传说中的神话人物黄帝联系在一起，并称黄老，这样老子的地位比原来的柱下史、隐逸者有很大的提高，近乎神仙了。

西汉初期，汉文帝的母亲窦太后喜黄老之学且极力推广，窦太后要求汉文帝、皇家子弟及外戚窦氏子弟必须遵奉老子之道，研习黄老之学。相国陈平、曹参也深谙黄老治国之术，推行“无为而治”，所以黄老之道盛行于宫廷、朝廷以及社会上层。东晋人葛洪《神仙传》

（卷三）讲述了一个故事：汉文帝时，河上公在河畔结草为庵独自修行。汉文帝读《老子》有不解之处，满朝文武却没有人能为他解读。汉文帝听说河上公颇通老子经义，于是将不明白的地方汇总，派人前去问询。河上公对来使所问之事不予解答，说："道尊德贵，非可遥问也。"汉文帝只好纡尊降贵御驾亲赴河上公的茅庵。这个故事意在说明汉初朝廷对老子的尊崇。不过，汉初时对老子的尊崇还不是宗教性的。司马迁在《史记·老子韩非列传》中对老子的描述是博学、长寿、不知所终，而他撰写《史记》的材料则是源于"网罗天下放失旧闻"，对老子的记述也不外乎如此。可以说，司马迁关于老子长寿、不知所终的说法应当是来源于民间传说。

稍晚于司马迁的刘向（前77年—前6年）将老子归为了神仙之列。说老子"道一生死，迹入灵奇，塞兑内镜，冥神绝涯。德合元气，寿同两仪"（刘向《列仙传》）。老子俨然一不食人间烟火的神仙。不过，在刘向的《列仙传》中，老子的地位并不突出，与一大帮神仙列在一起，只是列仙之一。不过，刘向没有细细讲述老子如何神奇，而民间则流传着老子的神话故事。

老子的生卒之谜，姓氏之谜，以及长寿之谜给后人留下了无尽的想象空间。一则关于老子出生的神话也流布甚广，虽有很多版本但意思差不多。《老子道德经河上公章句序》说老子是“当周时李氏女妊之八十一，剖左腋而生”。这可能是关于老子出生传说的最早版本。后来托名尹喜作的《高上老君内传》的演绎就成神话故事了。文中说老子的母亲“见日精下落如流星，飞入口中，因有娠。怀之七十二岁，于陈国涡水李树下，剖左腋而生。指李树曰‘此为我姓。’生而白首，故号老子。”这些神话故事显然与《史记·老子韩非列传》同源，只是使用材料的目的不同，表述不同罢了。司马迁是借事说人，而神话故事却是借事说神。

庄子说“老聃西游于秦”，司马迁说老子“见周之衰，遂乃去（归隐）……莫知其所终”。刘向说“老子西游，关令尹喜望见有紫气浮关，而老子果乘青牛而过也”。于是，就有了老子在楼台观讲学授徒的传说，就有了老子西行化胡的传说。

老子的神秘色彩一直在传说中加深，老子的神话也逐渐向神化老子演进。明章之治是东汉最兴盛的时期。这一时期对老子的神化有了较大变化。益州太守王阜作《老子圣母碑》称：“老子者，道也。乃生于无形之先，起于太初之前，行于太素之元，浮游六虚，出入幽冥，观混合之未别，窥清浊之未分。”在王阜笔下，老子已经不是一般的神仙了。老子与道合一，老子即道，先天地生，无所不在，是万物的本原。桓帝时文人高官边韶《老子铭》中说："老子道化身化，蝉蜕度世，自羲农以来，迭为圣者师。"意思是：老子是道的化身，像蝉蜕一样，随时代而变，存于世间，自伏羲神农以来，为历代圣贤的老师。由此可见，东汉时虽然是儒学占主导地位，但神化老子的现象却相当普遍。

自光武帝之后的东汉皇帝大多短命，好神仙方术。到了东汉后期，对老子的神化愈甚。其间，汉桓帝刘志起了推波助澜的作用。汉桓帝生性放荡，当政时朝政昏乱。他虽然尊奉老子，但对老子的政治理念并不理解，只是迷信鬼神而已。《后汉书·祭祀中》载："桓帝即位十八年，好神仙事，延熹八年（165年），初使中常侍之陈国苦县祠老子。九年，亲祠老子于濯龙。"其实，好神仙的桓帝不仅崇奉老子，也崇奉浮屠（佛教）。《后汉书·孝桓帝纪》载："设华盖以祠浮屠、老子。"由此可见，桓帝拜神并不问出处，不管哪路神仙，只要能显灵就拜。有意思的是，桓帝在老子故里修庙，起因是他梦见老子。边韶奉诏作《老子铭》以记述此事，"皇上尚德崇道，含闳光大，存神养性，意在凌云。是以潜心黄轩，同符高宗。梦见老子，尊而祀之。"其实，汉桓帝并非真的尚德崇道，只是对未知的神界向往而已。桓帝好神仙客观上推动了对老子的神化，而享受庙祭，说明老子被神化的程度较之传说更进了一步。由于皇室与民间的共同神化，老子逐渐成为朝野各方都认同的尊神。这样的尊神，在被需要的时候自然会成为号召众人的偶像。

道教兴起之初，老子被奉为主神。如道教早期教派五斗米教经典《老子想尔注》说："一散形为气，聚为太上老君。"这可能是老子被称为"太上老君"的最初来历。

另外，道教早期经典《太平经》称老子为"长生大主号太平真正太一妙气皇天上清金阙后圣九玄帝君"。这个冗长的名号是老子被尊为最高神的标志。至此，老子的形象完成了由作为智者的人到神话传说中的神，再到道教主神的演变。其后，老子在道教中的名号"一气化三清太清居火赤天仙登太清境玄气所成日神宝君道德天尊混元上帝"则是在前一名号发展而来。对老子的神化更是极尽想象，老子也有了具体的形象。东晋时葛洪《抱朴子·内篇·杂应（卷十五）》说：

老君真形者，思之，姓李名聃，字伯阳，

身长九尺，黄色，鸟喙，隆鼻，秀眉长五寸，耳长七寸，额有三理（理：纹路）上下彻，足有八卦。以神龟为床，金楼玉堂，白银为阶，五色云为衣，重叠之冠，锋鋋之剑，从黄童百二十人，左有十二青龙，右有二（三）十六白虎，前有二十四朱雀，后有七十二玄武，前道十二穷奇，后从三十六辟邪，雷电在上，晃晃昱昱。

在葛洪的笔下，老子的身高、五官面相、衣冠、住所，以及前后排场都清晰可辨。这就是老子被神化后最初的形象。葛洪也并不讳言“此事出于仙经也”，说明老子的主神形象已在道教中广为流传，当然，而这仙经不过是托言罢了。

在神化老子的过程中，老子在不同时代有不同的化身。据道教圣典《太上老君混元圣纪》记述，天地初始，老子已存在，为历朝帝师。天皇时，号为通玄天师；地皇时，号玄中大法师；人皇时，号盘古先生；伏羲时，号郁华子；还是祝融之师：广寿子；神农之师：传豫子；黄帝之师：广成子；少昊、颛顼、帝喾，以及尧、舜、禹、汤，这些上古圣贤无不是老子的学生，老子在不同时期也有相对应的名号，而且在不同的历史时期均可降临人间传授秘籍。像于吉、张道陵、葛玄等道教重要人物都得到过老子亲传。这些传说，是要突出老子的尊贵地位和道教教主的权威性，而对于道教信徒来说却是不容置疑的事实。

二、道教的兴起与老子

中国先民有崇拜神鬼的传统。“殷人尊神，率民以事神，先鬼而后礼。”（《小戴礼记·表记篇》）可以说，在商朝时祭拜天地神鬼已成为社会生活的必需。其后的历朝历代无论朝野，也都延续了祭天地事神鬼的传统。除此之外，方术也很受重视。方术古已有之，如巫术、占卜、星相、堪舆等，人们通过特定的人物如方士、巫师采用特定的方式以期预知凶吉、趋利避害。祭拜天地鬼神的仪式往往是和方术结合起来的，方士、巫师就是常人与天地鬼神之间交流的媒介。但是，这依然是原生宗教的形态，在道教出现之前，中国没有本土的创生宗教。黄老兴于宫廷，而道教却起于民间。

太平道

东汉后期，朝纲腐败，外戚与宦官争斗专权，社会潜伏着巨大的危机。政局动荡，民不聊生。当东汉朝廷沉迷于拜神，在宫中为黄老与浮屠建庙并祭时，一种信仰在民间也悄然兴起。约汉桓帝、汉灵帝（132 年—189 年）之际，幽冀一带（今河北）太平道广为流传。太平道的创始人是张角（？—184 年），他的兄弟张宝、张梁也作为帮手参与传道。张角，钜鹿人，身世不详，假称得道人于吉所传《太平清领书》即（《太平经》）创太平道。张角懂一点医术，传道时辅以符水、咒语给人看病。患病之人看病后见好或有所减轻则说此人信道；如果不见效，则说此人信道不虔诚。（见《三国志·魏书·张鲁传》注引《典略》）这样的传道方式虽然简单，却有效。加之借黄老之名易于被大众接受，所以传播很快。《后汉书·皇甫嵩朱俊列传》载："初，钜鹿张角自称大贤良师，奉事黄老道，畜养弟子，跪拜首过，符水咒说以疗病，病者颇愈，百姓信向之。角因遣弟子八人使于四方，以善道教化天下，转相诳惑。十余年间，众徒数十万，连接郡国，自青、徐、幽、冀、荆、杨、兖、豫州之人，莫不毕应。”由此可见，黄老道在民间有非常广泛的基础，所流布的地区差不多遍及河北、山东、河南、江苏、湖北一带，约为当时东汉政权辖地的三分之二。

当太平道有一定势力后，张角不满足于当教主，而是想当天子了。他在太平道流行的地区青、徐、幽、冀、荆、杨、兖、豫各州成立了三十六方。“方”是一种军事组织，根据信徒多少分大方、小方。大方万余人，小方六七千人，每方设渠帅为首领。这样，张角就把太平道起打造成以夺天下、建政权为目的的军事组织。他自称“天公将军”，封其弟张宝为“地公将军”、张梁为“人公将军”。所部都系黄巾，以黄巾为标志，故被称为黄巾军。张角为夺取政权打出了口号，声言“苍天已死，黄天当立，岁在甲子，天下大吉”。这个口号大有讲究，是根据阴阳五行的相生相克原理而来。五行相生是：金生水，水生木，木生火，火生土，土生金。五行相克是：金克木，木克土，土克水，水克火，火克金。在当时人的观念中，汉属火德，火生土，所以，张角将其五行之属定为土德，意为火尽而土生。东汉朝服为苍色（深青色），这种颜色是火德的对应色。张角各方则以黄巾为标志，黄是土的对应色。“苍天已死，黄天当立”意思就是以黄巾为标志的太平道要取代东汉王朝。“岁在甲子，天下大吉”则是张角定的起事时间，而且迫不及待，要毕其功于一役，在甲子这年推翻东汉朝廷，平定天下。黄巾军仓促起事后一度攻城略地如狂飙一般席卷各地。但是，尽管黄巾军深得民心，声势浩大，终因缺少训练有素的军队和军事家，而归于失败。

张角的悲剧在于野心大，才能小。他虽然组织才能出众，有蛊惑民心的手段，但对政治军事却是外行，而且没有得力的帮手。因此，他能创立太平道，却不能夺天下；他奉祀黄老，只是将其作为偶像，并不理解老子真谛。和张角有一比的是时隔近一千八百年后洪秀全领导的太平天国。太平道、太平天国都以“太平”为名迎合百姓的期盼。两者的组织形式相似，运用的手段相似，参与成分相似，都是借宗教之名，谋夺取政权之实，后者虽然规模更大，时间更长，但两者结局相似，都败得很惨。不过，张角虽败，但道教的种子却在民间生根发芽，表现出了旺盛的生命力。

五斗米道

无独有偶。太平道在燕赵齐鲁中原一带勃兴之时，偏居西南的汉中、巴蜀一带另有五斗米道渐成势力。五斗米道与太平道是同一大时代背景的产物，同源于黄老道，但来历却不甚明晰。一种说法是张修约于东汉灵帝时（184 年）在汉中所创。另一种说法是张道陵约于东汉顺帝时（126 年—144 年）在四川鹤鸣山（又称鹄鸣山，今四川大邑）所创。

史书《三国志·魏书·张鲁传》注引《典略》“（东汉灵帝）光和中，东方有张角，汉中有张修。角为太平道，修为五斗米道。”可见，五斗米道与太平道差不多同时。张修（？—200 年）是巴郡人，也是以为人治病来传道。在张修的五斗米教中，设有鬼吏、奸令、祭酒等专职人员辅佐其看病。有人来看病，他就让求医者在一间静室思过，使人做法事，祭酒用《老子》的五千言，为患者请祷，并在符纸上写患者姓名，表服罪之意。然后，将符纸分三份，一份是给天帝的，置于山上；一份是给地祇的，埋在地下；一份是给水神的，沉在水中，这叫三官手书。求医者需出五斗米，故此，张修被称为五斗米师。《后汉书·孝灵帝纪》注引《汉灵献二帝纪》也说：“巴郡巫人张修疗病，愈者雇以五斗米，号为五斗米师。”由此可见，张修的五斗米教也主要是解疾患，老子的五千言只是当作符咒来用，与老子五千言的内容不大相干。张修的五斗米教中，已有了专职的神职人员，如鬼吏、奸令、祭酒等，初备道教雏形，比张角的太平道宗教色彩更浓。

东汉灵帝中平元年（184 年），张修在巴郡起事，向汉中一带发展。尚无史料说明张修与张鲁（？—216 年）如何结缘五斗米道，但可以肯定地说，张修与张鲁同在五斗米教中，而且关系很近。汉献帝初平二年（191 年）益州牧刘焉利用乱局扩大势力，“遂任鲁以为督义司马，遂与别部司马张修将兵掩杀汉中太守苏固，断绝斜谷，杀使者。鲁既得汉中，遂复杀张修而并其众。”（《后汉书·刘焉传》）当然，张鲁不是拿下汉中后立刻就杀了张修，而是到建安五年（200 年）时机成熟后才杀了张修。此后，张鲁独占汉中，成了五斗米教的正统，在五斗米教的势力范围内实行一套中国历史上绝无仅有的政教合一的管理模式。

虽然张鲁对五斗米道的发展至关重要，但他并没有把自己作为五斗米道的创始人。据《三国志·魏书·张鲁传》载：“张鲁，字公祺，沛国丰人也。祖父陵，顺帝时客蜀，学道鹄鸣山，造作道书以惑百姓，从受道者出五斗米，故世号米贼。陵死，子衡行其道，衡死，鲁复行其道。”显然，在这里，张道陵的五斗米教要早于张修的五斗米教。不过，从记述的详细程度来看，张修创五斗米教一说更有依据，史料也更充分。撇开谁是五斗米道创始人不说，有一点毋庸置疑，即在东汉中后期，五斗米道在民间已是一种普遍存在。

关于张道陵创五斗米道的说法有很多，传说多于史书的记述。正史中也没有张道陵的传记，《后汉书》《三国志》《华阳国志》等书中提到了张道陵，但都只是寥寥几笔，内容大同小异。如果真像传说所言，张道陵在汉顺帝时就已传道，那么，好黄老之道，且奉祀黄老的东汉朝廷理应给这位高人一席之地。然而却没有。

不过，在道教的传说中，张道陵不仅出身材料翔实，而且有灵异色彩。张氏后人明代张所著《汉天师世家》载：张道陵（34 年—156 年）本名张陵，沛国丰邑人，生于建武十年，为汉留侯张良八世孙。有的传说称：张道陵的母亲夜梦魁星，感应而孕。张道陵出生时黄云笼罩，紫气弥漫，满室生辉，异香袭人。张道陵聪慧异常，七岁就通老子五千文，天文地理、《河图》《洛书》谶纬之学也颇精通。而《上元宝经》说张道陵原本“大儒”，通晓儒家经典，并且曾在天目山南的神仙观和西北的通仙观设堂讲学，讲授五经。张道陵曾做过小官江州令，后觉无趣，遂辞。东汉朝廷三次征召，张道陵均不应召，反而避世求道。《三国志·魏书·释老志二》载：“（汉）灵帝置华盖于灌龙，设坛场而为礼。及张陵受道于鹄鸣，因传天官章本千有二百，弟子相授，其事大行。齐祠跪拜，各成法道。”可见，张道陵是在鹄鸣山传道后才成气候的。传说中，张道陵在鹄鸣山得太上老君面授，亲传《洞极经》，三五都功玉印，雌雄斩邪剑，二仪交泰冠、驱邪帔风、通天至简等物。这些物品后来都成了道教的法器。张道陵借太上老君之名成立了“正一盟威道”，信众陡增，竞相奔走相告。于是，张道陵亲得太上老君的传授，通神驱魔法力大增的说法迅速传播开来。信众奉张道陵为代天行道的天师，“正一盟威道”亦被称为天师道。此后，张道陵传道不再以治病为主，而宣扬自己的神性法力成了他的本业。

《列仙传》记述了张道陵在青城山开设道场，大战鬼帅的故事。故事说：八部鬼帅据西蜀青城山，各领鬼众亿万，混杂人间布行瘟疫，百姓苦不堪言。张道陵携所得法器赴青城山大战众鬼。众鬼用各种兵器，用各种手段企图将张道陵撵出青城山，并说：“张天师为何不去峨眉山，却来抢我们的地盘？你快下山，不然瞬间就灭了你。”张道陵回答：“汝等毒害众生，所以不能让你们住在这里，应该把你们扔到西方不毛之地。”八部鬼帅各领兵马一起进攻，张天师手持丹笔轻轻一划，鬼兵尽损。这个故事很有意思，张道陵对付的这些鬼帅鬼兵都是各种病疫的制造者，这些家伙以病疫戕害百姓。原来张道陵给人治病是一个一个治，而在得老子面授之后，同样是为百姓消病患，却是消灭病患的制造者。其实，这还是以为人治病来传播五斗米道。当然，有了神授法力，传播效力自然大增。其结果是五斗米道在巴蜀汉中发展成为最大的教团势力。张道陵在123岁时与两个弟子王长、赵升白日飞升，羽化成仙，而其天师之位传给儿子张衡，张衡又传张鲁，世称三师，天师之位代代世袭。因此，张道陵被道教信徒尊为天师道祖师。

张道陵创天师道的传奇故事对道教信徒来说是真实的，而且世代相传，不以为讹。从天师道的师承关系上看，张道陵是祖师，张鲁是继任者，也是成立的。但是从五斗米教的发展史看，张鲁才是关键。不排除张鲁为了树立和维护他在五斗米教中的正统地位而编排出祖父传奇故事的可能性。因为，倘若张鲁从来就是天师道的正统，那么天师道已历三代，有张道陵立下的成熟的规制，用不着沿用张修为五斗米道定下的规制，而事实上却是“（张）鲁在汉中，因其民信（张）修业，遂增饰之”。（《三国志·张鲁传》）意思是：张鲁在汉中，因为这里的百姓相信张修那一套，于是，把这些规制增加进来。

在首创五斗米道的问题上，一直有不同说法。有研究者认为是张修，而天师道信徒认为是张道陵。其实，无论认定张道陵还是张修，谁创立了五斗米教无须取得一致意见，也无须一定要说服谁。有一点毋庸置疑，五斗米教也是中国本土产生的创生性宗教。

事实上，真正对五斗米道的发展起了巨大作用的是张鲁。益州牧刘焉死后，张鲁和刘焉的儿子刘彰交恶。刘彰杀了张鲁的母亲和亲属。张鲁遂占据汉中，独踞一方。当时，天下大乱，朝廷无力讨伐，便拉拢张鲁，封他为镇夷中郎将，领汉宁太守。张鲁有权有势，便在他的辖地内名正言顺地推行五斗米道，以政教合一的形式实施社会治理，所谓“自号师君，以鬼道教民”，也就是自己号称师君，用五斗米道来训导百姓。

张鲁沿袭了五斗米道和太平道的做法，初入道的信众被称为“鬼卒”，管理鬼卒的人称谓“祭酒”。在张鲁的治下，辖区内分二十四治，不设官吏，由祭酒管理。而管理又是“行宽惠”之道，以信徒的自觉为主，“巴汉夷民多信之”。（《华阳国志》）张鲁的五斗米道颇得人心，归附者甚众，《后汉书·张鲁传》载：“韩遂、马超之乱，关西民奔鲁者数万家。”这数万家的人口至少也有十几万，像这样大规模的迁徙而且目标明确，说明张鲁的辖地具有强烈的吸引力。并且张鲁的地盘也有所扩大，增至二十八治（一说四十四治）。在战乱频仍的汉末三国争霸时期，张鲁治下的巴汉地区相对来说是百姓的一方乐土。

在军阀割据的乱世，独踞一方，称王称霸是一种常态。但是，能占据一方却不称王，也是一种高人一筹的选择。在张鲁的治下，也有人找借口推举张鲁称王。《后汉书·张鲁传》载：“民有地中得玉印者，群下欲尊鲁为汉宁王。”本来，如果张鲁有称王之心，顺水推舟，封自己汉宁王也是顺理成章的。但是，张鲁的一个谋士阎圃劝张鲁：“汉川之民，户出十万，四面险固，财富土沃，上匡天子则为桓、文，次方窦融，不失富贵。今承制署置，势足斩断。遽称王号，必为祸先。”意思是：汉川的百姓，有十来万户四面地势险固，物产丰饶，上策可辅佐天子像齐桓公、晋文公那样，其次，可像窦融那样割据一方，尽享富贵。当下若是设置机构官职，贸然称王，一定是祸端的兆头。

阎圃是个聪明人，他劝告张鲁即使不称王，在汉川这块土地上也像王侯一般，要是草率称王必遭祸端。张鲁听从了劝告，没有称王。这表明，张鲁并非沽名钓誉之徒，对大局的认识还是比较清醒的。在三国争雄，魏蜀环伺的态势下，张鲁在汉川营造的乐土很难长期不被关注，“雄踞巴、汉垂三十年”实属不易。建安二十年(215年)，曹操腾出手来便准备吞并汉川之地。张鲁知道就实力而言，他若硬抗曹魏，无异于以卵击石，于是便选择了投降。当然，张鲁降曹与曹操也是黄老之道的信奉者有关，两者在信仰上有共同点。曹操兵不血刃便获得汉川之地，自然厚待张鲁。拜张鲁镇南将军，封阆中侯，张鲁有五个儿子也被封侯，曹氏与张家还成为姻亲。张鲁降曹后，被迁往邺城（今河北临漳），大批信徒也随之北迁。曹操为了填充长安一带的人口将汉中大批五斗米道徒迁往这些地方，“太祖拔汉中民数万户以实长安及三辅。”（《三国志·张既传》）当然也不排除曹操为了弱化汉川地区五斗米道的影响，将其信徒迁往异地。虽然五斗米道作为政教合一的实体也就此完结，但五斗米道并未消亡，反而因张鲁被曹魏统治集团接纳而进入上流社会，很多贵族也自然成了五斗米道徒。而大规模地迁徙五斗米道徒，也使得五斗米道向更广泛的地区传播，而且影响深远。

太平道和五斗米道最显著的意义在于：

其一，道教由此而生发，逐渐成为中国最有影响力的创生性本土宗教。此前虽然讲黄老之道，奉祀黄老，但依然是传统的自然崇拜形式，没有特定的教主，没有特定的组织形式，没有特定的教义，也没有信徒与非信徒之间的明确界限。而太平道和五斗米道则是创始者即教主，有明确的组织建构，信徒与非信徒有清晰的区分。

其二，确立了老子的道教主神地位。此前，老子虽然一直被神化，并且被作为神仙奉祀（一般都是黄老并祀），但是并没有达到主神崇拜的程度。而太平道和五斗米道都把老子作为主神，甚至是至高的尊神。此后，道教虽然发展了不同的流派，增加了各种称谓的尊神，如元始天尊，灵宝天尊，但是老子在道教中至尊主神的地位从未改变。

其三，道教虽说是创生性宗教，但老子却不是创教者。老子是被主神的，他大概不会想到他隐世五百年后成为道教的主神。太平道与五斗米道不约而同地将老子奉为尊神，既是一种需要，也是一种必然，说明老子作为被神化的人物在民间的影响远大于在宫廷的影响。

太平道和五斗米道同兴起于东汉末年，两者都与黄老之道有密切关系，两者有大致相同的教义、仪规和组织形式，甚至起事造反还彼此呼应。两者都兴起于民间，创始人也都是发于草根，甚至连称谓都是“师”——张修自称“大贤圣师”，张鲁将其祖、父和自己称为“天师”“嗣师”和“系师”。太平道与五斗米道表面上看来是失败了——一个被灭了，一个散了，但道教赖以产生的土壤依然肥沃，道教的社会基础依然坚固，道教的生命力依然旺盛。并且发自民间的道教开始向社会的中上层蔓延，一些士人也加入其中对道教的发展注入了新的活力。

三、道教早期各流派

道教是兴起于民间的创生性宗教。虽然太平道和五斗米道都失败了，但是播撒下的道教种子却遍及各地，植根于民众之中。而且社会对道教的需求不但没有减弱，反而更加强烈了，毋宁说这种社会需求正是道教生命力的本源。

几乎所有的创生宗教在发展一段时期后就会发生裂变，或是因为对教义的理解不同而发生分歧，或是因为对正统地位的争夺而势不两立，或是因为地域文化的差别而产生变异，总之，会分为不同的派别。佛教、基督教、伊斯兰教莫不如此，当然，道教也不例外。不过，道教的创教方式与其他创生宗教有所不同，像佛教、基督教、伊斯兰教这些创生宗教都有明确的创始者，并且创始者本身就是本教最高的神，而道教的成因非常复杂，主神又不是创教者，因此，出现不同的流派是再正常不过的了。

金丹道

与太平道、五斗米道同时存在并有很大影响的还有专注于炼丹术的魏伯阳，即金丹道的创始者。魏伯阳，号云牙子，生卒年不详，活跃于东汉桓帝、灵帝时期，是葛洪所著《神仙传》中的人物。魏伯阳得以留名是因为他写了一部炼丹书《周易参同契》。这是一部将周易、黄老、炼丹术杂糅而成的养生著作，被称为“万古丹经王”。在魏伯阳之前也有术士炼丹，但大多是经验性的，很少有理论支撑，而魏伯阳给炼丹找到了理论依据，即以周易、黄老学说为理论依据，具体而言，是周易为本，老子为用，老子的话在本书中比比皆是，如“上德无为，不以察求，下德为之，其用不休”，“知白守黑，神明自来”（《周易参同契·明两知窍章第七》），等等。

不仅如此，魏伯阳还将炼丹程序化、仪式化了，甚至将炼丹的配方也公之于众。此前的方士炼丹，求的是长生长寿，而魏伯阳将炼丹与成仙联系起来了。

《神仙传》里有一个魏伯阳服丹成仙的故事流传颇广：

出身名门望族的魏伯阳恬淡守素，专心修真，视荣华富贵如秕糠。魏伯阳带了三个弟子入山炼丹，炼成仙丹之后，发现有两个弟子心不诚，便想考验一下。于是，他先拿出了一粒仙丹喂白狗，白狗吃了就死了，三个弟子很诧异，魏伯阳见状，自食一粒，倒地而亡。有一个姓虞的弟子，见师傅这样就说："师傅不是凡人，服丹而死，不会是有意的。"于是毫不犹豫也服丹而死。另两个弟子不肯就这样死了，他们放弃服丹，离师傅而去。魏伯阳起身，拿出真仙丹给弟子和白狗各喂了一粒，于是他们一同成仙而去。路上碰见樵夫，魏伯阳修书一封，托他捎给故乡邻里，那两个弟子得知后懊悔不已。

这个故事的意义在于，炼丹、服丹不仅可以长生长寿，而且超凡成仙。炼丹可以成仙，对于一般渴望成仙的道教信徒来说有巨大的吸引力。于是，道教中通过炼丹而想成仙的做法非常普遍，成为所谓丹鼎（炼丹的炉鼎）派，又称为金丹道。稍后，葛玄（164 年—244 年）

及其侄孙葛洪（283 年—363 年）都是炼丹的推崇者。葛玄出身名门，博览群书，好老庄，相传从仙人左慈学道，得炼丹经书《太清九鼎金液丹经》《三元真一妙经》等，后得道成仙，被后人尊为灵宝祖师。葛洪业痴迷于修道炼丹，一生著述颇丰，主要有炼丹书《抱朴子》以及记述各类神人的《神仙传》等。炼丹这种方式经他们的完善和弘扬，流布更广，且绵绵不绝。

天师道

天师道原本是五斗米道，掌门人称天师。五斗米道被曹魏收降后形式上散了，但是却借机走进了社会上层，而且魏晋时期很多贵族士人都是五斗米道的信徒，出现了许多著名的五斗米道世家，如琅琊王氏、孙氏，陈郡谢氏、殷氏，高平郗氏，会稽孔氏，义兴周氏，丹阳许氏、葛氏、陶氏，东海鲍氏等。其中最有代表性的是琅琊王氏和陈郡谢氏。王氏家族出过王导、王敦之类身系一朝安危兴亡的重臣，也出过一代书圣王羲之这样不朽的艺术大家。而陈郡谢氏则出过以淝水之战著称的谢安、谢玄，和以文采享誉史册的谢灵运、谢朓。唐朝文人刘禹锡曾写脍炙人口的诗《乌衣巷》“旧时王谢堂前燕，飞入寻常百姓家”。这“王谢”说的就是琅琊王氏和陈郡谢氏。这些世家都是绵延百年甚至更长时间的望族，而且都与五斗米道有很深的关系。像王羲之就是入道很深的五斗米道徒。由此可见，五斗米道在士族中影响非同一般。

五斗米道的影响不仅在上层，就是在草根阶层也依然强大。公元399年（隆安三年），孙恩（？—402年）反抗官府，揭竿而起，应者云集，达数十万之众。一时间攻城拔地，将会稽、吴郡、吴兴、义兴、临海、永嘉、东阳、新安八郡收为旗下。其规模之大，参与人口之多震惊朝野，甚至动摇了晋王朝的统治。孙恩出身于信奉五斗米道世家，但孙氏是级别较低的士族，更接地气。孙恩起事也是以五斗米道的名分，而参加者多为五斗米道徒，号称“长生人”。这说明五斗米道的影响力在当时是遍及全社会的，有相当广泛的基础，高低贵贱都囊括其中。孙恩起事是针对官府的，因而五斗米道成为被当政者镇压的对象。孙恩起事归于失败，其妹夫卢循继之为五斗米道首领扯旗造反也归于失败，此后五斗米道衰落。

不过，五斗米道的社会基础依然牢固，依然有强大的生命力，只是需要改头换面罢了。南北朝（420年—

589年）形成初期，五斗米道以“天师道”的名义存在。在北朝，嵩山道士寇谦之（365年—448年），对五斗米道进行了改造，使之成为新天师道，即北天师道。寇谦之出身官宦世家，曾是五斗米道徒。兼修儒道，对释家亦不排斥。他试图清除原三张（张陵、张衡、张鲁）对五斗米道的影响，废除入道需缴租米钱税等惯例，并且从理论层面对五斗米进行改造，杂糅儒释入道，革除原五斗米道三张的规矩，另立斋戒符典章，诵戒新法。其实，这些都不足以使寇谦之扬名立万。北魏神瑞二年（415年），他诡称太上老君亲临嵩岳，授以天师之位，赐以《云中音诵新科之戒》二十卷，传其服气导引之法。借亲得老子传授之名，寇谦之名声大振，受到鲜卑族的北魏太武帝拓跋焘的青睐。北魏太延六年（440年），寇谦之声称太上老君再次降临，授太武帝以太平真君之号，拓跋焘遂改元为太平真君。其后，又亲临道坛受箓，封寇谦之为国师。借助皇权的力量新天师道在北魏大行于世。

差不多在与北天师道盛行的同时，在南朝刘宋统辖的地域，五斗米道也有所变化，主要是陆修静对五斗米道的改造。陆修静（406年—477年），字元德，吴兴人，出身官宦世家，刘宋时南朝道士，世称简寂先生。

陆修静可算得上真修的道士。他抛妻弃子，出家隐居修道，云游四方，遍访东南名山大川，甚至远达西蜀的青城、峨眉。陆修静云游的目的是收罗道书，寻访高人。他还对五斗米道进行改造，针对性地设了入道门槛，并排列了不同层级的晋升阶梯。比如，的有一定功德才能受箓为道民，受箓之后，有功者才能升迁，根据修行功德可一级一级升迁，从受十将军箓依次升至受五十将军箓，再从箓吏依次晋升。阶位名目繁多，自成体系。他还著书立说，有关斋戒仪范者尤多，也写过《道德经杂说》。不过，所著大多亡佚。

陆修静常年修道布道，名声远播。就连刘宋王朝也对他十分看重。刘宋元嘉（424 年—453 年）末，陆修静至京师卖药，宋文帝刘义隆慕其名，将其召入内宫问道。太后王氏崇信黄老，降尊纡贵，对陆修静执弟子礼。后来陆修静避乱至庐山，在东南瀑布岩下，隐居修道。据《道藏·太平部》载：宋明帝刘彧即位，思弘道教，泰始三年（467 年）召见陆于华林园延贤馆。陆修静一派仙风道骨，令明帝“肃然增敬”，陆为其讲道，甚得赏识，“帝心悦焉”。于是，在北郊天印山专门为陆修静筑崇虚馆让他居住。在此期间，他“大敞法门，深弘典奥，朝野注意，道俗归心。道教之兴，于斯为盛。”（《道藏·太平部》)。可见，陆修静对南天师道影响大主要也是借助皇权的力量。

寇谦之和陆修静分别对五斗米道进行了改造，虽然两者内容有区别，但也无非是对入道门槛、修道路径、道教仪轨和道教系统进行改造，使改造之后的道教与世俗的区分更加明显。从名称上来说，五斗米道被天师道所取代。经过改造的南北天师道是道教步入正轨的新起点，道教作为一种创生宗教不仅在教义、仪轨、内部结构上更加绵密完备了，而且组织性、影响力也更强了。其后，天师道各门派无不是在此基础上发展起来的。比如茅山宗的创始人陶弘景就是陆修静的再传弟子，他对上清派的教义做了阐释和修订。

楼观道

老子西出归隐是《史记·老子韩非列传》中记载了的。老子“居周久之，见周之衰，乃遂去。至关，关令尹喜曰：‘子将隐矣，强为我著书。’于是老子乃著书上下篇，言道德之意五千余言而去，莫知其所终。”这就是老子出关的出处。西晋时，天师道祭酒王浮曾作《老子化胡经》。因此之故，地处西北的楼观道应是源于这两则传说，而楼观道正是奉函谷关关令尹喜为祖师。只是楼观道的出现要比《史记》中记载的老子出关晚了差不多上千年。

楼观道是道教早期派别之一，所在地楼观台位于秦岭北麓的陕西省周至县境内。很难说楼观道和五斗米道有什么关系，但是，曹魏政权收服张鲁后向长安三辅一带移民数万户五斗米道信徒却是事实。此次移民使道教向西部广为传播是不言而喻的，况且周至距长安不太远约160华里。三国后期道教在这一带很活跃，有道士隐居修道。最早者为三国末的郑法师（履道）。西晋时，有其弟子梁谌，其后有王嘉、孙彻、马俭等。至东晋末，楼观道虽然尚未成气候，但特点已显现。比如，楼观道传习的修炼方术，表现了杂采兼收的特点，即符箓与丹鼎皆用。如早期道士梁谌“食炁吞符，大尽其妙，又广索丹砂，还而为饵”。又如法师马俭既晓遁甲占筮之法，又以辟谷、服药、行气、导引等方法修道。

楼观派尊奉的经典主要是老子的《道德经》，此书与其祖师尹喜有关，所以《道德经》是楼关道的道士必修经典。楼观道坚信老子化胡说，这当然与该派在道教中的地位有关。至于《楼观本起传》称：“楼观者，昔周康王大夫关令尹之故宅也。以结草为楼，观星望气，因以名楼观。此宫观所自始也。”这不过是楼观派的托大、托古之说，不足为信。

楼观道的兴起与南北朝时的北魏皇权有绝大关系。北魏太武帝好道，不仅对北天师道的寇谦之大加犒赏，对其他道家门派也青睐有加。在这一点上，楼观道与北天师道是异曲同工，它们的勃兴都与北魏帝王的喜好有关。据有关资料记载：北魏太武帝始光（424 年—428 年）初，道士尹通跟随马俭法师于楼观修道，其后道术精进，渐获赞誉。“太武好道，钦闻其名，常遣使致香烛，俾之建斋行道。自是四方请谒不绝。”（《道藏》第 5 册）此后楼观道在道教中自成一体，逐渐成为西北地区最有影响的道教门派，继而向中原发展，像道教中的全真派就是出自楼观道。

以上是道教早期的主要门派，共同的特点是受到皇权的追捧。无论是北天师道寇谦之、南天师道的陆修静，还是楼观道的尹通，都因皇权支持而得以扬名立万。可以说，皇室笃信道教对道教的活动极为有利，而道教则凭借皇权的庇护广为传播。皇权对道教的发展作用巨大。道教在这一时期之后才比较成熟了，真正开始了作为宗教的发展历程。后世的道教各门派多与这些早期道教门派有或多或少的关系。

道教作为一种宗教，对当朝政权有很深的依附关系，被政权所用则兴，被政权所弃则衰。如北齐崇佛毁道，全境道教了无声息；明朝的皇权崇道，把偌大的武当山建得金碧辉煌。当政者崇道也只是有所企图，或希求长寿，或消灾避难，对老子真正利国利民的治国理政的思想并不在意。历史大抵如此。不过，道教的生命力却在中国的民众之中，民间有需求，有传承，已成为自身文化观念的一部分。正如鲁迅先生所说：“中国根柢全在道教”。（1918 年 8 月 20 日鲁迅给许寿裳的信《致许寿裳》）因此，无论当政者持什么态度，道教都会以自己的方式延续。道教会延续，老子作为道教中的主神他也会与道教同在，他已经被固化为道教的符号，尽管老子是被主神的。

第四章

老子之道

老子用他的思想之手触摸到了一种独立的、先于天地而生的、无所不包的、永恒不息的、对万事万物起支配性作用的存在。他的惊天一语，可谓惊世骇俗，道出一条中华文化的根脉，道出一个影响中华文化两千多年的道家学派。老子之道是有无之道，是创生万物之道，也是人的因循之道。

老子之所以千百年来一直被国人尊崇，不是因为他做过周朝的柱下史；之所以被奉为道家之宗，不是因为他归隐林泉；之所以被尊为道教的教主，不是因为他像神仙一样无所不能；而是因为老子之“道”。那么，老子之“道”来自何处？老子之“道”是什么？又如何解读？这里所说的老子之“道”，是老子作为思想家提出的哲学命题，而不是宗教或神学命题。

一、道的缘起

从思想对象的角度看，哲学和神学探讨的问题有很多相似之处，比如说天地万物的本原，人与自然的关系，人与人的关系，以及人的生死问题等。两者的不同在于，哲学的思维方式偏重于抽象的、思辨的，而神学的思维方式则偏重于形象的、直觉的；哲学只是对事物的本原以及事物的变化做出合理解释，而神学论述的出发点是神的存在，终极点是论证了神的作用。

智者的困惑

人是自然的产物，在自然中生存，相对于其他物种而言，可以说人是自然中的智者，但人并不当然地了解自然。日月经天，江河行地 ；寒来暑往，四季轮回；花草树木，春华秋实；飞禽走兽，世代繁衍。这天地万物从何而来，因何而存？这大千世界变幻无穷，道理何在？人们或为之困惑，或为之茫然，或为之欣喜，或为之忧惧，一切都在自然中，但自然中并没有现成的答案。提出问题的是人，需要解决问题的也是人。当人在自然面前无能为力的时候，便希望有超自然的力量帮助自己，于是，神灵便出现了。所谓神灵是人为了满足自己解决问题的需求而创造的，人赋予了神灵以超自然的能力和超现实的境界。神可以做人想做却做不到的事情，神的世界人向往之却难以企及。可以说神是人思想观念的产物，是人的现实诉求在观念世界的折射，没有人的思想，没有人的需求，就没有神。神可以做人想做而做不到的事情，但是，神不能做人想不到的事情。

有趣的是，人创造了神，神却成了人的主宰。人不自觉地把自己变成了神的附属物，而神在成为人的精神寄托的同时也为人构造了思想的樊笼。神毕竟是人类思想的产物，而探索未知，怀疑已知是人类与生俱来的不可移易的本性。思想的窒息，一如生命的窒息。用思想构建的樊笼，必定被思想冲破。

人总能在创造中获得意外的惊喜。人在创造神灵时，不经意间开启了想象和联想的大门，这是人类思维历程中的一次巨大飞跃。人可以借助想象和联想营造出一片精神世界的新天地。由此，人不仅可以拥有一个现实世界，还可以拥有一个超现实的想象世界。而神灵则是可以使现实世界与想象世界混为一体的重要介质。多数神灵是具象的，是形象思维的产物。借助想象和联想对神进行描述是神话思维的特点，而神话思维方式是人类思维发展的一个必经的初期阶段。

当然，人的思维不可能止于形象思维，要对事物的认识更加深入和全面一定需要抽象思维。形象思维是一切抽象思维的基础，没有形象思维也就谈不上抽象思维。哲学的特点是抽象思维，从这个意义上说，神话是哲学之母，抽象的哲学来源于具象的神话。神话和哲学两者都是人的思维的产物，共同存在于人的思想空间。

无论多么睿智的思想者都是他所处时代、地域和文化的产物，无论多么睿智的思想者也总是从自己的经验出发来看待问题，从已知求未知。老子也是如此。作为神仙的老子是无所不知无所不能的，但作为一个思想者必然有其困惑的问题。在老子生活的时代，对天地万物起源的解释带有原始的神话色彩。不过可以判断，老子并没有完全接受既有的解释，因为，老子接受了既有的解释，就不会再提出他自己的思想。

老子是道家理论的创始者，但是“道”理念的形成却是有一个过程的。大千世界生生息息、循环往复，总是循着一定的规律运行。最初，老子并没有“道”的概念，但是老子认定世间万物都是有其出所，而这个出所是生生不息、永恒不灭的。于是，他将生出天地万物的出所称之为“谷神”“玄牝”。他感慨道：

谷神不死，是谓玄牝。

玄牝之门，是谓天地根。

绵绵若存，用之不勤。

（《老子·第六章》）

意思是：谷神是永恒的存在。可以说是具有神秘的深不可测的生殖器官（玄牝）。它的出口，可以说是天地的根本。生生不息，永远不会枯竭。有的今译文意译为：空虚变化是永不停歇的，这就是微妙的母性。微妙的母性之门，是天地的根源。它连绵不断地永存着，作用无穷无尽（陈鼓应）。意译就文字而言似乎好懂，但与原文的本意似不甚相符。

“谷”字是最古老的文字符号之一，在甲骨文中就有。本意为泉出通川，意思是水从口中流出（《说文解字》）。在这段文中，“谷神”具有特殊的意义。这里的“谷”，王弼的解说是：“谷，中央无者也”，指山谷、峡谷的谷。朱熹解读为：“谷，虚而能受”，即我们今天常说的虚怀若谷的“谷”。老子所说的这个“谷”当然就不是一般的谷，而是“谷神”，它不但能包容万物还具有生产的功能，可以源源不断地产出世间万物，而且从不疲劳，永无休止。“谷神”一词在《老子》五千言中只使用过一次，把它作为“道”的同义词显然是牵强的。但是，这个“谷神”又具有后来被称为“道”的特征：它是永存的，不但能包容万物，而且能连绵不断地化生万物，永无休止。谷神虽然具有“道”的特性，是天地的根本，但还不是“道”。因为在老子的表述中，谷神还不是“独立而不改，周行而不殆”的一种存在，这个概念还不能完全表达出老子的觉知。老子虽然把谷神作为生产万物的本原，但并没有说谷神来自何处。这表明谷神是老子思考天地万物本原的一个过程，是老子提出“道”这一概念之前的认识。

老子称谷神为“玄牝”。玄的本意为：编草绳，衍生意为变化、深奥。许慎在《说文》中解释“玄”字的意思为：“幽远也。黑而有赤色者为玄。象幽而入覆之也”。“玄”在老子哲学中是一个没有确定意向的概念，具有超凡脱俗、神秘莫测、变幻无穷的含义。在《老子》中，还有玄同、玄德等概念。老子在论“道”时就说“**玄之又玄，众妙之门**”。而“牝”则是指母性的生殖器官。这样一个变幻无穷的、神秘的、永恒的、保持生机活力的、化育万物的“玄牝”是天地万物的根本。

说老子的这种说法是母系氏族社会遗留下来的观念似无不可。在人类文明早期曾有过相当长的历史时期是母系氏族时代，女性在现实生活中是起主导作用的。而母性生殖崇拜又是一种相当普遍的文化现象。母性生殖崇拜的本质是对生命的敬畏，是对繁衍子孙、扩大族群规模的渴望。上古时期，母性生殖崇拜在中原地区广泛存在。河南中部的具茨山发现距今约8000—4000年前的古文化遗址，其中有大量的岩画是各种夸张的女性生殖器，生动反映了母性生殖崇拜，可以说是具象的玄牝。老子的故乡在淮河流域，在老子生活的时代社会发展相对缓慢，距那个时期尚不算久远。无疑，老子思想之树正是根植于这一带的文化土壤。由此可说，“玄牝”是老子为解读“谷神”而创立的概念。

谷神、玄牝是具象的，本质上仍然是形象思维的产物，与神话思维相去不远。况且谷神、玄牝只说明了天地万物的出所，并没有说明谷神、玄牝又是从哪里来的，天地万物又是如何运行的，循环往复的依据是什么？这些问题困惑着老子。之所以这样说，是因为从老子的五千言中可以看出，作为自然界万物之灵中的大智慧者，老子在不断地思考，不断地提出问题，并且对这些问题做出回答。

惊天一语

作为形象思维的产物，谷神、玄牝显然不能完全表达老子觉知到的存在。那么，什么才能表达老子觉知到的存在呢？于是，“道”进入他的视野。“**道冲，而用之或不盈。渊兮，似万物之宗**”。在那个时代，这不啻于惊天一语。

从认识历程来看，人对事物的认识是不断发展的，总是在怀疑、否定既定真理的过程中建立新的正确的认知。从这个意义上说，怀疑是新知之母，在怀疑的过程中孕育并产生新知。人们的正确认识即所谓真理总是具体的、相对的，所谓绝对真理或把具体的、相对的真理绝对化都是作茧自缚，只能成为对探索新知的障碍。老子正是对已有的认知产生怀疑，提出问题，解决问题，才形成了老子之道。

任何时代都有其特定的观念和价值判断标准，都有一些被认为是真理性的不容置疑的东西。这种所谓“真理性”的观念一经形成，就会成为衡量事物的标准，长期对人的认识、判断产生影响。但是，当今认为是正确的、不容置疑的真理，在过去未必是，将来也未必是。这种现象既存在于对自然的认知，也存在于对人类自身的认知。

在中国古代，“天圆地方”被认为是正确的不容置疑的真理；在西方，哥白尼的“日心说”被认识之前，托勒密的“地心说”也曾被认为是颠扑不破的永恒的真理。以现代人的认识来看，中国古代对“天圆地方”的认识，早已被证明是错误的。哥白尼的“日心说”虽然比“地心说”接近当今的正确认识，但“日心说”本身也是接近正确认识的一个过程。

又如“男尊女卑”“女不如男”的说法是对女性的

偏见，也曾是人类社会普遍观念。儒家遵奉的圣人孔子就说过“唯女子与小人难养也”。西方的哲人苏格拉底也有类似的说法“女人是无知和不可理喻的怪物”。一代文豪莎士比亚曾在剧本《哈姆莱特》中借主人公之口不无悲悯地说“弱者，你的名字叫女人”。几千年来，在政治舞台上纵横捭阖，叱咤风云的是男性，而女性在社会中处于从属地位。这是父系氏族社会以来一直在延续的男性在社会生活中占主导地位的表现。但是，在此之前有一个女性主导的母系氏族社会，而且随着时间的推移，社会的变迁，男性的社会主导地位也在逐渐淡化。这一进程虽然是缓慢的，却是不可逆的。原来根深蒂固的所谓正确观念在现代社会已经发生根本动摇。可以推断，在未来社会“男尊女卑”这一观念会被认为是荒谬的、陈腐的，应被抛弃的错误观念。

由此可见，所谓正确的观念是有时代性的，此时为是，彼时为非，没有什么颠扑不破放之四海而皆准的真理。不过，错误的认识在被证明是错误之前就还是人们观念中的真理，还会一代又一代影响人们的观念，甚至成为思想探索的桎梏。

在老子所处的时代，天帝创造万物是人们根深蒂固的观念。《礼记·表记》讲“殷人尊神，率民以事神，先鬼而后礼”。早在殷商时代，就敬天事鬼，敬畏天帝、祭祀天帝，对天帝顶礼膜拜。人们对此习以为常，但是没有人问天帝是从哪里来的，也就是说天帝创生万物、主宰一切的真理性是没人怀疑的。老子的非凡之处正是在于他怀疑既有认知的真理性，提出了前人认为不是问题的问题，不断地质疑、求证，并对既有的认知做出新的解释。他说：

道冲，而用之或不盈。

渊兮，似万物之宗。

挫其锐，解其纷，和其光，同其尘。

湛兮，似或存，吾不知谁之子，象帝之先。

（《老子·第四章》）

意思是：道是虚空的，而作用却无所不在，无穷无尽，深渊一般不可窥测，好象是万物的宗主。磨去其锋芒，解消其纠纷，隐去其光芒，与世俗一同蒙尘。道精微而明澈，似乎是存在的。我不知“道”来自何处，但是它的出现似乎先于天帝。

在这里，同样是虚空的、能生产出万物并用之不竭的存在，老子没有用“玄牝”或“谷神”来表述他觉知到的存在，而是用了“道”这个概念。“道”是个意会字，也有直观的形象，但是，老子之“道”是没有具体形象的——尽管此处老子对“道”尚未给出明确表述。这看似平常，实则无异于认识论上的一场革命，即完成了由形象思维到抽象思维的巨大转变。

老子用“道”表述他感知到的存在，但并不确定。“**似万物之宗**”“**似或存**”“**吾不知谁之子，象帝之先**”，都表明了他的疑惑，他的推测。从认识论来看，这种疑惑已包含着对既有认知的否定因素。对既有认知的否定，同时也意味着新的认知的形成。

老子肯定了“道”的存在先于“天帝”的存在，没有在这里进一步指出“道”来自何处。不过，把道作为万物之宗，实际上否定了天帝创造万物，将天帝创生万物的宗主地位让于“道”。按照老子的思路，甚至天帝本身也是由“道”所创生。尽管此处老子对“道”的存在方式也没有明确的答案，却肯定了“道”是隐而无形、普遍存在的，是以“**和光同尘**”的形式与世间万物同在的。

“**似万物之宗**”——在老子那个时代不啻于石破天惊之语。显然，老子用他的思想之手触摸到了一种独立的、先于天地而生的、无所不容的、永恒不息的、对万事万物起支配性作用的存在。他的惊天一语，可谓惊世骇俗，道出一条中华文化的根脉，道出一个影响中华文化两千多年的道家学派。

提出问题，思考问题，回答问题。这一过程是认识升华的过程，也是老子“道”论哲学生成的逻辑过程。

以“道”命名

老子对“道”的思考没有止于“**象帝之先**”，进而老子指出“道”是从哪里来的，又是如何运行的。他说：

有物混成，先天地生。
寂兮，廖兮，
独立而不改，周行而不殆，可以为天地母。
吾不知其名，字之曰道，强为之名曰大，
大曰逝，逝曰远，远曰反。
故道大，天大，地大，人（一作王）**亦大。**
域中四大，而人居其一焉。
人法地，地法天，天法道，道法自然。

（《老子·第二十五章》）

通常解释为：有物浑然一体，先于天地形成以前就产生了。听不见它的声音也看不见它的形态，它独立长存而永不休止，循环运行而生生不息，可以为天地的根源。我不知道它的名字，勉强把它叫作“道”。又勉强给它起个名字叫作“大”，“大”叫作“逝”，“逝”叫作“远”，“远”叫作“反”。因此道大，天大，地大，人也大。域中四大而人占其一。人效法地，地效法天，天效法道，道按照自身的状态运行。

“有物混成”应当理解为“有无混成”更符合老子的本意。老子在谈“道”本体时总是将“无”“有”连在一起。如果“有物”中的“物”不做“无”来理解，那么“物”就是一种“有”，而“有无”之道的“有”和作为“物”的“有”混成，不符合老子的思想。联系老子第一章，“**两者同出而异名**”的表述可以看得更清楚。

这一章从字面来看并不难，但要逻辑地理解这些不连贯的话语却并非易事。千百年以来，凡是研读《老子》的人都认为这是老子“道”论的起源，而且不同的人给以不同的解读。思想家们的解释为“道”是先于天地万物但不依赖万物的绝对存在，是具有本体论、宇宙发生论意义上的绝对存在，而宗教的解释则是把“道”看作有意志的绝对主宰。

结合前面表述的内容，可以看出这段话清楚地表明了老子的思路。他觉知到一种独立的、先于天地而生的、无所不容的、永恒不息的存在，这种存在不仅是万物的本原，而且对万事万物起支配性作用。老子对这种存在的认识由模糊到清晰，由怀疑到确信，由不确定到确定。这种存在是老子感知的产物，是思维的产物，是老子自身的觉知。但是，在当时已有的概念中并没有现成的“名”可以完整表述老子觉知到的存在，于是，老子只得借用已有的、与其所描述意思比较接近的词——“道”来给这种存在命名，喻指他觉知到的这种存在，并赋予其特定的内涵。

既往的研究者多沿袭魏晋学者王弼的路子，执着于字面解释，不脱注释的窠臼。联系起来看，既然老子已经为他所觉知的存在命名为“道”，那么，其后的“大”“逝”“远”“反”就应当是对“道”的性状或属性的进一步说明。虚容万物、无所不包可谓之“大”；生生不息、永无止境可谓之“逝”，孔子曾看着川流不息的江水感叹道“逝者如斯夫”（《论语·子罕》）；遥不可及、深不可测可谓之“远”；周而复始、相反相成可谓之

"反"。了解了老子赋予"道"的这四大属性后，再看老子"道"论，就会明白，老子论道，多是围绕着这四种属性展开的。

紧接着一句"**故道大，天大，地大，人亦大**"又是什么意思呢？是不是和上一句的"大""逝""远""反"有逻辑上的因果关系呢？从字面的意思看，两者构不成逻辑因果关系。王弼的注本有"故"字，但是他没有解释两者有什么因果联系。而《帛书老子校注》甲本、乙本里没有"故"字，即"道大、天大、地大、王亦大"。但是，如将这一章分为上下两个部分，把"故"字作为上下两部分的因果关系连词，两者的关系就显现出来了。

一般对这段话的注解都是泛泛而谈，不去深究老子为什么说"**道大，天大，地大，人亦大**"。所以绝大多数解释是人云亦云，而看的人则不知所云。按照老子的思维方式，所谓"大"是相对于"小"而言的，没有了小，大也就不成其为大。这里的"大"是重要的意思。比如《尚书·咸有一德》："大哉！王言。"道、天、地、人应当是指老子学说中的四个最重要的范畴。老子的五千言都是在说道、说天、说地、说人，所谓"大"是言其重要性罢了。

那么，**“域中四大，而人居其一焉”**所说的“域”又是指什么？“域”的本意是指范围，在以往的注释中，这个词或以为不言自明，不予注释（如王弼），或将其解释为某种实指的范围，如八极（河上公）、宇宙（陈鼓应）等。这种解释与老子的思想是矛盾的。因为老子所说的“道”是至大的，没有任何范围限制，没有什么“域”能够容纳下“道”，而无论“八极”还是“宇宙”都无非是指时空范围的广大而已。其实，老子这样说是符合其一贯逻辑的。既然老子可以为他觉知到的存在命名为“道”，当然也可以为他认为重要的范畴设定“域”。因此，这里的“域”应当是指老子脑子里思想的范围，是他主观设定的，而不是说“道”在某一实指的范围之内。

在老子的宏大的视野中，人被列为四大之一实在是老子对人的厚爱。纵观《老子》五千言，没有哪一章是专门谈“天”或是说“地”的。谈天、说地也是为了说人，是为了让人循“道”而为。比如，老子说：

天长地久。

天地所以能长且久者，以其不自生，

故能长生。

是以圣人后其身而身先，外其身而身存。

非以其无私邪，故能成其私。

（《老子·第七章》）

意思很明白，就是在借天地说人事。重点在于人要效法天地，不为一己之私，反而能达到应然状态。

天地如此，人亦如此。从这个意义上说，老子之道也是人本之道。

道、天、地、人构成了老子的思想之“域”。这个“域”实际就是一个完整的思想体系。这个体系是以道为根本，以天、地、人为基本范畴。天、地、人既各自独立又彼此相互联系，相互观照。当然，这种关系并不是对等的，而是有层级和秩序的，而“法”就是秩序的体现。所以说“**人法地，地法天，天法道，道法自然**”。“法”在这里是效法、遵循，是秩序的体现。人不能恣意妄为，要有一定的规范。这个规范既是人与天地之间的也是人与人之间的总规范，并不能由人随意、随性制定。因此，人要以天地为效法对象，像天地循“道”而行那样也使自己的行为符合“道”的规范。人、地、天，都循“道”而行，便可达到各自的应然状态。“道”的应然状态则是按照其本性，自在自为，“**独立而不改，周行而不殆**”。所谓应然状态就是本来如此。

至此，老子完成了以“道”命名的言说，用“道”指代他觉知到的存在，并论述了“道”的属性；指明了“道”论的主要范畴。这样就构建了“道”论的话语系统，以及整个系统应遵循的秩序。

为什么老子以“道”而不是以其他的词命名他所觉知到的存在？老子没有在五千言中解答这一问题。但是，我们对“道”稍作梳理，也能了解一二。

在已经发现的殷墟甲骨文中没有“道”字，而铸在青铜器上的钟鼎文即金文中则有“道”字。殷商金文多用于先祖名讳，铸在青铜器上的文章很少，尚无“道”字出现。周朝取代商朝之后金文渐兴，现存最早的“道”字出自周朝金文。“道”是个会意字，由“行”和“首”两个字组成，本意是首领带路。从造字法来看，会意字是在象形基础上的发展，是将两个或两个以上的字组成一个新字，产生新的意思，用来表示比较复杂、甚至抽象的意思。“道”字正是有这样的功能。“道”在先秦典籍中主要有这样几种意思：一、道路，“一达谓之道路”（《尔雅》）。二、疏通，“九河既道，雷夏既泽”（《夏书·禹贡》）。三、规律、法则，“满招损，谦受益，时乃天道”（《虞书·大禹谟》）。四、做法、行事的方式，“与治同道，罔不兴；与乱同事，罔不亡”（《商书·太甲下》）。五、操守、品德，“今商王受无道，暴殄天物”（《周书·武成》）。六、治国的准则，“论道经邦，燮理阴阳”（《周书·周官》）。以上例子多为“道”的引申义，用以表现抽象的意象。尽管在《尚书》中“道”被广为使用，但可以推断“道”在西周时还是一个被创造出来的新词。由此可知，“道”字的抽象意涵最接近于老子觉知到的存在，老子赋予这个新词以新义，并使之成为阐述他觉知到的存在的特定词汇。

二、哲人释道

老子给觉知到的存在命名，指出了这种存在的特征，并且以道为本，以天、地、人作为基本范畴，构建了他的思想体系的框架。那么，道来自何处？是如何构成的？又是如何运行的？天、地、人以及世间万物与道是怎样的关系？道的作用何在？解决这些问题是理解老子之“道”的根本，而要解决这些问题，还是要从老子的论述中去找出答案。

“无”“有”之道

老子对“道”来自何处是有一个思考过程的。前文介绍老子提出各种疑问时曾提到“**吾不知谁之子，象帝之先**”。这个推论只完成了一半，即肯定了“道”的出现先于天帝，却不能肯定“道”来自何处。所以，“道”的出处是老子一定要解答的问题，否则作为一种思想体系就有重大缺失。老子通过提出疑问，肯定了“道”先于天帝出现；但是如果不能回答“道”的出处，那么，老子的“道”论同样会面临被怀疑的境地。当然，老子对他“道”论的根本是不会疏忽的，而且对此问题有非常精妙的解释。老子说：

道，可道，非常道，
名，可名，非常名。
无，名天地之始，
有，名万物之母。
故，常无，欲以观其妙；
常有，欲以观其微。
此两者同出而异名。

同谓之玄，

玄之又玄，众妙之门。

（《老子·第一章》）

这段话的今译通常是：可以说出来的道，就不是常道，可以说得出来的名，就不是常名。以“无”作为天地的初始之名，以“有”作为万物之母之名。所以要从常无中观察道的奥妙，从常有中观察道的细微之处。这两者同一来源，而名称相异，这种同可以称为幽远、深暗，幽深又幽深是一切奥妙产生之门。

一般认为，这是老子道论的核心，而对于这一段的解读自古以来就没有定论。中国古代汉语难于理解的主要原因有三：其一是过于简约，其二是一词多义，其三是没有句读。这几点在解读《老子》时尤为明显。也正因如此，千百年来无数人为《老子》注疏，却各有心得，难有一致的定论。或许《老子》的不朽魅力正在于此。

很多学者，包括一些大学者对“**道，可道，非常道，名，可名，非常名**”的解读是“可以说出来的道就不是常道。可以说出来的名就不是常名了”。也就是说，常道是不可言说的，常名也是不可言说的。“道”和“名”

确实有言说的意思，这样的直译似乎有道理，说得通。但是，为什么说出来就不是道了呢？道难道是只可意会不可言传的吗？意会是很主观、很个人的，没有哪个人可以替别人意会，正如一个人不可能替另外一个人疼痛一样——无论他们的关系多亲密。意会是没有客观的尺度的，因人而异，各有不同，如不言说别人也无从知晓。再者，道若不可言说，别人如何意会？或许有人认为“道”不可言说，是因为“道”的蕴涵太深，而语言贫乏说不清楚。但是，说不清楚和不可言说是两回事，况且《老子》五千言通篇都是为了说明“道”，或以“道”来说明事理。后人认为老子之“道”不可言说尚可，但这话是老子自己说的。如果老子认为“道”不可言说，又何必以“道”命名他觉知到的存在。可见，认为“道”是不可言说的解释有些牵强。在《老子》五千言八十一章中，提到“道”字有三十二章六十余次，但只有一次被认为是言说的意思，即“道可道，非常道”中的“可道”被释义为可以言说，但这样的用法是孤例。在《老子》五千言中，言说多用曰、云、言、是谓来表述，如“名曰微”“字之曰道”“是谓玄牝”“是谓道纪”“用兵有言”“圣人云”等，而且都不是孤例。因此，在老子的语境中，道作为言说讲，不足为信。

但是，不可否认，文字作为语言的载体有很大的局限性，文字不可能完全表达语言的含义，同样的文字只要人的语气一变，意思就会不同，甚至相反。而语言作为思维的载体局限性就更大了。因此，人们在表达思想情感时经常会觉得语言贫乏，找不到恰当的文字说明，发出“悠然心会，妙处难与君说”的感叹。道作为高度抽象的概念，内涵丰富，人们在体悟道时往往会有不同的境界，不同的感受，不同的认知，不同的理解，而且修道之人一定会有用语言难以表达的感悟。所以，道不是不可言说，而是不可尽言。任何人在表述对道的感悟时，都不可能完全用语言文字清晰地表达，即使表达也难得到所有人的认同。从这个意义上来说，每个人对道的理解不过像盲人摸象一样，各言其所得，但所得却各不相同。

“名”也是同样的道理。“名”虽然有言说之意，但本意还是命名。“名”是人对事物的区别和限定，凡是事物都有名。用今天的话来说，“名”就是指具体的，有意象、物象的概念。一个孩子出生后父母总要给他起个名字以区别于其他孩子。孩子的名字是被强加的，而非孩子与生俱来的。世间万物之名，乃至老子以“道”命名，其本质与父母给孩子起名是一样的。任何事物的名是人赋予的，人们通过名来辨析事物之间的区别。因此，只有未命名之物，没有不可名之“名”。“无名”也是名。

“道，可道，非常道”也可以解释为：“道”的表现是“可道”而不是“常道”。“可道”的“可”具有恰当、合适的含义。如“可口”指口味合适，“可身”指衣服合体，“可心”指符合心愿。“适可而止”的“可”指做事要恰到好处，不要过分。庄子在《齐物论》中说：“恶乎可？可于可。恶乎不可？不可于不可。”通俗地讲这句话的意思是：什么是合适？合适自有其合适的道理；什么是不合适？不合适自有其不合适的说法。所谓“可道”就是适合于具体事物之道，是“常道”在各种事物上的体现。比如，兵有兵道，政有政道，商有商道，蝼蚁有蝼蚁之道，大象有大象之道，天地万物各有其适可之道。所谓“常道”，是道的高度抽象，是相对于“可道”而言的。“可道”因事物不同而道不同，而“常道”则是恒久不变的大自在，**“寂兮廖兮，独立而不改，周行而不殆”**。所以说，“可道”不是“常道”。

“名，可名，非常名”可以理解为：“名”的表现是“可名”而不是“常名”。“可名”是相对于“常名”而言的。所谓“可名”是指具体事物之“名”，如花，牡丹花、菊花；山，泰山、假山；虎，东北虎、剑齿虎；张三、李四……所有这些“名”都是人根据具体对象物的各种特性给予的恰当指称。所谓“常名”则是抽掉了具体形象的“名”，也就是现代语言中具有共性的抽象概念。在老子的语境中“常名”有特指对象，即“无”和“有”这一对概念。

“**无，名天地之始；有，名万物之母。**”意思并不是实指天地万物是“无”和“有”分别产生的，而是说两者是一回事，可以理解为天地万物都出自“无”和“有”。

在这句话中，老子提出了“无”和“有”两个重要概念。老子就像对“道”字意涵的改造一样，赋予“无”“有”以新的内涵，并将其纳入他的“道”论。

“**故，常无，欲以观其妙，常有，欲以观其微。**”此处的“故”表承前启后的联结作用。在这句话中，对“微”字如何理解歧义较多，按河上公的注释“微，归也”。王弼的注释：“微，归终也。”《说文解字》：“微，循也。”显然，“微”是对某种动态的描述。这句话不能机械地理解为：“要从常无中观察道的奥妙，从常有中观察道的细微之处”，而是说要从“常无”“常有”两个方面观察道的精微变化和运行方式。按照老子的思维方式，对同一对象总是从两个不同的方面来观察和思考的。

“此两者同出而异名，同谓之玄，玄之又玄众妙之门。”此两者是指“无”和“有”，两者同出于“道”但“名”不一样。也就是说，“无”“有”作为相互联系的、互为存在前提的抽象概念并存于“道”。“无”“有”这种特性可以说是深奥而不可思议的，天地万物变化无穷，但其根源都出自“无”“有”之变。

这一章不足六十字，却言简意深有非常丰富玄奥的内容。在这一章里，老子提出了“**可道**”“**常道**”“**可名**”“**常名**”“**无**”“**有**”等概念，这些概念都有特定的内涵，是老子为阐述他的“道”而创立的。进而老子用他创立的概念回答了“道”的来源，说明“道”是“有”“无”“混成”的，并且“有”“无”与“道”是一体的。“有”“无”之变，是变化的本因，天地万物的一切变化，皆源于“有”“无”之变。

“有无相生”

如果说“道”是老子学说的核心，那么，“道”的核心则是“无”和“有”。在老子之前，先秦典籍中也经常用这两个词，但是并无特殊含义。在《尚书》中，

“无”的意思多是没有、不可，如：“德无常师，主善为师，善无常主，协于可无”（《尚书·咸有一德》），此处“无”是“没有”的意思；又如：“无偏，无陂，遵王之义”（《尚书·洪范》），此处“无”作“不可”讲。“有”在《尚书》中的意思主要为具有、拥有，例如，“有备无患”（《尚书·说命中》）；“天讨有罪，五刑五用哉”（《虞书·皋陶谟》）。

但是，老子对“无”“有”的内涵做了重大改造，将两者作为互为存在前提的概念，同出于“道”，并在原有意思的基础上进行了抽象，使之具有高度的思辨性。这种高度的思辨性，代表着中国传统文化在哲学上达到了空前的高度。

老子的“无”“有”概念内涵丰富，“无”有时也作虚、空讲。在论述无、有关系时举了这样的例子，他说：

> **三十辐共一毂，当其无，有车之用；**
> **埏埴以为器，当其无，有器之用；**
> **凿户牖以为室，当其无，有室之用。**
> **故有之以为利，无之以为用。**
>
> （《老子·第十一章》）

意思是：三十根辐条共同连着车毂，正因为其间有空隙，才能当作车用；用陶土做出器皿，正因为其中是空心，才能当作器皿用；开凿门窗建造房子，正因为其中有空间，才能作为房子用。所以，“有”体现的是（器物）便利，“无”体现的是用途。

老子举这些例子在于说明，事物总是由“无”和“有”两面构成的，一个事物之所以成为其本身，一定是有形的“有”和无形的“无”在共同起作用，两者不可偏废。一辆车毂和车轴之间没有空隙的车子、一个实心的器皿、一所没有空间的房子只是徒具其形，没有使用价值。这里的“无”是“空”的意思。

“无”“有”构成了事物本身，“道”也在其中了。这里的“道”就是事物的规定性，体现了事物的应然状态。

老子的“无”“有”之道，不仅仅是形而上的，也不仅仅是思辨的，推而广之，他对天、地、人的思考都基于此。他的无为观、得失观、强弱观、荣辱观以及整体的价值观，都是从道的理念生发和延展的。老子说：

天下皆知美之为美，斯恶已；

皆知善之为善，斯不善已。

故有无相生，难易相成，

长短相形，高下相倾，

音声相和，前后相随。

是以圣人处无为之事，行不言之教。

万物作焉而不辞。

生而不有，为而不恃，功成而弗居。

夫为弗居，是以不去。

（《老子· 第二章》）

意思是：天下人都知美之所以为美，这（斯）是因为有恶的存在；都知善之所以为善，这（斯）是因为不善的存在。事物总是有和无相对而生，有难才有易，有高才有下，混响的音是由各种不同的声合成；前之所以为前，是因为有后。所以，圣人本着无为的原则做事，以自己的行为举止教化众人。对万物运作不加干预。造出来东西，却不据为己有，做了事，却不倚靠，事成，却不居功。之所以不居功，是因为做成的事不会消失。

这一段可以清楚地说明老子是基于有无之道去认知和行事的。的确，世上的事物都不是孤立存在的，任何事物的定位，如难易、高下、长短、音声、前后，也包括美丑、善恶都有赖于与之相对的、相关的事物。有了这样的理念，并且身体力行，就距离圣人不远了。因此可以说，老子为之命名的“道”是“无”“有”之道，而无有之道是老子的一切思想的出发点和归依。

三、“执古之道”

老子认为道先天地而生，亘古不变。因此，认识事物，应该以道为宗旨。所谓“**执古之道，以御今之有。能知古始，是为道纪**”（《老子·第十四章》）。意思是：以古已有之的道来把握现在，能知悉事物的本原，可以说是认识道的纲纪。

老子之道涉及方方面面，包括道与万物的生成，道与万物的关系，道的存在形态，道的运行方式，以及道的作用，等等。老子的这些言说构成了相对完整且自洽的逻辑体系。

道生万物

告子说：“食色，性也。”（《孟子·告子上》）意思是吃和性是人的本能。其实，探索未知也是人类的一种本能。吃本质上是为了自己的生存，性本质上是为了种族的延续。这两种本能是动物的共性，并不是人类特有的。但是，探索未知却是人独有的本能，是人之所以成为人的本因，也是人类不断进化的本因。

人类永远对未知、未解的东西感到好奇，想探个究竟，这是本性使然。在人类发展的过程中，有些探索会逐渐成为经验、成为历史，而有些探索却历久弥新，没有尽头。“我是谁?”“我来自何处?”“天地万物又是怎样形成的?”这样的问题对人来说从来就是老问题，又从来都是新问题。探求天地万物产生的本原，寻觅问题的答案可算是人类恒久的诉求，人们从未因时代变化而兴致稍减。当今科学家对暗物质的探索，对黑洞的探索，对引力波的探索都是如此。

就天地万物的本原而言，自古以来主要有两种解释：一种是物质元素本原论，另一种是神创论。无论东方还是西方都有物质元素本原论。中国至晚在西周时就出现了五行的说法，即金、木、水、火、土。最古老的典籍《尚书·洪范》在记述周武王与箕子对话时就谈道：“五行，一曰水，二曰火，三曰木，四曰金，五曰土。”这五种元素构成了世间万物，而五行的相生相克又主导万物的盛衰。

在西方文化的源头古希腊，被称为称第一个哲学家的泰勒斯（约前 624 年—约前 574 年）认为，万物都是水构成的，又回归于水。而另一个著名哲学家赫拉克里特（约前 540 年—约前 480 年）则认为火是万物的本原，一切都是火燃烧或熄灭的结果。稍后，德谟克立特（约前 460 年—前 370 年）提出，万物的本原是原子与虚空。原子是一种最后的不可分的物质微粒。宇宙的一切事物都是由在虚空中运动着的原子所构成。所谓事物的产生就是原子的结合。原子处在永恒的运动之中，即运动为原子本身所固有。物质元素本原说在当时可以说是一种理性假说或科学猜想。这些假说或猜想纯粹是思想天才的头脑中的产物，因为当时没有可以证实这些假说或猜想的实验手段。他们用分析的方法加上天才的想象，使得他们的假说和猜想更接近于现代意义上的科学。

神创论比物质元素论的历史更为久远，而且具有普遍性。几乎在所有民族的早期都有创世神话。中国的汉民族有女娲炼五色石补天、抟黄土造人的神话；瑶族有创世神密洛陀以师傅的雨帽为天，身体为地的传说；有些民族以创世史诗讲述神创天地万物，如纳西族的《创世纪》、白族的《创世纪》、彝族的《勒俄特依》，等等。在世界的大部分地区也都有反映神创天地万物的神话。

如波斯神话中至高之神阿胡拉·马兹达创造了天地；埃及古代神话中，天神阿图姆希创造了天地和人；古代墨西哥阿兹特克族神话中地球母亲是科特利卡尔；古印度神话中是无比巨大的神灵普鲁沙生成了天地万物；希腊的神话史诗中，女神盖亚创造了天地万物和人……

神创论反映的是人对未知力量的敬畏，也是对天地万物本源的探索。但是，如果归于神创，归于神的主宰，那么答案就简单得多。人类的理性就永远从属于神性，永远匍匐在神的脚下，作神的奴仆。人的思维就只能是解释性的而不是创造性的。

老子的道生万物论是超迈的，不仅超越了宗教神学的认知，也超越了一般理性认知。各种形式的神创说尽管内容不同，创世神的名称各异，创天地万物的形式不同，但是，无论哪个民族，始创天地万物的神总是具体的神。就物质元素本原学说而言，尽管东方和西方存在差异，但无论是金、木、水、火、土五行，也无论是水、火、原子或其他什么物质，这些物质也总是具体的。老子说“**天下万物生于有，有生于无**”。以老子的“无”“有”之“道”来看，任何宗教，包括原始宗教和创生宗教的创世神都是具体的存在、是具体的“有”，物质元素本原论所说的元素也都是具体的存在，也是具体的

“有”。这种具体的“有”是神创论和物质本原论的共性，而这些“有”必定相对于具体的“无”。**“有生于无”**并不能理解为两者是承继关系，即“有”是由“无”生产的，而是说“无”“有”是一体的，“同出而异名”。这便是老子道生万物的超迈之处。

老子之道“**可以为天地母**”，那么，这天地之母又是如何化生万物的呢？老子说：

> **道生一，一生二，二生三，三生万物。**
> **万物负阴而抱阳，冲气以为和。**
>
> （《老子·第四十二章》）

其文至简至明，其意却至远至深。历代学人对这段话的解释众说纷纭，没有一致的见解。老子之道是“无”“有”混成之道。是“无”和“有”“混而为一”的，这就是“道生一”的缘由。这里的“一”具有高度抽象的意义，是起始的象征，是一切事物产生的根本，也是“道”内在于物的具体表现，二、三以至万物都是由“一”生发。二并不是指天地或阴阳，三也不是指天地交感或阴阳相合的产物，而是说有了“一”才有二、才有三、才有万物，这是一个不断生发、裂变的过程。

而这个裂变过程又是：“**天下万物生于有，有生于无**”，即“**有无相生**”的过程。从这个意义上说，是万宗归一。做一个不恰当的比喻或许有助于理解老子的本意：一个大家族，无论多么人丁兴旺、枝繁叶茂，也无论支脉流播多么广泛，谱系多么久远，寻祖归宗是由一个家庭起始的。家族成员无论多么庞杂，境况多么悬殊，也无论个人意志如何，其血脉联系却是一种割不断的存在，都可归于祖宗血脉的传承。再举另外一个例子，更能说明“道生万物”的原理：引领现代科学技术发展的计算机，所采用运算模式是二进制，也就是用“0”和“1”两个数码按一定方式进行运算，其变化却是无穷的，其可创造性是无限的。无论多么复杂的超级计算机，如每秒运算达10亿亿次的中国“神威·太湖之光”，其根本也归于“0”和“1”运算。这与“无”“有”之道化生万物何其相似。

“**万物负阴而抱阳，冲气以为和。**”万物既成，便成为它们自己。它们各有各形态、各有各特点、各有各秉性，但有一点是共同的，负阴而抱阳，即背面向阴而正面向阳。阴阳二气相互作用，使物自身达到一种协调均衡的状态。“和”意为协调，阴阳的协调就是均衡。

老子道生万物的言说是高度抽象的，不仅超越了宗教神学的认知，也超越了一般理性认知。道生万物论思辨地回答了天地万物的本原，以及生成演化的过程。道生万物论是构成老子之道不可或缺的重要组成部分。

“道之为物”

“道”先天地而生，并且创生万物。那么，道创生万物后与万物又是怎样一种关系呢？如果万物的生长、变化的全过程完全受道的支配，没有自主性，那么也就无所谓是不是按照道的要求行事，无所谓尊不尊道，因为不管出现何种状态，都是道作用的结果。显然，老子并不这样认为，他对道与万物的关系是这样表述的：

> **道生之，德畜之，物形之，势成之。**
> **是以万物莫不尊道而贵德。**
> **道之尊，德之贵，夫莫之命而常自然。**
> **故道生之，德畜之。**
> **长之、育之，亭（成）之、毒（孰）之，**
> **养之、覆之。**

生而不有，为而不恃，长而不宰。

是为玄德。

（《老子·第五十一章》）

意思是：道使万物得以生，德使万物顺从于道（畜之：顺从之。《礼记·祭统》："孝者畜也。顺于道，不逆于伦，是之为畜"），物的内涵使万物有了各自的形态，势的外在条件使万物成为自己。因此，万物都是以道为尊，以德为贵。万物以道为尊，以德为贵，不是被动受命，而是自然而然的常态。因此，道使万物得以生，德使万物顺从于道。道掌管万物（长之：领导之），使万物得以繁衍（育之：繁育之），使万物得以安定（亭之：安定之），使万物接受道的役使（毒之：役使之）。《易经·师》"刚中而应。行险而顺，以此毒天下，而民从之"。使万物得以蓄养（养之：蓄养），使万物得以返回本原（覆之：反之）。道虽然是万物产生的根本，但道并不将万物据为己有，万物产生后就有了相对独立性。道自然自为，使万物兴作却不居功，总理万物却不为其主宰，这样的"德"可称为"玄德"。所谓"玄德"，可以理解为道内在于万物深处的超然之德。

一般认为，这一章是说"道"不仅产生万物，而且对万物存在的全过程也是呵护有加。如河上公章句将“德畜之”的“畜”解释为畜养；将“**长之、育之，亭（成）之、毒（孰）之，养之、覆之**”理解为：“道之于万物，非但生之而已，乃复长养、成孰（熟）、覆（庇护）育，全其性命。”但是，这样理解与老子原意相矛盾。因为老子明确表示，道之于万物“**生而不有，为而不恃，长而不宰**”。万物诞生后便成为其自己，它的生长繁衍存在或是消亡是一个自然的过程，道虽然内于万物，但并没有改变万物的主体地位。因此，道之于万物的关系，按老子的话来说是“**以辅万物之自然而不敢为**”。这是理解道与万物关系的根本。

“道”内在于物是老子的一个重要思想，指事物存在和发展的规定性，是事物达到应然状态的内在要求。所以，老子说：“**道者，万物之奥**”（《老子·第六十二章》）。“奥”即深处的意思。老子对“道”内在于物之后所呈现的状态作了这样的描述。他说：

孔德之容，唯道是从。
道之为物，唯恍唯惚。
惚兮恍兮，其中有象；
恍兮惚兮，其中有物。

窈兮冥兮，其中有精，

其精甚真，其中有信。

自古及今，其名不去，以阅众甫。

吾何以知众甫之状哉？以此。

（《老子·第二十一章》）

意思是：大德的形态，体现了对道的遵循。道内在于物，表现并不清晰。在恍惚间道时隐时现，在恍惚间道与物的关系似有似无。道看似缥缈深远，但内在于物，对物的自然发展起决定性作用，这种作用是真实的，确定的。从古至今，道的作用没有改变过，以此可观察万物的初始。我怎样知道是这样的呢？根据就是道。

道内在于物，化而为德。管子说："德者，道之舍"（《心术》上）。意思是，"德"是"道"的寓居之所。韩非子说："德者，道之功也"（《解老》）。他认为，"德"是"道"作用的结果。德越高，则表明道被内化的程度越深。

所以说，"**孔德之容，唯道是从**"。孔德，即大德。意思是，之所以有大德气象，是因为完全遵循了道的要求。这是物与道结合的最佳状态。

“道之为物，唯恍唯惚。”道内在于物，朦朦胧胧、似有似无；

“惚兮恍兮，其中有象；恍兮惚兮，其中有物。”朦朦胧胧、似有似无正是道的表征；似有似无、朦朦胧胧中又有物。朦胧中的“象”与朦胧中的“物”是道内在于物的形态。

“窈兮冥兮，其中有精；其精甚真，其中有信。”“窈冥”，深远貌。“远”是道的属性之一，遥不可及、深不可测，而窈兮冥兮则是对这一属性的描述。“道”虽然深奥幽远，但内在于物，化而为精便是可认知的了。这里所谓的“精”是指“道”内在于“物”的实质，是此“物”的内在规定性。“精”这种规定性是真切的、可靠的，并且可以得到验证。“有信”即可验证。有些注释把“精”看作是物质的，认为“精”以物质的形式作用于物。如陈鼓应注：精，最微小的原质。但事实上老子把“道”看作一种存在，却从未把“道”当作具体的物质看待。因此，把“精”看作道内在于物的规定性更符合老子的本意。这是因为，道内在于物，主导物的发展，却不是物。

“自古及今，其名不去，以阅众甫。”“道”是古今如一的，从未有过形态上的改变，并据此以内化于万物，作用于万物。众甫：指代万物。

“**吾何以知众甫之状哉？以此。**”我是怎么认识“道”的形态呢？就是凭借这样的方法。也就是根据“道”内在于物所显现出来的“物”“象”“精”“真”“信”来参悟的。

在道与万物的关系上，老子又说：

> **大道泛兮，其可左右。**
> **万物恃之而生，而不辞。**
> **功成不名有。**
> **衣养万物而不为主，可名于小；**
> **万物归焉而不为主，可名为大。**
> **以其终不自为大，故能成其大。**
>
> （《老子·第三十四章》）

意思是：大道广泛流布，无所不至。万物依赖它生长不息（不辞：不息止），功成事遂却不担名分。养育万物却不自以为主，可以称之为小；万物归依而不为其主宰，可以称之为大。由于道始终不自以为大，所以才成为大。

即使不加解释，这段话也不难理解，大体的意思是清楚的。进一步解释就会更清楚地明白道与万物的关系。

道是一种普遍的存在，不拘上下左右，没有固定的范式。道虽然是万物赖以存在、生息的根本，却不以此居功。小而言之，道泽被万物却并不做万物的主人；大而言之，万物归附于道，道却不作万物的主宰。正是因为道始终不以大自居，所以才成为至大。由此可知，道内在于万物并对万物兴衰存亡起作用，但是，没有改变道和万物自身的性质——道是道，万物是万物。将两者合而为一，认为道与万物是一回事，便是曲解了老子的本意。

老子所言既是对道与万物关系的描述，也有对人的劝诫的意思，针对的是人性的弱点。人的行为的出发点和行为的主体是“我”，这点并没有错，错的是人过于强调自我，过于强调自我的欲望，即我要如何。我为即为我，目的性很强。创造是为了拥有，做事是为了回报，做官长是为了主宰。但是，欲望越强，做得越起劲，就越是背道而驰。人性深处有着与道相悖的弱点，古今如一。在老子那个时代是这样，当今也是这样，没有什么改变。古往今来，层出不穷的乱世、乱象、乱局无不是人们为了拥有，为了回报，为了主宰而相互争斗的结果。

道至大至尊，却不是道刻意追求得来的，而是万物与道关系的自然呈现。

可以说，老子的话对于当今世人的意义并不亚于当时，且不因为时间流逝了两千多年而稍减。

道存在的形态

老子用“道”命名了他觉知的存在，论述了“道”的属性和特征，并且从理念上说明了道是一种“无”与“有”的合体，是天地万物的本原。那么，道又是以何种形式存在？这种存在又是如何显现出来的？道是可以被直接感知的吗？是一种怎样的形态呢？老子对这些问题是怎样思考的呢？老子用他极有特色的语言对道的形态做了这样的描述：

视之不见，名曰夷；
听之不闻，名曰希；
搏之不得，名曰微；
此三者，不可致诘。
故，混而为一。
其上不皦，其下不昧，

绳绳不可名，复归于无物。

是谓无状之状，无物之象，是谓惚恍。

迎之不见其首，随之不见其后。

执古之道，以御今之有。

能知古始，是谓道纪。

（《老子·第十四章》）

意思是：看不见它，可名之为“无色”（夷：无色）；听不见它，可名之为“无声”（希：无声）；摸不着它，可名之为“无形”（微：无形）。这三者不可以过于追究。所以，道是混而为一的。它上不显光亮，下不显昏暗，绵绵如缕不可名状，又返回到无物的状态。这种叫作无状态的状态，无物的征兆，可称之为恍惚。迎着它看不见它的前面，随着它看不见它的后面。把握自古以来就存在的道，就可以驾驭今大的各种事物。能够了解自古以来的本原，可以说是修道的纲纪。

老子之“道”是何种形态？仅看译文不明就里，必须进一步解释。一般说来，视觉、听觉、触觉是人感知外物最直接、最可靠的工具，人们对外部世界的认识主要是通过这三种方式直接获取的。但是，用这种方式认识老子之“道”却不得要领。无色、无声、无形是对人的感觉器官而言的，并不是对道存在形态的描述。夷是无色之名、希是无声之名、微是无形之名，这些“可名”都不能说明“道”存在的形态，因为“**道常无名**”。道虽然是一种实存，但是单凭借视觉、听觉、触觉这些感官像认识其他外部世界一样来直接认识“道”显然是行不通的。

因此，老子说“**此三者不可致诘**”。（诘：推究）意思是对视、听、搏，也就是对视觉、听觉、触觉这三种感知方式不必深究。这实际上是排斥了人的感官对“道”的认知作用。在以往对《老子》的注释中包括各种名家，往往将“此三者”理解为：夷、希、微，并以为无色、无声、无形就是“道”存在的状态。其实不然。这样解释是曲解了老子的本意。“道”的确是视觉、听觉、触觉无法感知的，但是无法用视觉、听觉、触觉感知的未必就是“道”。

老子说“**故，混而为一**”需要解释。这里的“故”是连词，起承上启下的作用。“**混而为一**”，并不是将无色、无声、无形混而为“一”，而是“**有无混成**”为“一”，所谓“**道生一**”也是同样的道理。只有这样“混成”的“一”才具有“道”的意义。在《老子》中，

“一”常常作为“道”的同义词使用，其根据就在于此。

老子用“一”作为“道”的同义词有其深刻含义。这个“一”不同于表序数词的“一”，它是“**有无混成**”的。但是，这个哲学意义上的“一”与序数词“一”又是极为相似的，因为序数本身就是高度抽象的产物。一般认为，“一”是序数的起始，但是数字“一”必定隐含着“零”，两者相互依存，没有“零”就没有“一”。无论是十进位制，还是二进位制都是如此。

那么，“道”究竟是以何种形态存在呢？老子作了一番描述：“**其上不皦，其下不昧，绳绳不可名，复归于无物。**”意思是说，它上不显光亮，下不显晦暗，绵绵无尽，不可名状，返回到无物的状态。根据老子的语言风格理解，上、下并不单纯指方位，而是说“道”内在于万物，与万物和光同尘，无所谓上下，也无所谓“皦”“昧”。“远”是老子之“道”的属性之一，“绳绳”正是这一属性的描述。“道”绵绵无尽，不可用“名”来规定它的形态；“反”也是老子之“道”的属性之一，而复归是“反”的形式。“**复归于无物**”就是“道”回归至“**独立不改**”的状态。

“**是谓无状之状，无物之象，是谓恍惚。**”意思可理解为：“道”复归于无物的“**独立而不改**”后，保持的一种无形的状态，一种游离物外的征象，是一种混混沌沌、模模糊糊的状态。

“道”周行不殆，无所谓首尾。所以，人们观察道的感觉是，“**迎之不见其首，随之不见其后**”。道是先天地生的一种存在，它不生不灭、自然自在，古今如一。因此，要遵循古今如一之“道”来把握当今的事物。这就是“执古之道，以御今之有”。

“**能知古始，是谓道纪。**”意思为：能了解事物的本原，可以说是修道或遵“道”行事的要领。

通过老子的描述可以得出这样的认识，“道”是实存的，却没有明晰的、固定的存在形态，不可用人的感官直接认知。“道”内在于物则与物和光同尘，游离于物则复归于独立的状态。

综上所述，老子并没有直接回答“道”存在形态的问题，与其说是老子对“道”存在形态的表述，莫如说是对悟“道”感觉的表述。在老子的表述中，道是一种存在，没有固定的、具体的形态，不能用感官直接认知。“道”游离于物，便“**迎之不见其首，随之不见其后**”；内在于物，则“**唯恍唯惚**”。但是，以物象观“道”，可以通过对物的观察间接体悟道的存在形态。

道运行的方式

老子之“道”作为一种存在，它自在自然，“**独立而不改**”，没有任何权威可以驱使它，改变它，而天地万物却循道而行，不可偏离须臾；作为一种存在，它又是动态的，生生不息“**周行而不殆**”，没有任何障碍可以阻挡它，也没任何力量可以使它加速或迟滞，而天地万物的兴衰存亡莫不与之息息相关。

“道”是按照自己的方式运行的。那么它的运行方式又是怎样的呢？在老子对“道”的言说中，对“道”的运行方式有两种解读：一种是“**周行而不殆**”，另一种是“反”。

“**周行而不殆**”即是“**道法自然**”。也就是，“道”按照自己的方式运行，周而复始、永不停息。天法道，地法天，人法地是自然秩序，是天地万物应当遵循的总法则，天、地、人都通过“法”来建立各自运行的秩序。无论是日出日落，还是月盈月亏都是循着一定的轨迹运行；无论是斗转星移，还是季节轮替都是按照一定的时间变换；无论是万物并作，还是世间生命也都是本着一定的方式存续……天地万物莫不是按照各自的规定性循道而行，亘古不变。

老子之“道”超乎天地之外，化生天地万物而又内在于天地万物。因此，只有像老子一样将目光投向天地之外，俯瞰天地，才能将天地万物看作一个宏大的整体，才能体悟老子之“道”的“**周行而不殆**”的运行方式。

“道”运行的另一种方式是“反”。老子说：

反者道之动，弱者道之用。

（《老子·第四十章》）

“反”，是老子之“道”的属性之一，是“道”在一切具体事物中运行方式。“反”有两重含义：其一是相反相成；其二是复归，物极必反。相反相成是万物运行的基本方式，任何事物都是在相反相成中成为其本身。王弼注释“**反者道之动**”时说：“高以下为基，贵以贱为本，有以无为用，此其反也。”高与下彼此相反，但是，没有下，也就无所谓高。贵与贱彼此相反，但是没有贱，也就无所谓贵。有与无的关系也是同理。需要指出的是，在这里高低、贵贱、有无，并不仅仅是一种关系的呈现，而是蕴含着互动。高者，由高而下，下者，由下而高；贵者，由贵而贱，贱者由贱而贵；有者，由有而无，无者，由无而有。在互动中产生变化，在变化中形成新的相反相成关系。秦末，反秦起义军的领袖陈胜在落魄时却说“将相宁有种乎？”表明他认识到地位的高下不是恒久不变的。“皇帝轮流坐，明年到我家”，更是对天下大位有野心人的共识。南唐后主李煜丧失帝位后作词感慨“最是仓皇辞庙日，教坊犹奏离别歌，垂泪对宫娥”。（《破阵子》）表现的是一种对高下易位的无奈。贵贱还与数量的多少相关，“物以稀为贵”是妇孺皆知的道理。

“反”的另一重含义是就事物发展本身而言的。任何事物都有一个的产生、发展、结果的过程。在此过程中有一个度，达到这个度，事物就会向相反的方向转化。所谓盛极而衰、物极必反。这里的“极”就是指事物发展的度，而“反”则是事物向本原的回归。

《红楼梦》中黛玉写的《葬花词》“质本洁来还洁去”也有回归本原的意思。只不过是寄托了太多的感情色彩反倒冲淡了其中的道理。

其实，“**周行而不殆**”和“反”也可以说是道的运行方式的不同表达，都是万物生灭必须遵循的法则，都是万物内在的、不可背离的规定性。对于万物而言，得道与失道会有截然不同的状态。

得道与失道

“得道多助，失道寡助”（《孟子·公孙丑下》）是孟子的名言，许多人耳熟能详。意思是拥有正义会得到多方面的帮助，失去正义得到的帮助就少。孟子所说的“道”在这里是表示正义。虽然都是论“道”，但是此道非彼道。老子之“道”的内涵要宽广得多。老子之“道”无声、无色、无形，也就是说，没有任何可以用感官直接感知的具体的形态，但是道的作用却无处不在。按照经验的思维，凡事凡物皆有因果。所谓“物有本末，事有终始，知所先后，则近道矣”（《大学》）就是指经验意义上认识。任何一种现象产生，必然有其产生的原因；任何一物作用于另一物，必然发生一定的变化，所产生的原因和所发生的变化是可以直接认知的——无论认知正确与否。我们经常在各种媒体上报道发现以人们经验来看是很奇怪的背离常识的事情。比如，某人有用耳认字之类的特异功能，或者发现什么不明物体，人们很好奇，觉得不可思议。于是，有很多人去探索，去分析，不管最终能否找到原因，但人们认为这种现象一定有其发生的原因。

但是，道作用于万物却是无法直接感知的。道在这些原因和变化的背后产生作用。道无处不在，内在于万物，作用于万物。虽然这种作用是无差别的普施普惠，可是受惠的程度却因主体自身的原因而有差别，因此便有了天地万物各种状态的差异性。这种差异性既指同类事物的差异性，又指不同事物的差异性。天地万物虽然差异巨大，但都是各循其道。就人而言，修不修道，结果迥异；得道深浅，境界迥异。天地万物也是这样，得道与否，情况也大不相同。老子说：

昔之得一者：
天得一以清，
地得一以宁，
神得一以灵，
谷得一以盈，
万物得一以生，
侯王得一以为天下正。
其致之也。
天无以清，将恐裂；
地无以宁，将恐废；
神无以灵，将恐歇；

谷无以盈，将恐竭；

万物无以生，将恐灭；

侯王无以正，将恐蹶。

故贵以贱为本，高以下为基。

是以侯王自称孤、寡、不穀。

此非以贱为本邪？非乎？

故至誉无誉。

是故不欲琭琭如玉，珞珞如石。

（《老子·第三十九章》）

意思是：往昔得到一（道）的：天得到一，方可清明；地得到一，方可安宁；神得到一，方可灵验；谷得到一，方可充盈；万物得到一，方可生息；侯王得到一，方可天下平安。由此推知：天（失道）不得清，恐怕会崩裂；地（失道）不得安宁，恐怕会荒废；神（无道）不得灵验，恐怕会被舍弃；谷（无道）不得充盈，恐怕将会枯竭；万物（失道）不得生息，恐怕将会毁灭；侯王不以正治国；政权恐怕将会倾覆。因此，贵是以贱为其根本，高是以下为基础。是以侯王以低贱的孤、寡、不穀自称。这难道不是以贱为本？不是吗？所以，最高的赞誉是没有赞誉。所以，不愿像玉那样华美，愿意像石头那样普通。

老子将同一事物两种截然相反的状态作对比，形成强烈而鲜明的反差，而这种反差正是道的作用使然。得道或循道而为，则天清，地宁，神灵，谷盈，万物勃兴，侯王可以安天下；反之，则天将裂，地将废，神将无用，谷将枯竭，万物将灭，侯王的政权将倾覆。这是老子告诫世人，顺道者昌，逆道者亡——天、地、神、谷、万物、侯王概莫能外。诚然，老子在推而论之时没有解释天、地、神、谷、万物是如何循道而行的，道又是如何具体发挥作用的，但是，从老子的话语中可以推论，同一事物所呈现出的不同状态本身就是道作用的结果。得道或失道是事物存亡兴衰的本因。因此，对于作为“域中四大”之一的人来说，尽量认识道，尽量按照道的要求做事，是达到自然状态的必由途径，也是功成事遂的必出途径。

老子对于道行天下的社会是这样描述的：

执大象，天下往，

往而不害，安平泰。

乐与饵，过客止。

道之出口，淡乎其无味，

视之不足见，听之不足闻，用之不足既。

（《老子·第三十五章》）

意思是：谨守大道，天下都来归附，相安无事，平安太和。道不像音乐、美食那样能吸引人驻足，虽然道无味，无形，无声，但用之不竭。

道不可直观，直觉，却是一种真实的存在。对天地万物如此，对人类社会也是如此。道行之处，人心向往，百姓生活安宁，一派祥和。自然界循道运行是一种必然，而人类社会若要道行天下，却需要得道的圣人教化。

第五章

老子之德

道内在于物，化而为德。“德”因“道”而存在，“道”通过“德”来显现。德具有纯真、简单、直接，并富有强大生命力的特性。自然无为、柔弱不争、宽容谦下、知足知止和见素抱朴是德的具体内涵。

老子五千言不仅言“道”而且言“德”，因此又被称为《道德经》。作为文字，“德”的历史要比“道”早得多，在甲骨文中就已经有了（）。《汉典》解释“德”为形声字，从彳，从悳本意为登高（《说文解字》）。“德”的原始词性是动词，表示一种行为。因为悳表明“德”这种行为是内在的，即要求自己向好的方面努力，又引申为好的品行。其主要意思为德行，古人解释为：在心为德，施之为行（《周礼·地官》注）。另外，还有感激，恩惠等意思。如“然则德我乎?”（表感激。《左传·成公三年》）；“是不敢倍德畔施”（表恩惠。《战国策·秦策》）。“德”也通“得”。在老子五千言中“德”“得”通用屡见不鲜。因此，“道德经”也可以说是“得道经”。

一、“含德之厚，比于赤子”

在老子之前，“道”是道，德是“德”，各自有自己独立的意思，两者互不相干。但是在老子的语境中，“德”不仅保留了原有的含义，而且还被老子赋予新的内涵。老子将抽象的、不能用感觉器官认知的“道”和相对具体的、有明确含义的“德”联系起来，使两者成为彼此关联的一体。在“道”和“德”的关系上，老子说“**孔德之容，为道是从**”。由此可知“德”从属于“道”，道内在于物，化而为德。“德”是“道”内化于物之所得。相对而言，道是形而上的，德是形而下的，“德”因“道”而存在，“道”通过“德”来显现，而这种显现正表明了老子的价值取向。

德从属于道，这是德的根本属性。但是在老子的语境中，“德”也有区分的。比如，“**上德**”“**下德**”“**玄德**”“**孔德**”“**常德**”等。在具体的表述中“德”有不同的含义。

道内在于物，对人这种“物”来说自然也不例外。道内在于人的表现就是先天之“德”。不过，人的秉性各有不同，先天之“德”也有厚薄之分，这是不言而喻的。不过，“德”除了与生俱来的之外，主要来自于内心的修为，这种修为在老子的语境中就是修道，通过修道而使修道者的境界得到提升，提升所得就是“德”。每个修道者的“德”都是其自身的，别人无从取代。因此，虽然修道者各有所“德”，但各有不同，或因修道目的而异，或因修道先后而异，或因是否专心修道而异，或因天性聪颖愚钝而异，或因悟性高低而异，总之，“德”之高下与悟道深浅有很大关系。

虽然说“德”是内在的，但最终要通过行为来表现。也就是说，必须显“德”才能说明有“德”。“德”若不显，何以言“德”？当然，显德并不是刻意的表现，也不是深藏不露，而是全时的、全部的所作所为。一言一行，举手投足都会是德的显现。其实，这与我们日常人际关系中的道理是一样的。一个人的品行是在社会关系中产生的，是由别人来评判的，离开了人际关系就无所谓品行好坏。像鲁滨孙那样在一个无人居住的荒岛上独自生活，就不存在品行的问题。在人际交往中，即使自我表白，也是为了影响别人的评判。而这种评判必然得依据一定的信息。这信息可能是直接的，也可能是间接的，可能是准确的，也可能是错误的，但是，没有信息就无从判断。试想，一个人修道很深，积德很厚，如果不通过外在的表现，那么别人也就无从判别其道行的深浅，因而也无从对其“德”的境界做出评价。老子说：**“上德若谷，大白若辱，广德若不足，建德若偷。”**（《老子·第四十一章》）这里所说的**“若谷”“若不足”“若偷”**就是对“德”表现的描述。当然，德的显现并不是所有人都能认知和认可的，认识真德需要有一双心地纯真的慧眼。**“若谷”“若不足”“若偷”**是老子对德显现的描述，其他人则未必会有这样的认知。因此，由于个人的修养素质不同，修道显德的方式并没有一定之规，而对德的认知也有高下之分。

在老子的五千言中，虽然也提及仁、义、智、信、孝等当时受推崇的价值理念，但“德”却是至上的。老子将“德”与仁、义、礼放到一起来评价，从而突出了“德”的特点和地位。老子说：

上德不德，是以有德；
下德不失德，是以无德。
上德无为而无以为，下德无为而有以为，
上仁为之而无以为，上义为之而有以为，
上礼为之而莫之应，则攘臂而扔之。
故失道而后德，失德而后仁，
失仁而后义，
失义而后礼。
夫礼者，忠信之薄而乱之首。
前识者，道之华而愚之始。
是以大丈夫处其厚不居其薄，
处其实不居其华。

故去彼取此。

（《老子·第三十八章》）

意思是：上德之人不以为自己有德，因此有德，下德之人，自以为有德，因此无德。上德之人做事以无为为准则并不刻意而为，下德之人做事却是以有为为行事准则。上仁做事不刻意而为，上义做事是刻意而为。上礼做事得不到回应，就强加于人。所以，失道而后德，失德而后仁，失仁而后义，失义而后礼。礼是使忠信削弱而祸乱的开端。所谓有先见之明的人只是了解道的表面，实际上却是愚钝的开始。因此，大丈夫为人处事要厚重，不要浅薄，要实在，不要虚华。所以要取厚重实在，去浅薄虚华。

由此可见，老子所推崇的具有“上德”的人已然去掉了得失之心，做事不以自己意志为主，不以自己的得失为意，与道的要求高度一致，达到了很高的境界。这符合老子的一贯思想。“下德”之人则是没有去掉得失之心，所作所为有自己的意志，自己的目的，因此“下德”之人只是徒具“德”之名。在老子看来，仁义虽然不合于道，但并不是坏东西，而是道德缺失后的一种补充。因此说“**失德而后仁，失仁而后义**”。“仁”是一种泛爱思想，本着仁心作为可以无愧于己，却未必无愧于人。也就是说，本着“仁”做事出于爱心，但是结果可能事与愿违。虽然“**上仁为之而无以为**”，即做事不强调自己的意志和目的，但不符合道的原则。“义”的本意是“己之威仪也”，《说文解字》后引申为公义、正义。怀着仗“义”之心作为是有具体对象的，没有具体对象便无所谓“义”。“义”的出发点是“我”应该去做、去维护某件事，因此主观意志强烈，当然也不符合道的原则。在老子所处的时代，仁、义、忠、信是社会普遍认同的价值理念，不为哪一家专有。而老子对社会上一般认同的仁、义、信等价值理念并不排斥。他自己也说“**与善仁，言善信**”（《老子·第八章》）。这些都是作为正面的价值取向而加以肯定。

但是，老子对“礼”却明确地加以拒斥。他说：“**夫礼者，忠信之薄而乱之首**。”如此肯定地、不容置疑地否定礼是不同寻常的。周王朝以隆礼著称，周公制礼也是历史美谈。老子事周，为守藏史。他对周礼是非常熟悉的，而且以知“礼”闻名于当时。孔子专门拜访老子，目的就是为了问礼。那么，为什么老子对“礼”持完全否定的态度呢？知礼越深，就越清楚礼的弊病所在。在周朝，礼的复杂烦琐是空前的，上至天子王侯，下至庶民百姓都有严格的礼制，各色人等的衣食住行，婚丧娶嫁几乎无所不包。实际上，礼不仅成为一种社会规范，而且被打造成可操作的政治制度。孔子说："非礼勿视，非礼勿听，非礼勿言，非礼勿动"。可见，礼对人的束缚已达极致，而这种极致恰恰是礼为祸乱之首的本因。这是因为，"礼"只能在形式上束缚人，但是对人心却无能为力。人若为非作歹，"礼"起不了真正的约束作用。况且维护"礼"的尊严不仅需要自觉，更需要实力。诸侯坐大，周王室式微，周王朝的官"礼"就形同虚设。周朝衰败的标志之一，就是礼崩乐坏。可见"礼"是一种形式、一种虚华，是强加于人的，与"德"相去甚远。从这个意义上说，老子对"礼"的否定，实际就是对周王朝政治制度的否定。

在这一章里可以清楚地看出，老子的价值取向非常明确，作为道的显现，德是至上的。德的境界也有高低之分，上德是老子推崇的，下德则尚未得道的真谛，仁、义等而次之，礼则背道而驰，与德格格不入。老子劝诫人们要注重内修之德，要厚重实在，不要学礼的浅薄虚华。

什么是上德？老子没有做出直接的解释，也没有给出明确的标准。不过，统观老子五千言可以看出，老子所推崇的上德是道的最佳显现，具有纯真、简单、直接，并富有强大生命力的特性。老子将德的这种特性直白地比作婴儿。老子说：

含德之厚，比于赤子。
蜂虿虺蛇不螫，猛兽不据，攫鸟不搏。
骨弱筋柔而握固。
未知牝牡之合而朘作，精之至也。
终日号好而不嗄，和之至也。
知和曰常，知常曰明。
益生曰祥，心使气曰强。
物壮则老，谓之不道，不道早已。

（《老子·第五十五章》）

意思是：具有深厚德行的人，就像初生的婴儿那样。毒蛇、猛兽、鹰隼都不会侵害他。（婴儿）筋骨柔弱，但拳头却握得很紧。他不知男女交合之事，但生殖器却坚挺，这是精气充沛的缘故。他整天哭闹，却不哑，这是和气纯厚的缘故。明白和的道理可以说知常（道），明白了常（道）可以称为明智。贪生纵欲就会遭殃（益生曰祥），欲念主使精气叫作逞强。使事物超前发展会盛极而衰，这就叫不合于道，不合于道就会衰亡。

为什么老子会把婴儿作为德行高的喻体？婴儿是否具有百害不侵的天佑？周朝的先祖就是曾被遗弃的婴儿。传说姜嫄因踏了天帝的脚印而怀孕。孩子生下来后，胎衣未破，姜嫄认为不祥，曾数次遗弃这个孩子，但是这个孩子却得到牛羊、大鸟等的保护，虽然在荒郊野外却非常健康。后来这孩子名字叫“弃”，也就是周的先祖后稷。《诗经·大雅·生民》记载：

> 厥初生民，时维姜嫄。生民如何，克禋克祀，以弗无子。履帝武敏歆，攸介攸止，载震载夙，载生载育，时维后稷。

意思是：先民初生，全靠姜嫄。初民是如何初生，是因敬奉神灵，以求有子。踏上天帝足印而受胎，神灵佑护，怀胎十月，生而育之，先祖后稷。

这个故事或许对理解老子对赤子的表述有所帮助。可以推断那个时代有赤子百害不侵的说法，而且老子也是这么认为的。老子还有表述如：“**常德不离，复归于婴儿**”（《老子·第二十八章》），“**抟气致柔，能婴儿**

乎”（《老子·第十章》）等。应当指出，婴儿本身并不是上德，而是说婴儿所具有的纯真、简单、直接以及生命力强大的特点与上德的特性接近，也就是说，婴儿是上德的喻体而不是上德本身。老子将上德比作婴儿，给了抽象的“德”以具象的参照物，使修行者可以通过对婴儿了解，知晓德的至上境界。

老子之“德”既有与生俱来的部分，也有后天通过内修而获得的部分。而且绝大多数人是通过内修从而使德获得提升的，所获之“德”不仅可以使内修者个人获益，而且随着“德”在不同范围的显现可以惠及家人、惠及乡邻、惠及邦国，以致惠及天下。老子说：

善建者不拔，善抱者不脱，
子孙以祭祀不辍。
修之于身，其德乃真；
修之于家，其德乃余；
修之于乡，其德乃长；
修之于邦，其德乃丰，
修之于天下，其德乃普。
故以身观身，以家观家，
以乡观乡，以邦观邦，以天下观天下。

吾何以知天下然哉？以此。

（《老子·第五十四章》）

意思是：善于建树的，所建之物不会毁坏，善于抱持的，所掌握的东西不会脱失，家族的香火不绝是因为子孙的祭祀持续不断。以“德”修身，他的“德”就是纯真的；以“德”齐家，家人就会以富“德”为荣；以“德”对待乡邻，乡邻就会尊其为官长；以“德”管理邦国，邦国就会充实丰盈；以“德”治理天下，就可以普惠天下众生。所以，以个人的德行来审视人；以家族的德行审视家族；以乡里的德行来审视乡里；以邦国的德行来审视邦国，以天治理天下的德行审视天下。我怎了解天下的情况呢？就是用以上的方法。老子所举“善建、善抱、以祭祀不辍”的例子是要说明修德与显德的重要性。韩非子在《喻老》中讲了一则故事来说明这个道理。“楚庄王既胜狩于河雍，归而赏孙叔敖。孙叔敖请汉间之地，沙石之处。楚邦之法，禄臣再世而收地，唯孙叔敖独在。此不以其邦为收者，瘠也，故九世而祀不绝。故曰：‘善建不拔，善抱不脱，子孙以其祭祀不辍。’孙叔敖之谓也”。这里，韩非子强调孙叔敖以谦让不争之德使其受益匪浅。

由此可见，老子所说不会被毁坏的，不会脱失的不是一种物质形式，因为用物质建构的东西无论多么坚固终究也是要毁灭的。但是，对于修道者而言，只有通过修道所获之“德”与身俱在，是不能被毁坏和脱失的。因此，善建者，建言；善抱者，抱德。修德显德，小而言之有利于己无害于人，大而言之，利于家国天下。在老子看来，用德维系的社会关系才是一种人类存续的应然状态。这和老子天下应当由有德的圣人来治理的思想是一致的。

大德之人一定是常德在身。在老子的语境中，道和德是相互关联的，道行的深浅与德行的高低相关联。悟道越深，德行越高。何谓“常德”在身？常德就是通过修道而全面提升的德行。是全面的，习以为常的德行，而不是一时一事或一方面的德行。判别是不是常德在身，老子提出了这样的说法：

知其雄，守其雌，为天下溪。

为天下溪，常德不离，复归于婴儿。

知其白，守其黑，为天下式。

为天下式，常德不忒，复归于无极。

知其荣，守其辱，为天下谷。

为天下谷，常德乃足，复归于朴。

朴散则为器，圣人用之，则为官长。

故大制不割。

（《老子·第二十八章》）

意思是：了解雄性刚强的一面，守着雌性柔弱的一面，自己处在汇聚天下低处的溪谷；处在天下低处的溪谷，就会常德在身，使自己回归于婴儿般的纯真。了解事物光明的一面，保守事物的黯昧的一面，为天下立规矩。为天下立规矩，不与常德偏差，不与常德偏差，返回于没有极点的混沌状态。了解荣耀的一面，守着屈辱的一面，做能包容万物的旷谷，能包容万物的旷谷，则常德足备，回归于道（在这里朴是道的代称）。道（朴）之于万物，则有不同的形式（散为器），圣人遵道而行则为治理者。因此，大的管理规制是一个整体，不可以分割得支离破碎。

在老子看来，常德是有评价尺度的：即要像水那样"**处众人之所恶**"，像婴儿般的纯真；要为天下立规矩，无须黑白分明；如旷谷般包容万物，回归于道的本质。纯真、立规、包容是常德的基本品格。而这些品格则是圣人治国必备的。

老子虽然明确了“德”的价值取向，却没有解释“德”的具体内涵，不过，从老子的论述中还是可以看出德的具体内涵。这主要包括：自然无为、柔弱不争、宽容谦下、知足知止和见素抱朴。

二、自然无为

老子的自然

在现代词汇中，自然是个多义词，意思是：天然，非人为的（《辞海》）。在古代汉语中，自然是个合成词。“自”是指事物的本体，“然”是指事物的状态，合起来是指事物本来的状态。在先秦典籍中“自然”一词最早出现在老子的五千言中，可以说是老子为说明道的状态而创造的。虽然在老子五千言中，“自然”只出现了四次，并且也没有专门论述何谓“自然”，但是，它的重要性却不容质疑。在老子的语境中，“自然”体现着鲜明的价值取向，**“道之尊，德之贵，夫莫之命而常自然”**（《老子·第五十一章》）。道之所以被尊崇，德之所以被重视，是因为道、德在根本上不去支使、左右万物，而任其自然。老子之道归于“**道法自然**”，在老子的道论体系中，“自然”是“道”的最高准则，也是老子价值观的具体体现。

老子所说的“自然”，是道内在于物，作用于物的表现，可以理解为天地万物的一种应然状态，而应然状态就是本来如此，也是事物在没有外来干预的情况下所能达到的最佳状态。道之于物，是“**以辅万物之自然而不敢为**”（《老子·第六十四章》）。道不去取代万物的主体性，而是辅助万物成为其最好的自己。天的自然是清明，是四季应时，风调雨顺；地的自然是安宁，是山稳川平，海晏河清；万物的自然是生息，是轮回有序，各得其所。因此，自然是天地万物的自然，崇尚自然就是尊重万物的个性，尊重万物各自的主体地位。但是，行为主体所作所为却是有选择的。颐指气使是一种选择，不言之教也是一种选择。强加于人是一种选择，顺应自然也是一种选择。遵道贵德是一种选择，患得患失也是一种选择。选择的取向不同，结果也会迥异。老子说：

> **希言，自然。**
>
> **故飘风不终朝，骤雨不终日。**

孰为此者？天地。

天地尚不能久，而况于人乎？

故从事于道者，同于道。

德者同于德，失者同于失。

同于道者，道亦乐得之；

同于德者，德亦乐得之；

同于失者，失亦乐得之。

信不足焉，有不信焉。

（《老子·第二十三章》）

意思是：要少说话，（希，罕也。《尔雅》）要顺应自然。狂风刮不了一个早晨，骤雨下不了一整天。谁做的这事呢？天地。天地的狂暴尚且不能长久，更何况是人呢？所以，修道的人，可遵道而为；修德的人，可按德的要求行事；计较得失的人，就会陷于得失之中。修道的人，就会体悟得道，修德的人，就会提高德的境界，患得患失的人，必然是所失多于所得。信任缺失，是因为失信于人。

这一段话老子强调的是顺应自然的可贵和行为主体选择的重要性。“**多言数穷**”，言多必失。天地都不能为所欲为，人的能力就更有限了，所以不要强迫别人做什么。人贵有自知之明。作为独立的个人修道、修德，必然会接近成为自然的人，而患得患失则会迷失自我。

人生活在天地之间，是万物中的一类。对人类社会来说，崇尚自然不仅仅是现代意义上的人与自然环境的关系，更是人自身的现实状态与应然状态的关系，人与人的关系，以及人与社会的关系。

对个人而言，每个人都是独特的，就像世界上没有两片相同的树叶一样，也没有两个完全相同的人。自然是每一个人的自然，其他人无从感受、无从取代。每一个人都有一个实然的“我”与应然的“我”的差别。对绝大多数人来说，实然的“我”就是在现实中的“我”，是在各种主客观条件的交织中被束缚的“我”；而应然的“我”则是根据先天赋予的条件和能力本来可以达到最佳状态的“我”。大千世界，芸芸众生，无论是何种身份，居何种地位都在可选择与不可选择之间徘徊，在选择与被选择之间徜徉，这是主体与客体的互动，不可超脱，无一例外。因此，尊重自己、认识自己的主体地位，认识自己的独特性，使自己成为应然的“我”才应当是每一个人的追求。而这正是老子自然的价值取向。每个人的自然并不雷同，因此要审视自己，要有自知之明，认清实然的“我”，从自己的客观条件出发，向应然的“我”努力。

当然，人的差异是与生俱来的，无论是先天的自身条件，还是后天的生存环境，都不可能完全相同。有的人出生于豪门，有的人出生于寒门；有的人聪明，有的人迟钝；有的人外向，有的人含蓄；有的人强壮，有的人柔弱；但是，无论怎样的差异都不应影响每个人成为应然的自己。李白的诗句“天生我材必有用”说的就是每个人都是天造之材，每个人都应具备这样的自信，因而也应是每个人的座右铭。境遇好的，无须妄自尊大；境遇差的，不可妄自菲薄。膨胀的“我”和卑微的“我”都不是自然的“我”。应然的“我”可能是实然的“我”，却未必是理想的“我”。比如，崇拜偶像、模仿偶像，甚至举手投足、一笑一颦都力求“像”，完全丧失了自我。这在潜意识中是把偶像幻化成自我，或是自我理想的寄托，把模仿偶像看作是自我的实现。但是，偶像是现实与理想虚拟的产物，人们看到的只是偶像闪亮光鲜的一面，而对偶像痛楚烦恼的一面却不太关注。其实，偶像未必适合自己，未必完满。与其崇拜别人、模仿别人，不如做最好的自己。每个人都可以成就自己的自然，自然的自己。“我”的自然就是使自己达到一种最佳状态，自然的自己就是最好的自己。

人是群居性动物，具有很强的社会性。所谓社会性，其实就是相互依赖性，这是人的本性决定的。每个人都是一个独立的主体，但同时又是一种社会存在。在社会中生存，就必须与其他人交往。因此，人与人的关系也是个人与社会的关系。

就人与人之间的关系而言，虽然有血缘关系、亲情关系、利益关系，但本质上是两个主体之间的关系，一方主体的缺失就意味着双方关系的终结。两个主体之间产生的诸如依附关系、从属关系，或是各种利益关系以及其他在社会中的各种关系都不是本质性的。老子在论述人与人之间彼此相互依赖的关系时说：

善行无辙迹，
善言无瑕谪，
善数不用筹策，
善闭无关楗而不可开，
善结无绳约而不可解。
是以圣人常善救人，故无弃人；
常善救物，故无弃物，是谓袭明。
故善人者，不善人之师，
不善人者，善人之资，

不贵其师，不爱其资，虽智大迷，

是谓要妙。

（《老子·第二十七章》）

意思是：善于行走的不留踪迹，善于言说的没有漏洞，善于计算的不用筹码，善于闭锁的不用门闩而使人打不开门，善于绑结的不用绳索而不可解。因此，圣人常善帮助人，所以没有被抛弃的人；常善于物尽其用，所以没有废物。这是习（袭：通习）常之明。善人是不善人的老师，不善的人是善人的传授对象。不尊重老师，不爱惜传授对象，虽然自以为聪明，实际上却是糊涂到顶点了。这真是精妙的道理。

这里的“**善行**”“**善言**”“**善数**”“**善闭**”“**善结**”，与前面“**善建者不拔**”“**善抱者不脱**”是一样的道理，都是说无形的实质，高于有形的形式。圣人帮助所有需要帮助的人，对所有的东西都是物尽其用，所以在他眼里没有废人，也无弃物。

就人与人之间的关系而言，虽然有血缘关系、亲情关系、利益关系，但本质上是两个主体之间的关系，一方主体的缺失就意味着双方关系的终结。两个主体之间产生的诸如依附关系、从属关系，或是各种利益关系以及其他在社会中的各种关系都不是本质性的。在“**善人**”和“**不善人**”这一对关系中，彼此相依而存，离开了一方，另一方也就失去了身份认同。不认清楚这一点是非常愚蠢的。尊重自己，认识自己的主体地位，同时也要尊重他人，认识到他人的主体地位。即使父母对孩子也应是“**生而不有，为而不恃**”。孩子属于他自己，父母或其他人只是辅助他的成长，使他接近其应然状态。因此，尊重自己同时也尊重他人，帮助他人就是帮助自己。这是人与人关系的应然状态。帮助需要帮助的人，做到物尽其用就是圣人的作为，细想一下做到这一点似乎不难，若是社会中的每一个人都能做到这一点，那么一种和谐的、自然的社会关系不必刻意追求就会显现，但社会现实却距这一点很遥远。可谓近在眼前，远在天边。

对人类这个大群体而言，有各种各样的关系，如血缘关系、族群关系、社会关系、国际关系，等等，各种关系纷繁复杂交织在一起，好似一团乱麻。其实，这些关系都是人与人关系衍生出来的，本质还是人与人之间的关系。因此，处理任何关系都要归于人与人关系的原点。社会是人构成的社会，关系是人与人之间的关系，所以，社会应以人为本，人应以自然为本。老子说，“**人**

法地，地法天，天法道，道法自然”。人类社会与天地共存，人的价值取向应当效法天地以自然为根本。老子之道是人本之道，老子崇尚自然也应是人类社会的本质的价值取向。

“无为”之为

无为与有为是老子学说中的“无有”这对抽象概念在人的社会活动中的具体运用。在老子设定的范畴中，“无为”是一种理念，是老子价值体系的核心。

所谓“为”就是做、做事，是行为主体在一定条件下有意识、有目的的活动，“**无为**”“**有为**”与“**不为**”是“为”的不同方式。离开了条件，离开了行为主体的意识和目的也就无所谓“为”。比如，股票市场那片天地对于进入股市的股民来说具有切身的利害关系，股票市场的跌宕起伏，熊牛交替也和股民整体的“为”相关。或赔或赚都是股民“无为”“有为”“不为”的结果。不过，这里的“为”只与股民有关，而对于非股民来说，完全置身场外，连炒股的资格都没有，股市中的风云变幻，倒海翻江，对他们并没有直接意义，他们也不可能对股市产生影响，当然也就无所谓“**有为**”“**无**

为”或“**不为**”。

在可为的条件下，“无为”是相对于“有为”而言的。要了解什么是“无为”，那么“有为”就是一个不可或缺的参照系。为了更清楚地了解无为和有为，还有一个概念应当说清楚，这就是“不为”。“不为”容易与“无为”混淆，有些人会把“不为”理解为“无为”。其实，两者有天壤之别。“无为”在主观意图上是“为”，而“不为”在主观意图上是否定“为”，即可以去做却不去做。

一般认为，“有为”是褒义词，说一个年轻人有很好的前途，想干一番事业，就会称赞他“年轻有为”。评价历史上一个有成就的君王，会说他是“有为之君”。

但是，在老子的语境中，“有为”和“有事”相关联，并没有褒扬的意思，莫如说是否定的意思居多。“有为”的“有”和“有事”的“有”意思相同，指的是行为主体的意志，“为”是对其设定的目的所起到的作用。老子并没有直接阐述“有为”的意涵，在《老子》五千言中只有一处提到了“有为”即“**民之不治，以其上之有为，是以难治**”（《老子·第七十五章》）。另外还说“**下德为之而有以为**”，“**上义为之而有以为**”（《老子·第三十八章》），这里的“为之”“有以为”

都是行为主体在发挥主导作用，可以理解为“有为”，而这样的“有为”与老子顺应自然而为的思想是格格不入的。儒家的经典《孟子·公孙丑》中有一则寓言“揠苗助长”非常形象生动，可以很好地理解老子的“有为”。故事是这样的：宋人有闵其苗之不长而揠其者，芒芒然归，谓其人曰：“今日病矣！予助苗长矣，其子趋而往视之，苗则槁矣。”意思是：宋国有一个人嫌他的秧苗长得不快，就一棵棵往高拔，非常疲惫却心满意足，回到家中对家人说：“我今天帮助秧苗长高，可累坏了。”他儿子跑到地里一看，秧苗都枯槁了。

宋人拔苗助长之为是典型的“有为”。他以主观意志主导拔苗的行为，以为自己所为有助于达到自己的目的，而并不顾及是否适合作为的对象，其结果必然是适得其反，劳而无功，劳而有害。其实，在现实中“有为”是一种常态，孟子看得很清楚。针对宋人揠苗助长这件事感慨道：“天下之不助苗长者寡矣，以为无益而舍之者，不耘苗者也，助之长者，揠苗者也，非徒无益，而又害之。”意思是：天下不助苗长的人很少，即使有的人认为揠苗助长无益而不去做，也不过是懒于耕耘罢了。所谓助苗生长，不过是拔苗助长，不但没有益处，反而毁了秧苗。

宋人的愚蠢实际是天下人的愚蠢。天下大多数人都在经常性地犯类似的错误而浑然不觉，揠苗助长是个容易说明问题的例子。它告知人们不看对象、不看客观条件，不加区别地按主观意志办事，其行为就是揠苗助长。细究起来，与揠苗助长相似的例子不胜枚举。最具可比性的当属1958年的全民大炼钢铁。1957年11月，一国最高领导人豪气干云，以其睥睨一切的宏大气魄，提出在钢铁产量上要“超英赶美”。1958年8月，中共中央召开会议决定，1958年的钢产量要比前一年翻一番，也就是时间过半，任务却要加倍。于是，钢铁挂帅不计其余，打破正常的工农业生产秩序，以组织动员、群众运动的方式开展了大炼钢铁运动。一时间全民动员、全民参与，砸锅砍树，土法上马，小高炉遍及全国，甚至田间地头、机关大院也不例外。群众运动轰轰烈烈，中华大地热火朝天，以至于庄稼熟了都无暇收割。结果当然是劳民伤财，其后持续三年的全国性的大饥荒与类似大炼钢铁这样荒唐的“有为”有直接的关系。

揠苗助长的恶果只涉及宋人和他的一家，而大炼钢铁所造成的灾难却是全国性的。这说明，有为者所为的结果往往与其主观愿望背离，且有为者的干劲越大，破坏性就越大；有为者的权力越大，波及的面就越广，后果就越严重。这就如同定理一般，被无数的事实一再证明。揠苗助长是个寓言故事，而全民大炼钢铁却是沉痛的真实。现实远比寓言残酷得多。

如何才能避免“有为”？老子提出的行事原则是“无为”。何谓“无为”？老子也没有明确的解释，但是老子却认为按照“无为”行事符合道的原则。他说：“**道常无为而无不为。**”也就是说，道以无为的方式作为却无所不为。因此，人们的作为也应当以道为准则，无为而为。只有按照“无为”的原则行事，才会立于不败之地。

那么，怎样的为才是无为呢？老子说：

其安易持，其未兆易谋；
其脆易泮，其微易散。
为之于未有，治之于未乱。
合抱之木，生于毫末；
九层之台，起于垒土；
千里之行，始于足下。
为者败之，执者失之。
是以圣人无为故无败，无执故无失。
民之从事，常于几成而败之。
慎终如始，则无败事。

是以圣人欲不欲，不贵难得之货，

学不学，复众人之所过，

以辅万物之自然而不敢为。

（《老子·第六十四章》）

意思是：安定局面易于保持，事情未显出兆头时易于谋划；脆的东西易于破碎；细微的东西易于散失；事情要在它尚未发生以前就做好准备；治理国政，要在祸乱没有显出苗头就要消除。合抱的大树，是由萌芽长成的；九层的高台，是由一点点泥土筑成的；千里的远行，是一步步走出来的。有为才会招致失败，有把持才可能失去。因此圣人无为所以不会失败，无所把持所以也不会失去。人们做事情，往往是在快要成功时失败。所以做事情要始终如一，完成时要像开始时那样慎重，这样就会做好每一件事。因此，有道的圣人想的是不想得到什么，不稀罕难以得到的货物，学的是绝学去智，补救众人所经常犯的过错。以辅助万物成为它的应然状态而小心谨慎地去做。

“**以辅万物之自然而不敢为**”即以小心谨慎的心态辅助万物成为其自己。这是最接近“无为”真意的诠释。如此之为才是无为。由此观之，“无为”的第一要义是要摆正行为主体的位置，行为主体应该明白“为”的对象才是主体。“为”者处于辅助的位置。还是用宋人揠苗助长的例子来说明。同样是为了秧苗长得高长得快，如果宋人不是以自己的主观愿望主导自己的行为去强行拔高秧苗，而是搞明白秧苗生长的规律，恰到好处地为秧苗的生长提供条件，细心地施肥、浇水，再假以时日，宋人收获的就不会是枯槁的秧苗，而是沉甸甸的果实了。其二，要摆正行为主体的心态。这种心态就是“不敢”。在老子的语境中，“不敢”具有小心、谨慎的含义，而不是怯懦。摆对行为主体的位置，再以小心谨慎的心态，按照事物自身发展的规律做事，这样的“为”就是无为。庄子讲了一个庖丁解牛的故事可以很好地理解无为的含义。

> 庖丁为文惠君解牛，手之所触，肩之所倚，足之所履，膝之所踦，砉然向然，奏刀騞然，莫不中音。合于《桑林》之舞，乃中《经首》之会。
>
> 文惠君曰：“嘻，善哉！技盖至此乎？”
>
> 庖丁释刀对曰：“臣之所好者，道也，进乎技矣。始臣之解牛之时，所见无非牛者。三

年之后，未尝见全牛也。方今之时，臣以神遇而不以目视，官知止而神欲行。依乎天理，批大郤，导大窾，因其固然，技经肯綮之未尝，而况大軱乎！良庖岁更刀，割也；族庖月更刀，折也。今臣之刀十九年矣，所解数千牛矣，而刀刃若新发于硎。彼节者有间，而刀刃者无厚；以无厚入有间，恢恢乎其于游刃必有余地矣，是以十九年而刀刃若新发于硎。虽然，每至于族，吾见其难为，怵然为戒，视为止，行为迟。动刀甚微，謋然已解，如土委地。提刀而立，为之四顾，为之踌躇满志，善刀而藏之。”

（《养生主》）

意思是：庖丁为梁惠王宰牛，手接触的地方，肩靠着的地方，脚踩着的地方，膝所顶着的地方，都发出皮骨剥离的声音，进刀时霍然有声。这声音合乎音律，与《桑林》之舞合拍，如同《经首》之乐节奏。梁惠王说：“嘻！好啊！你的技术怎么会这么高明呢？”庖丁放下刀子答道：“臣下喜欢对道的追求，已经超过了对技术的追求。当初我刚开始宰牛时，眼里是整头牛。三年之后，眼里看不见整头牛了。现在宰牛时，臣下凭感觉（神）

就知道牛的各部分，而不必用眼睛。感官停止活动，只跟着感觉（神）行动。顺着牛体的自然结构，劈开筋骨间大的缝隙，沿着骨节间的腔，顺着牛体本来的结构用刀。刀从来没有碰过经络相连之处、紧附在骨头上的肌肉聚结的地方，更何况大腿骨！高明的厨工每年换一把刀，他们是用刀割肉。一般的厨工每月换一把刀，他们是用刀砍骨头。现在臣下的这把刀已用了十九年了，宰牛数千头，而刀刃却像刚磨好一样。牛身上的骨节有空隙，而刀刃薄得就像没有厚度，用这样的刀刃进入有空隙的骨节是绰绰有余了，所以宰牛刀用了十九年而刀刃仍像刚磨好一样。虽然如此，每当碰上筋骨交错的地方，我见那里难以下刀，就十分警觉，目光集中，动作放慢。用刀小心，牛顿时筋骨分离，像一堆泥摊在地上。我提刀站着，四下环顾，一副心满意足的样子。然后拭好了刀把它好好放起来。”

这则寓言故事很好地说明了什么是“无为”之为。庄子笔下的庖丁对道有深刻的理解，他在解牛时只有目的而无个人意志，完全是按照自然无为的方式做。“所见无全牛”与常人的看法迥然不同，“依乎天理”而没有个人意志。庖丁所为已超越了对精湛技艺的追求，而是在求道，以不敢的心态、以无为的方式借解牛这件事来体悟道。如此“无为”之为，就解牛而言已达极致。

无为既是一种做事的理念，也是一种方法论。做事不分大小，不分难易，只要遵循无为的准则做事，就会把事情做好。一如庖丁解牛，推而广之，则“无为”而无不为。老子说：

为无为，事无事，味无味。
大小多少，报怨以德。
图难于其易，为大于其细。
天下难事必作于易。天下大事必作于细。
是以圣人终不为大，故能成其大。
夫轻诺必寡信。多易必多难。
是以圣人犹难之，故终无难矣。

（《老子·第六十三章》）

意思是：以无为的理念去作为，以无事的心态去做事，不以自己喜好去品味。有大就有小，有多就有少，用德来对待怨恨。要解决困难的问题，先从容易解决的问题入手；要做大事，先从小事入手。天下的难事一定是由容易的事做起；天下大事一定是由小事做起。因此，圣人总是从小事做起，所以才能做成大事。轻易承诺的，必然不守信用；容易的事多，必定困难的事也多。因此，圣人总把易事当作难事来做，所以没有解决不了的难事。

这是老子解读的无为之为。无为之为需要智慧，需要对所为的对象有充分的了解，需要在了解的基础上有判断，然后再以慎终如始的态度去作为（**为无为**）。做事要有很强的目的性，做一件少一件，而不是为了做事而做事（**事无事**）。对一件事物，不能先入为主，不能有好恶之心，否则就会被主观意志左右。正如品茶、品酒、品香、品烟一样，品味的人必须在品味之前清除各种杂味，使自己处于无味的状态，以免干扰感觉器官的灵敏性（**味无味**）。老子说："**吾言甚易知，甚易行，天下莫能知，莫能行。**"如此看来，克服个人意志是为无为的关键。按照现在的说法就是按照客观规律办事，克服个人主观意志，减少人为干预，就会办好应该办的事。

三、柔弱不争

人类社会的发展，总是伴随着物质和精神两个层面演进。进入父系氏族社会后，人类的价值取向普遍都有一种英雄情结。所谓英雄无非是拥有雄厚的实力，无非是刚健强大，孔武有力，勇于争斗。无论是神话中的诸神，还是现实中的部落领袖，都把刚健、强大、勇于斗争作为信条加以推崇，而这种信条的实质，是为了控制和支配。这种观念反映到国家层面便是靠暴力支撑的强权政治，兼并征服更是一种常态。

“柔弱胜刚强”

只要翻一翻历史就会看到，人类经历战争的历史要比和平的历史要长得多，而战争的胜利者往往是强大实力的拥有者。于是，毛泽东感叹：“人世难逢开口笑，上疆场彼此弯弓月，流遍了，郊原血。”（《贺新郎·读史》）或许这样的现实制约了绝大多数人的思维，人们认为实力、刚劲，强大是不二选择。而柔弱不争则被怜悯和鄙视。人与人之间，族群与族群之间，国家与国家之间无不崇尚实力，这种观念一直延续至现代社会。但是，只要是崇尚强力的社会就不会是一种公正的社会，就不会是一种理性的社会，无论怎样粉饰也只能是丛林社会的变种，距离理性文明社会还有太长的路要走。

崇尚实力的本质就是弱肉强食，彼此的关系就是

“螳螂捕蝉，黄雀在后”——随时准备吞噬别人，又随时可能被别人吞噬。像伊拉克的萨达姆、利比亚的卡扎菲之类的人物在国内都是一言九鼎、不可一世的强权人物，但是在实力更强大的势力面前，不过是任人宰割的弱肉。因此，对强大实力的追求是没有尽头的，就像没有终点的马拉松。而任何绝对实力的追逐者，最终都会倒在这条没有尽头的跑道上，没有例外。对实力的崇拜和追逐异化为权力欲，似乎权力欲也被定义为人与生俱来的本能，有其合理性和不可改变性，从而使人类对实力、强权的认识走入误区。人类有史以来，尤其是进入父系氏族社会以来，这种认识一直在引领着争斗手段不断由低级向更高级、更强大、更可怕的方式发展。但是历史的经验证明，从来没有什么强权只毁灭别人而自己不被毁灭。强大王朝的建立者无不希望所建王朝传之万代，但是没有一个王朝可以如愿以偿。中国的秦王朝曾用强大的暴力构建了一个庞大的帝国，却在顷刻间土崩瓦解；盛世汉唐，都是稍得安息，便穷兵黩武，结果还是被武力所败。横行欧洲的罗马帝国，跨欧亚非三洲的阿拉伯帝国，荡平欧亚的蒙古帝国最终都灰飞烟灭。“强权即真理”是强权崇拜者的箴言，强权终被毁灭却是这一法则的结果。可以推断，人类社会在摆脱实力、强权崇拜之前，本质上就还是丛林社会，弱肉强食的丛林法则就依然是这个世界通行的法则。这表明，人类崇拜实力强权的观念是征战杀伐的根源。但是，如不改变这种思维方式，人类的前途堪忧，毁灭人类的将不是什么天崩地裂，而是人类自己，是人类崇尚实力强权的观念，是拜倒在实力强权脚下的价值认知。在可见的宇宙中，只有人类拥有毁灭人类的能力，而这种毁灭能力来自于崇尚实力、强权的观念。

好在中国早有一位智者展现了另一种思维，另一种价值观。老子的价值取向来源于他的形上学思想，柔弱不争在老子的价值取向中占有重要的地位。在一般观念中，柔弱和不争联系密切，互为因果。因柔弱而不争，或因不争而柔弱。其实不然。老子所说的柔弱不是孱弱，不是任人宰割。与强权、实力的崇拜者不同，老子看重的是柔弱的力量。柔弱在老子的价值体系中是极具特色的。

按照《说文解字》的解释，“柔”的本意是木可曲可直。弱是个会意字，本意指气力小，势力差。在人们的观念中，一说到柔，就会联想到绵软、温情，想到弱柳扶风，袅袅婷婷；一说到弱，就会联想到嫩小、胆怯，想到唯唯诺诺。但是，老子语境中的柔弱另有意涵。老子所说的柔弱是相对于刚强而言的，是指事物的灵活性，不拘限制，因性而发，随势而动。传说中的早于老子的隐者商容曾与老子有一段对话说柔与刚的道理。商容对老子说："吾舌存乎？"曰："存。"曰："吾齿存乎？"曰："亡。""知之乎？"老子曰："非谓其刚亡而弱存乎？"容曰："嘻！天下辜尽矣。"（皇甫谧《高士传·商容》）意思是，商容对老子说："我的舌头在吗？"老子回答："在。"商容又说："我的牙齿在吗？"老子说："没有了。"商容说："知道什么道理吗？"老子回答："这不是说刚灭而弱存吗？"商容说："哈哈，天下问题的原因都在这里了。"（辜：通故。《汉典》）这段话意味深长，刚柔本来是一对相辅相成的关系，但是人们在欲望的驱使下一味地膜拜刚强，走到了极端。如果说商容这一比喻具有启发的意义的话，那么，老子说得就更明白了。

老子云：**"反者道之动，弱者道之用"**（《老子·第四十章》）。前者是"道"运行的方式之一，后者是指"道"在事物弱小之时就发挥作用。在强弱这对关系上，老子更看重弱的一方。在老子的思想中，事物总是相对的、发展的，发展到一定程度便要向相反的方向转化。所以，弱代表着发展方向，充满着生机和活力；而强则意味着事物发展到了相当程度，物极必反，强只能向着末路衰变。

当然，老子对柔弱和坚强这对关系的看法并不止于此，还有更深刻的认识。柔除了表明生机与活力之外，即使在与刚强的直接对决中也能克坚制胜。他说：

天下之至柔，驰骋天下之至坚。

无有入无间。

吾是以知无为之有益。

不言之教，无为之益，天下希及之。

（《老子·第四十三章》）

意思是：天下最柔的可以驱使天下最坚硬的，无形之有可以进入无隙缝（事物）的内部。我因此认识到了无为的益处。不用言语说教，无为之为的益处天下人很少能认识到。

“至柔”是柔的极致，“至坚”是坚的极致。但是，至柔却能对至坚恣意纵横。这道理一般人难以理解，因为在人们的日常经验中，看到的总是恃强凌弱，在强与弱的对决上，强者往往占上风。老子却看得更长远，更深刻。他把“至柔”看作是“无为”之为的具体体现，只是天下人认识不到这一点。

从老子的观念来看，强弱是有条件的，没有绝对的强，也没有绝对的弱，甚至“至坚”往往也会被“至柔”所克。在老子的语境中，水是柔弱的代表，世界中柔莫过于水，老子也喜欢用水来说明他的思想。在柔弱与坚强的关系上他说：

天下莫柔弱于水，

而攻坚强者莫之能胜，

以其无以易之。

弱之胜强，柔之胜刚。

天下莫不知，莫能行。

（《老子·第七十八章》）

意思是：天下最柔弱的莫过于水，但是摧毁坚强的事物，没有比水更能胜任的，因为它是不可替代的。弱可以胜强，柔可以克刚，天下人没有不知道的，却没有谁去做。

水，至弱、至柔，无常态、无常形，遇方则方，遇圆则圆，但正是这种柔弱的特性使得水成为攻坚克强不可替代之物。石头是坚硬的代称，俗语说“坚如磐石”。

但是，水却可以其微弱持久的功力“滴水穿石”。至于积水成势，则无坚不摧，成为吞噬一切、令所有人畏惧的猛兽。这就是老子对柔弱关系的诠释，直白地说出了事物发展的应然之道。

“柔弱居上”

在历史上，在现实中，以弱胜强的事例不胜枚举。只要翻开历史就知道，任何强大的政权，都是从弱小开始的，无论是外国的罗马帝国、阿拉伯帝国，还是中国的汉王朝、明王朝莫不是起于弱小；当今一些富可敌国的大公司，也都是从弱小中脱颖而出，像比尔·盖茨的微软、李嘉诚的长实、和黄等，都是从弱小做起的。所以，老子劝导人看事物要看发展、看长远，柔弱代表着活力，不要被强大所迷惑，他用人和草木作喻体，说明他看中弱的道理。他说：

> **人之生也柔弱，其死也坚强；**
> **草木之生也柔脆，其死也枯槁。**
> **故坚强者，死之徒；柔弱者，生之徒。**
> **是以兵强者灭，木强则折。**

强大居下，柔弱居上。

（《老子·第七十六章》）

意思是：人活着就是柔弱的，死了就僵硬了。草木有生命就脆弱，死了就枯槁，因此，一味坚强的人，是向死亡之路疾进，崇尚柔弱的人才有生存的希望。所以，兵强必然会被毁灭，树木粗壮了，就会被砍伐。强大应居下位，柔弱应居上位。

这就是说，无论什么人，也无论有多强大，只要活着，他就有柔弱的一面，因为他无法强大到足以战胜死亡，也无法回避面对死亡。不仅人是这样，草木也是这样。草木在这里是指代万物。在老子看来，柔弱是活力的表现，强大是衰亡的前兆。强大到一定程度，意味着达到事物发展的上限，开始走向衰亡；柔弱则意味着生机，蕴含着发展为强大的潜能。在强弱的取舍上，老子的意向非常明确：“**强大居下，柔弱居上**”。这是符合事物发展的价值判断。不过，这么简单真实的道理却并不被大多数人认同。因为社会的价值观依然是欣赏强大，崇尚实力，依然依附强权，无视弱小。用老子所说：“**弱之胜强，柔之胜刚。天下莫不知，莫能行。**”观照当今之世，依然如故，虽历两千多年而无些许改变。

“不争而善胜”

“人往高处走，水往低处流”说的是两种不同的价值取向。这里的“高处”，是相对而言的，喻指人在群体中、社会中好的处境、好的地位，而“走”则是指换个更好的处境，争取更高的地位。如果每个人都时刻思谋往高处走，那么争先恐后就是不可避免的。

对所有人来说，这个既是虚拟的又是现实的所谓“高处”是一个没有尽头的希望所在，因而“争”也是永无止境的。所以，人往高处走是一种“争”的价值取向。

在一般人的观念中，“争”是人的本性，“争”被看作一种人间常态，“争”得紧了便要斗争。人要与天斗，与地斗，更要与人斗，甚至将生命的目的简约为斗争的一生——生命不息斗争不止。简言之，人类的历史就是一部斗争的历史，只要有人群的地方就有斗争。争名于朝争利于市，大家在名利面前争先恐后、用尽心机。王朝更迭，强弱兴替无不充满了争斗。争斗的极致就是要人性命——你死我活。争斗的规模大了就是战争。宗族与宗族之间要打仗，部族与部族之间要打仗，国与国之间要打仗，国家集团与国家集团之间要打仗，征战各方为争一长短无所不用其极。战争的武器也不断升级，石头棍棒，刀枪剑戟、斧钺钩叉，冷兵器、热兵器、核武器……绞尽了无数人的脑汁，汇聚了无数人的才智。一幕幕大大小小的人间惨剧无不与“争”联系在一起。总之，“争”是欲望使然，得陇望蜀，这山看见那山高。所以，欲无止境，争无宁日。可以说，如不改变“争”的观念，只要人类的历史不终止，人与人的斗争也不会停止，斗争与人类历史相始终。

人为“争”付出的代价不可谓不大，那么，人为什么要争？争什么？其实，“争”的目的是为了“得”。“争”与“得”具有最直接的连带关系，好像只有“争”才有“得”，不争便不得。但是，“争”未必得，不争也未必不得。看起来，争的目标很明确，要得到想要的。但实际上，争到的，未必是所需的，未必是真得。

老子说：

……

人之所恶，唯孤、寡、不穀，

而王公以为称。

故物或损之而益，或益之而损。

人之所教，我亦教之，强梁者不得其死，
吾将以为教父。

（《老子·第四十二章》）

意思是：人们厌恶孤、寡、不穀这样不祥的字眼，但王公却拿来自称。所以，事物总是这样，以为损害某种事物反而对它有益；以为有益于某种事物，它反而被损害。人用这样的例子教人，我也是这么教别人的。一味逞强的人不会有好下场。我会以此作为教人的例子（教父）。

这里老子是在告诉人们"争"是没意义的，结果可能是欲益反损。即使拼命去争，也未必能如愿，蛮干可能适得其反。平常人们也说，人算不如天算，就是这个道理。老子还说：

勇于敢则杀。勇于不敢则活。
此两者或利或害。
天之所恶，孰知其故。
是以圣人犹难之。
天之道，不争而善胜；
不言而善应；不召而自来。繟然而善谋。

天网恢恢，疏而不失。

（《老子·第七十三章》）

意思是：心气强而一味进取就会衰亡（勇，气也。《说文》；敢，进取也。《说文》），心气不强而谨慎小心则可以生，这两种心气导致的结果，一种有利，一种有害。上天所要排斥的，其原因是很清楚的（孰知：深刻了解。《荀子·礼论》："孰知夫礼义文理之所以养情也"）。圣人尚且要以不敢的心态谨慎做事（更不要说一般人了）。符合天道的作为是，不争却善于取胜；无须言说而善于回应；不召唤而自会发挥作用，从容（繟然）且善于安排筹划。天网宽广无边，虽然稀疏但并无遗漏。

老子这是在告知人们不争的道理。勇于敢，就是一门心思要争、要斗，其结果必然走投无路，走向衰亡；勇于不敢，就是做事小心谨慎，唯恐不周，其结果自然是可生存、有出路。"不敢"在老子的语境中大有褒义，是老子最为推崇的行为方式。"敢"与"不敢"这两种处事方式的利害是显而易见的。天道厌恶什么，理由很清楚。不争是合于天道的，合于天道，自然容易得胜。天道是公平的，人的所作所为都在天道的量裁中，不会有疏失。

“争”固然是人的本性，体现了人本性中最接近动物的一面，但不是人性的全部。老子深知人喜欢争斗的本性，却反其道而行之，倡导不争。“水往低处流”，表现的就是不争的价值取向。水总是在低洼的地方存在，向更低洼地方流动。这是水的特性。涓涓细流向下流动汇成大江大河，江河川流不息向低处奔涌汇成大海。水因势而发，随性而动，当行则行，当止则止，不勉强、不做作，不争不抢，一切本其自然而然。水是最平凡的，不分贵贱，随处可见，触手可及；水又是最珍贵的，它的实用性远胜于奇珍异宝。人可以一日无餐，不可以一日无水。水往低处流，甘于平凡体现的是一种“不争”的价值取向。水的这种价值取向是老子赋予的，他对水有独到的评价，认为水的品质最接近于道。老子说：

> 上善若水。
> 水善利万物而不争，
> 居众人之所恶，故几于道。
> 居善地，心善渊，
> 与善仁，言善信，

政善治，事善能，动善时。

夫唯不争，故无尤。

（《老子·第八章》）

意思是：最好的德行是像水一样。水帮助万物而不与万物争利，处在众人最不愿意待的地方，所以他的德行接近于道，择善地而居，心如深渊一般沉静，与人相交要仁义，说话要讲信用，为政要善于治理，做事善于用其所长，行动善于把握时机。只因不争，所以才不遭怨恨。

之所以说水最接近于道，其根本在于善利万物而不争的特性。不争是一种气度，是一种参透世事的淡定；不争是一种修养，是一种与人为善的情怀；不争是一种智慧，是一种成竹在胸的从容。因此，要做到不争需要一种全高全上的大境界，即老子所说“**居善地，心善渊，与善仁，言善信，政善治，事善能，动善时**”。用现代语言来解说就是，要在易于修道的地方（善地）居住，心境要渊深而宁静，与人相处要本着爱人之心，说话要讲信用，当官为政要无为而治，做事要尽其所能，行动要善于把握时机。具备了这七种德行，就算是达到了不争的境界。不争，自然也就没有了怨恨。

为什么不争？不争未必不得。圣人的做法是“**为而不争**”。该做什么做什么，做不是为了得，做而不去争。在得失观上老子自有一番说法。他说：

信言不美，美言不信。

善者不辩，辩者不善。

知者不博，博者不知。

圣人不积。

既以为人己愈有，既以与人己愈多。

天之道，利而不害。圣人之道，为而不争。

（《老子·第八十一章》）

意思是：可信的话不好听，好听的话不可信；会干事的人不多说，夸夸其谈的人干不了事；知“道”的人不博学，博学的人不知“道”。圣人不保守，他的理念是，越是帮助别人，自己越富有，越是给予别人，自己得到的越多。天道的法则是，遵道而行有利无害，圣人的法则是，做事而不争名利。

老子讲解了一些判别人的方法，言简意明，无须多解释，就像是说当下的各色人等。老子着重还是说圣人的得失观。圣人不会把什么都据为己有，把帮助人作为自己修道的途径，把给予别人当作自己所得。不仅言修道，为人做事也是如此。有了这样的胸襟还有什么可争的？这和老子“**生而不有，为而不恃**”的思想是一致的，所以老子将“不争”作为可以成为圣人的一项重要的德行。

四、宽容谦下

所谓宽容，直白地讲就是容量大，大器。“海纳百川，有容乃大”。海之所以大，是因为它不择细流，容纳百川。宽容是一种美德，是一种与人为善的处世态度。宽容是有对象的，是对别人的错误的宥谅。小而言之，宽容是对与自己意见、做法不同的人包容，对冒犯者的不介意；大而言之，宽容是使一个家庭，一个团体，一个民族，乃至使全社会融洽的必不可缺的要素。人生在世总要与各种各样的人打交道，总要处理各种各样的事，难免相互抵牾，生出各种是是非非、恩怨情仇。因此，宽容实际上成了人与人之间交往必不可少的需求。每个人都会犯错，每个人都需要别人的宽容；每个人都会被冒犯，每个人都需要对别人宽容。宽容并不是懦弱，无奈，而是内在精神强大的表现，是理性的表现。付出宽容，也会得到宽容。从这个意义上讲，宽容他人，就是宽容自己。没有宽容的社会，与丛林社会无异。

人类对这一点有共识，在很多不同类型的文化中都有体现。比如佛教、基督教等都讲宽容，都有很多的表述。有些佛教寺庙中的前殿，供有一尊笑容可掬的大肚弥勒佛，两边写着一副对联，上联是：大肚能容，容天下难容之事；下联是：笑口常开，笑天下可笑之人。这表现了佛家的宽容精神，说明宽容是佛教倡导的价值取向之一。西方的基督教也提倡宽容，《圣经·新约》说："要爱你的仇敌，为逼迫你的去祷告。"把宽容作为感化他人，引人向善，使自身超脱世俗的重要内容。

那么，老子语境下的宽容又是什么？老子说："**上德若谷**。"在这里"谷"有双重含义，其一是处于低处，其二是包容。上德就像"谷"一样，处于能包容万物，由此可以说"谷"就是最大的宽容。可见，德的重要特点之一就是宽容。在宽容的表现上，老子的宽容并没有什么特别的，但是，在内涵上老子的宽容却是知性的，是建立在对道认知的基础上的。老子说：

……

知常容，容乃公，

公乃王，王乃天，

天乃道，道乃久，

没身不殆。

（《老子·第十六章》）

知“常”，便是知“道”，即对道有很深的理解。对道有很深的理解才能有宽容的德行；有了宽容的德行才能“**以万物为刍狗**”，公正对待万物；公正对待万物才能对万物普施无遗；只有普施无遗才合于法天地的要求，达到法天地的要求就合于道了，合于道就能长久持续，这样就能远离危险。如此一环套一环，环环相扣，不可逆亦不可缺，表现了严密承接关系。由此可知，宽容既是道的要求，也是“道”内在于物，普施于物的表现。

宽容即是有德。老子讲了一个例子来说明什么是宽容。他说：

和大怨必有余怨，安可以为善？

是以圣人执左契而不责于人。

有德司契，无德司彻。

天道无亲，常与善人。

（《老子·第七十九章》）

意思是：化解大的怨恨不可能彻底，必然会留有化解不了的余怨。怎样做才好呢？圣人手里握着别人的借据（左契）却不去讨债。有德之人就像圣人那样握着借据不讨债，无德之人像税官（司彻）那样对欠税的人毫不留情。天道对人无所谓亲疏，却常关照善人。这是因为善人的宽容符合道的要求。

老子所举的例子是为了说明，解怨不如不结怨。不结怨的做法并不复杂，不过是得理也让人，待人宽容一些罢了。以宽容之心待人处事就不会与人结怨。

世上冤冤相报，无休无止，皆因缺少宽容。若是每一个人都有一颗宽容之心，无谓的纷争就会少很多。当然，这只是一种理想，一种愿望。在现实社会中各种利益纠结，矛盾丛生，加之人的本性中具有抱勇斗狠、争强好胜、睚眦必报的一面，因而纷争是不可避免的，结怨也是不可避免的。

那么，如何对待他人的怨恨？多数人是希望别人对自己宽容，老子提倡的做法是“**大小多少，抱怨以德**”（《老子·第六十三章》），这里的“德”就是指宽容。

有一个成语“负荆请罪”，说的是战国时赵国两大重臣廉颇与蔺相如因宽容而和解的故事。廉颇是武将，蔺相如是文官，武将战功卓著，文官功盖朝野。但是廉颇对只凭口舌之功就获高位的蔺相如很不服气。

> 廉颇曰：“我为赵将，有攻城野战之大功，而蔺相如徒以口舌为劳，而位居我上。且相如素贱人，吾羞，不忍为之下！”宣言曰：“我见相如，必辱之。”相如闻，不肯与会。相如每朝时，常称病，不欲与廉颇争列。已而相如出，望见廉颇，相如引车避匿。于是舍人相与谏曰：“臣所以去亲戚而事君者，徒慕君之高义也。今君与廉颇同列，廉君宣恶言，而君畏匿之，恐惧殊甚。且庸人尚羞之，况于将相乎？臣等不肖，请辞去。”蔺相如固止之，曰：“公之视廉将军孰与秦王？”曰：“不若也。”相如曰：“夫以秦王之威，而相如廷叱之，辱其群臣。相如虽驽，独畏廉将军哉？顾吾念之，强秦之所以不敢加兵于赵者，徒以吾两人在也。今两虎共斗，其势不俱生。吾所以为此者，以先国家之急而后私仇也。”廉颇闻之，肉袒负荆，

因宾客至蔺相如门谢罪，曰："鄙贱之人，不知将军宽之至此也！"卒相与欢，为刎颈之交。

（《史记·廉颇蔺相如列传》）

意思是：廉颇说自己是战将，有攻城野战之功，而蔺相如只凭口舌之劳便列于自己之前，很是觉得屈辱。于是公然宣称见到蔺相如必定要羞辱他。蔺相如听说后每每回避，上朝时也常常称病，有意不与廉颇争列位，即使在外碰上了也停车避让。蔺相如手下的人看不下去了，说要离去。蔺相如说：我不是怕廉将军，两虎相争，势必两败俱伤，我这样做是以国家为重。廉颇听到后自愧弗如，负荆到蔺相如府上请罪。两人遂成刎颈之交。

蔺相如以其宽容使得廉颇敬服，而廉颇的坦诚认错又获得蔺相如的敬重。究其原因，宽容才是和谐之本。

谦下是老子提倡的另一种与宽容相关的品格。如果说宽容是对别人的冒犯不介意，那么谦下则是对他人的尊重。与宽容一样，谦下也是对与之交往对象的一种友善的态度。谦下并非老子首倡，《尚书·大禹谟》中有"满招损，谦受益"的名言，这是老子之前就有的古训。在《老子》中说到了"下"，并没有说"谦"。在老子的语境中"下"就是谦下。老子说：

企者不立，跨者不行，

自见者不明，自是者不彰，

自伐者无功，自矜者不长。

其在道也，曰余食赘形，

物或恶之，故有道者不处。

（《老子·第二十四章》）

意思是：踮着脚尖站立的（企通岐），不能站很长时间；步子迈得过大的，走不了太远；标榜炫耀显摆自己的（见：通现），得不到注意；自以为正确的，别人并不明白（彰：明白）；自认为功劳大的（自伐：功），不被认为有功；傲慢自负（自矜）的，不会被尊为官长。这样的行为在有道者看来，不过是像剩饭、赘疣一样，令人生厌，所以有道的人不会这样做。

这段话的前两句意思是说，勉强做事，过犹不及。接下来所指出的几种现象在人与人的交往中普遍存在，而这恰恰是出自人作为社会动物的本性，是人自我肯定的本性使然。人喜欢炫耀，希望自己的某些长处得到别人的赞赏；喜欢自以为是，总认为自己是正确的，希望得到别人的认同；喜欢贪功，总认为自己做的事重要，比别人做得多、做得好；喜欢端着点架子，表明自己才有地位、有尊严。**“自见”“自是”“自伐”“自矜”**都是在不同的场合张扬自我，而老子则告诫人们这种张扬是多余的，其效果往往适得其反。

老子提倡的谦下之德是内敛的，甘居下位，有利于己无害于人。**“不欲琭琭如玉，珞珞如石”**（《老子·第三十九章》）不要做华贵的美玉，甘愿做普通的石头。把自己当作百姓中的一分子。

在老子的语境中，谦下也是领导者应具备的德行。老子说：

江海所以能成百谷王者，

以其善下之，故能为百谷王。

（《老子·第六十六章》）

意思是：江海之所以能汇聚百川，是因为甘居低处，所以才能成为百川的王者。这里的“善下”就是谦下。所谓**“圣人后其身而身先”**，也就是说，得道之人不把自己放在众人前面，反而被拥戴。这也是一种谦下。而**“善用人者为之下”**（《老子·第六十八章》），就说得更明白了，善于用人的领导者要有谦下的德行。

有个典故“一沐三捉发，一饭三吐脯”。说的是周朝的辅国重臣周公的事。《史记·鲁周公世家》记载：

> 周公戒伯禽曰：“我文王之子，武王之弟，成王之叔父，我于天下亦不贱矣。然我一沐三捉发，一饭三吐脯，起以待士，犹恐失天下之贤人。子之鲁，慎勿以国骄人。”

意思是：周公告诫伯禽（周公长子），我是文王之子，武王之弟，成王的叔父，我在天下的地位不算低的了。但我洗一次头要握三次头发，吃一次饭要三次吐出正在吃的食物，起来去接待来访者，这样做还唯恐失去天下贤士。你去鲁国要谨慎行事，不要自以为是国君就慢待他人。

周公的谦下获得美名，也产生了实效。三国时的曹操也感慨：“山不厌高，海不厌深，周公吐脯，天下归心。”（《短歌行》）

“三顾茅庐”也是一个尽人皆知的典故。出自蜀国名相诸葛亮的《出师表》：

> 臣本布衣，躬耕于南阳，苟全性命与乱世，

不求闻达于诸侯。先帝不以臣卑鄙，猥自枉屈，

三顾臣于茅庐之中，咨臣当世之事……

刘备以谦下的诚心，三次亲顾茅庐，请一介布衣出山相助，其结果是求得一代名相诸葛亮。而刘备也因采纳诸葛亮的策略，奠定了蜀国在魏蜀吴三国鼎立中的地位。

五、知足知止

“知足之足”

知足、知止是老子倡导的价值取向，与柔弱不争一脉相承，同样是直指人心，对人贪欲之心的制约。所谓知足是对自身状态的心理满意程度的评价，反映一个人的心理状态。知足心与欲望心成反比。欲望心越强，知足感越弱，反之，知足感越强，欲望心越弱，与所得多少倒关系不大。有的人衣锦玉食腰缠万贯也不知足，可能因他志向远大，目标是富可敌国。有的人身居陋室，

粗茶淡饭亦安之若素，原因就是他对所处的状态感到满足。观念不同，认识不同，对自身状态的理解也会不同，知足或不知足没有什么统一的标准。但是，知足和不知足这两种心态所带来的结果却大相径庭。老子说：

知人者智，自知者明。

胜人者有力，自胜者强。

知足者富。强行者有志。

不失其所者久。死而不亡者寿。

（《老子·第三十三章》）

意思是：识人的人是有智慧的人，对自己有正确认识的人是明智的人，能够战胜别人的人是有实力的人，能够战胜自己的人是真正的强者，对已有的感到满足的人是富有的，不具备条件也要强行做的人是有志向的，不丢掉立身之本的人可以长久，人虽死而影响仍在的人才是长寿的人。

这段话是老子为人处世价值观的体现。真正的智慧是了解他人，真正的强者是能战胜自己，知足的内涵是精神强大，而不是不思进取。强行者有志向，却未必能成功。

常言道："知足者常乐"，这句话应当源自老子的"**知足者富**"。这里的"富"包括精神和物质两个层面：精神的富有和对名利的淡泊。像庄子那样，衣衫褴褛却泰然处之。知足者需要足够强大的精神力量，需要拒绝外部的各种诱惑，需要遏制自己内心的欲望，需要对贪欲有清醒的认识。世上也流传多种版本的知足歌，劝人知足。其中有代表性的《知足歌》是这样的：

世间万事怎能全，少得温饱即感天。
我虽淡饭充饱腹，还有饥饿叫可怜。
我虽布衣遮身暖，还有露体冷凄然。
我虽破屋蔽风雨，还有茅蓬常漏天。
我虽妻小多负累，还有孤苦独自眠。
我虽薄田种几亩，还有地无一垄田。
凡事但将下等比，我今所得已多焉。
日月两轮悬，乾坤几万年；
华屋量人斗，娇妻送客船。
良田身外物，儿女眼前冤；
世人谁不染，知足是神仙。

《知足歌》的核心是：眼睛向下看，凡事与不如自己的比，以求得心理满足。这当然不错。不过，这是对知足一种浅层次的认识，一般人能有这样的认识并且起而行之就很不错了。但这并不是老子所说的知足。有一则故事很能清楚地阐释老子的“知足”。

西汉末，隐士严遵以卜卦为生。他常在市井卖卜，每天只要够生活就撤摊。严遵有个弟子叫杨雄，也有一定的名气。他经常在当时的益州牧李强面前夸赞严遵。李久慕严遵大名，想去拜见说：

> “吾得君平（严遵，字君平）为从事足矣！”雄曰：“君可备礼与相见，其人不可屈也。”王凤请交，不许。蜀有富人罗冲者，问君平曰：“君何以不仕？”君平曰：“无以自发。”冲为君平具车马衣粮，君平曰：“吾病耳，非不足也。我有余而子不足，奈何以不足奉有余。”冲曰：“吾有万金，子无儋石，乃云有余，不亦谬乎！”君平曰：“不然。吾前宿子家，人定而役未息，昼夜汲汲，未尝有足。今我以卜为业，不下床而钱自至，犹余数百，尘埃厚寸，不知所用。此非我有余而子不足邪？”冲大惭。君平叹曰：“益我货者损我神，生我

名者杀我身，故不仕也。”时人服之。

（《太平御览·逸民九》）

意思是：益州牧李强说：“我要是能得到君平助我辅政就好了。”杨雄说：“您可备上礼物去见，那个人不可慢待。”李强命王凤联系，严君平却不答应。蜀地有一富豪叫罗冲，他问严君平说：“你为什么不去做官?”严君平说：“不觉得去有什么意思。”罗冲为严君平准备了车马衣粮。严君平说：“我厌烦入仕，并非因为没有钱。我有余而你不足，怎么能让不足的给有余的。”罗冲说：“我有万金，你连一石粮都没有，还说有余，不是很荒谬吗?”严君平说：“不是那么回事。我前日在你家小住，看到你家到了该休息的时候，而工作还没干完，昼夜忙碌，还没有满足。我以算命为业，不下床而钱自会来，现在还有几百钱，上面满是尘埃，不知做什么用。这难道不是我有余而你不足吗?”罗冲大为惭愧。严君平感叹道：“钱财对我有益，却有损我的精神，名声对我有利，却有损我的身体。所以我不去当官。”

这则故事生动地体现了老子的知足理念。对于名利这种东西，不同的理念就有不同的态度。在知足者面前，达官贵人这种世人趋之若鹜的名，对他来说没有吸引力；

金银财宝这种对世人求之不得的利，对他来说不值一提，甚至从内心深处拒斥。严遵正是在实践老子知足的理念，他的做法正说明，只要有了知足的心态，名利这种身外之物反而是劳心费神的累赘。

反之，因贪得无厌，不知足而遭受祸端的例子无论古今俯拾即是。东汉时，有个“跋扈将军”叫梁冀。此人官至大将军，兵权在握，敛财无数，党羽满朝，专擅朝政二十多年，后被迫自杀。被查抄的家财竟相当于当时国家税收的一半。明朝时的严嵩，科举出身，小有才气，官至内阁大学士，为内阁首辅。此人同样是结党营私，卖官鬻爵，败坏朝纲的贪官。失势后，被查抄的金银珠宝之多可比皇室，只落得家破人亡和历史恶名。因不知足而上演的贪腐大戏在当代也是高潮迭起，可以说没有最贪，只有更贪。而且还会一幕接一幕地演下去，在可预见的将来，不会谢幕，没有尽期。因为这一方面是和人性中的贪欲绑在一起的，另一方面是人对名利缺乏理性认识。老子告诫人们：“**祸兮福之所倚，福兮祸之所伏**。”（《老子·第五十八章》）当追逐名利到极处时，祸患也就不远了。因为两者如影随形，从不分离。所以老子说：

……

祸莫大于不知足，咎莫大于欲得。

知足之足，常足矣。

（《老子·第四十六章》）

意思是：最大的祸患源于不知足的欲望，最大的罪过是自己的贪心。明白知足的道理而产生的满足感，才是受用不尽的满足。

那么，知足的道理是什么呢？从以上知足者和因不知足致祸者的两方面的例子可以清楚地看出，知足是心态平和的一剂良药，是安贫乐道的根本，也是一生无忧的保证。知足者注重内心的修养，视功名利禄如累赘；而不知足者则是为追逐名利用尽心机，不择手段，所获越多，危机就越大，一旦崩溃，便失去所有，即使后悔也于事无补。

“知止不殆”

如果说知足是一种心态，那么知止需要的则是智慧。知止既是对事物发展进程的判断，是对“度”的把握，也是在了解情况后对自己行为的一种约束。单纯地说知止，只是一个度的把握问题，人们也常说“适可而止”，孔子也说过“过犹不及”。但是在老子的语境中，知止除了把握度之外，还有对自身欲望克制的含义。老子说：

持而盈之，不如其已；
揣而锐之，不可长保。
金玉满堂，莫之能守；
富贵而骄，自遗其咎。
功成身退，天之道也。

（《老子·第九章》）

意思是：与其把持过于盈满，不如适可而止；锋芒毕露，不可能保持长久；金玉满堂，无法守藏；以为富贵就可以骄横，那是自己留下了祸根。功业完成后，要及时退出，才是符合天道的。

这一段，老子通篇都在讲“知止”的道理。告诫世人，尤其是那些能够有所把持、锋芒毕露、财富殷实、富贵骄横的人凡事不要过分，过分就要付出代价。人们想把持的东西很多，最诱人的莫过于权力。把持权力的人总是想把权力用到极致，在权力的范围内为所欲为。岂不知，祸患的种子已在萌发。有的人心高气傲，总是咄咄逼人，自以为得意，岂不知，不意间可能已得罪了很多人，平常不显什么，在关键的时候必会付出惨重代价。有的人总有守财奴心态，有了钱整天不知往哪里藏好，岂不知，守财是守不住的，无论放到哪里都是身外之物，而且世事变迁，没有人可以左右。《红楼梦》中有句话说得好："金满箱，银满箱，转眼乞丐人皆谤"。至于富贵而骄横的人更是在很努力地给自己挖坑，播祸种。越是骄横，祸患就来得越大、越快。真正能做到功成身退，就是"知止"，就是大智慧者的全身之道。

春秋时范蠡（前 536 年—前 448 年）原为楚国人，在越王勾践兵败之时投奔越国，其后追随勾践左右二十余年，出谋划策，为打败吴国，成就越王霸业立下不世之功，被尊为上将军。范蠡本可在朝廷继续为官，尽享荣华。但是，他深知勾践为人，明白居功至伟对他这等臣下来说潜藏着灭门的危险。所以，范蠡在功成名就后急流勇退，携美人西施泛舟五湖，另辟生路，后到齐国治产经商，成为大贾，人称陶朱公。和范蠡一起辅佐勾践的文种，就没那么潇洒，继续为官，后被赐死，难逃悲剧命运。范蠡见好就收，远避危险，这就是知止。所谓"知止不殆"。

西汉开国名臣张良（前 250 年—前 186 年）与萧何、

韩信并称为“汉初三杰”。刘邦在评价这三人时说：“夫运筹帷幄之中，决胜千里之外，吾不如子房；镇国家，抚百姓，给馈饷，不绝粮道，吾不如萧何；连百万之军，战必胜，攻必取，吾不如韩信。”（《史记·高祖本纪》）刘邦自己也知道，没有这三人的辅佐，天下是否姓刘也未可知。但是，天下甫定，韩信即遭捕杀，萧何不免刑拘，唯有张良借口养病，辞官归隐，免遭厄运，得以善终。张良师从黄石公，有深厚的道家功底，这样做也是有缘由的。在陕西汉中的张良庙，有两块石碑，一块刻的是：送秦一椎，辞汉万户；另一块刻的是：知止。前者上一句是说张良策划博浪沙椎击秦始皇的壮举，下一句是说他功成名就后辞汉朝高官厚禄，“愿弃人间事，欲从赤松子游”（《史记·留侯世家》），归隐林泉的逸事。后者是说张良淡看名利，对知止的深意了然于胸的智慧。正应了老子那句话：“**功成身退，天之道**。”

不仅为人处事需要知止，需要智慧，需要剔除名利心，做事也要知止，也需要对事物有清醒的判断。老子说：

……

善有果而已，不敢以取强，

果而勿矜，果而勿伐，果而勿骄。

果而不得已，果而勿强。

物壮则老，是谓不道，不道早已。

（《老子·第三十章》）

意思是：善于做事是要达到目的罢了，并不是为了逞强。达到目的了不要显摆，达到目的了不要傲慢，达到目的是出于不得已，达到目的不要蛮横。事物过于强大就会走向衰朽，这是因为它不符合“道”，不符合“道”的，就会早亡。

老子这一段本是言兵论战，但说的却是“知止”的道理。老子之道讲的是物极必反，世间万事万物莫不如是。不顾条件，强行推行个人意志，结果或可能一时得逞，但终究会自食其果。

知足是最现实的境界尺度。在生活的常态下，达到了“知足”的境界，就不仅是物质上的富有，更重要的是精神上的富有，这是老子“**知足者富**”的内涵所在。知止是最现实的智慧尺度，智慧不仅仅是聪明，智慧的主要表现是对事物的认知有洞见，能看到事物表象没有显现的本质，能够根据事物的发展做出正确的选择。因而知止是集智慧与境界的体现。

知足知止虽然是境界和智慧的尺度，但是距离每个人并不遥远。每个人都可以对知足知止做出自己的判断，可以说，掌控自己的欲望就是迈向知足知止的阶梯。

六、“见素抱朴”

素，本意是未经染色的丝。朴，本意是未经雕饰的木。最早将这两个词连在一起，表现一种价值取向的是老子。老子说：

绝圣弃智，民利百倍；
绝仁弃义，民复孝慈；
绝巧弃利，盗贼无有；
此三者，以为文不足，故令有所属，
见素抱朴，少私寡欲，绝学无忧。

（《老子·第十九章》）

意思是：拒绝巧言令色，抛弃机心，对百姓的益处是最大的；没有了仁义，百姓可以恢复子孝父慈的状态；

拒绝机巧，抛弃名利，盗贼也会绝迹。将这三项作为表面的要求，是不够的，所以要让其有所归属，回归质朴，减少私欲，抛弃可扰乱民心的知识，才可以无忧。

可见，朴素是老子最看重的德行之一。庄子在《天道》中说："静而圣，动而王，无为也为尊，朴素而天下莫能与之争美。"现代汉语中的"朴素"一词可溯源于此。现代汉语中，朴素具有本色、节俭、不加修饰的含义，与雕琢、奢靡、华丽相对，与老子的本意相去不远。

老子所处的周朝晚期，礼崩乐坏，朝纲废弛，奢靡之风盛行。所谓"**朝甚除，田甚芜，仓甚虚，服文采，带利剑，厌饮食，财货有余……**"（《老子·第五十三章》）说的就是当时的社会状态。当政者昏庸无道，只注意修葺宫殿，致使农田荒芜，国库空虚。居庙堂之上者，穿着华丽，腰佩利剑，耀武扬威，挥霍无度，聚敛财富。这样的腐败犹如蔓延的病毒，经常来不及诊治就已病入膏肓。这当然是当政者的价值取向出了问题。一个典型的荒唐事件是"千金一笑"。说的是西周第十二代帝王姬宫涅，即周幽王。周幽王是父亲周宣王死后继位的。继位之时天下并不太平，镐京地震，泾、渭、洛三条河断流，岐山崩塌，百姓处于惊恐之中。但是，周幽王却沉湎酒色，不问政事。周幽王宠幸一美女，名为褒姒。褒姒是冷艳美人，不喜欢笑。而周幽王却执意博她一笑，不惜将系国家安危的烽火台点燃，即所谓的“烽火戏诸侯”。事后，周幽王还奖励千金给出此馊主意的佞臣虢石父。这是“千金一笑”典故的出处，也是最高当政者视国事为儿戏的典型例子，事实上，周朝的衰败与之密切相关。再看一看，大约与老子同时代的齐景公（前547年—前490年在位）在历史上算是一个明君。但是，齐景公也是声色犬马之徒，不仅大建宫室，而且热衷与晋争霸，喜征战杀伐，致使民不聊生，怨声载道。只要看看1964年—1976年在临淄齐景公墓出土达数百匹马的殉葬品，就可以想见当时王室的奢华。当然，放纵的代价是“田氏代齐”，国家易主。

可见，老子提出的“见素抱朴”是有针对性的，针对的是当时的奢靡之风，是执掌大权的当政者，也对普通百姓。凡人总是有贪念的，而物质世界又是充满了诱惑。人们无休止地追逐官能享受，使人成为欲望的奴仆。老子告诫人们不要追求官能享受，五色、五音、五味、田猎刺激，各色珍宝都是损人心性、勾人贪欲的外物，只有朴素才是人最本质的需求。

朴素不仅是老子的生活态度，更是一种思想、一种成体系的价值观念。在修身上，老子提出，“**圣人为腹不为目**”，“**少私寡欲**”，拒绝珍馐美味、声色犬马的诱惑。在治国上。老子提出，“**治人事天莫如啬**”，“**不贵难得之货**”，将慈、俭、不敢为天下先视为至宝。由此可以看出无论修身还是治国，朴素理念都是一以贯之的。

作为老子之德的组成部分，“**见素抱朴**”的背后有着深刻的思想内涵。“见素”中的“见”在这特定的语境中，不仅有显露的意思，更有推崇的意思，是老子审美观的体现。老子审美取向基于“用”，注重事物的本质，注重朴实无华。老子说：“**处其厚，不居其薄。处其实，不居其华。**”这种选择就是一种审美取向，当人们用厚重、扎实、本真、质朴等词来褒扬人或事物时，已将审美观融入其中，而这样的审美观念却始于老子。“素”虽然在老子五千言只出现过一次，但他所代表的审美取向却是毋庸置疑的。在老子的语境中，“朴”有更深广的含义，是一种很高的德行所在，接近于道。老子说“**朴虽小，天下莫能臣**”，“**复归于朴**”“**吾将镇之以无名之朴**”这里的“朴”就是指代道，而“**敦兮其若朴**”“**我无欲而民自朴**”则是一种审美的价值取向。由此可见，朴素的内涵是看重事物的本质，不事铺排，不事雕琢，物尽其用，近于自然。

老子的“**见素抱朴**”讲的是一种理念、一种修身治国的应然状态，但是，古往今来朴素这一被老子视为美德的理念在人类历史上鲜有主导地位。成由勤俭败由奢，是被无数经验证明了的道理。在人们观念中勤俭与朴素是紧密相连的，而朴素在审美取向上与寒酸相近。一般说来，事业初兴，资财有限，人们尚能谨守朴素，但是，在“成”之后，即事业发达财力雄厚之后，便忘本，便追求满足原本克制的私欲，声色犬马，奢华铺张。只有少数悟透“**见素抱朴**”深意的人能洁身自好，不被奢靡吞噬。

老子的价值取向是老子之德的具体表现形式。其中有一些看似与其他各家的说法有相同之处，如宽容、谦下、知足、知止、节俭、朴素等，但有一些却是老子独有的，如自然、无为、柔弱、不争等。老子的这些价值取向在老子之德的统领下形成一个完整的和谐的体系，彼此相得益彰绝无冲突，这是其他各家所不及的。

老子的价值体系的特点是注重实践，其道理并不高深，且每一项做起来都不难，但是整体做到却需要深厚的修养。可以说，知易行难，做的过程就是修养提升的过程，而这个过程是逐渐升华的，没有止境。

第六章

老子的大生命观

道归根结底左右着天、地、人的兴衰存亡。个体的生命是整体生命的一部分。个体生命的出生入死和整体生命的复命是生命的根本。生命在于自然。养生贵在养心，养心贵在养性，养性贵在淡泊，淡泊贵在平和，平和贵在寡欲。

人是观念的动物，而生命观是人类一切观念中最根本的观念。所谓是非、善恶、利害、美丑、贵贱、伟大、渺小等价值判断都不过是在此基础上产生的，离开了生死，这些观念就变得没有了意义。人类的一切文化活动即高于动物本能的活动，其根本意义就是对生命意义的诠释。

莎士比亚在他的悲剧《哈姆雷特》中有一句著名的台词："生存还是死亡？这是一个问题。"说的是主人公哈姆莱特面临生死抉择时的矛盾心理。对绝大多数人来说，唯其有了生死，唯其结果的不可逆，唯其与每个人相关，才使得哈姆莱特的这一生死抉择成为经典。当然，如何看待生死不仅是哈姆雷特的问题也是每个人的问题，也是人类文化中普遍的、永恒的、不可回避的主题。每一个民族、每一种宗教、每一种文化都会对生命现象做出自己的解释，这是不言而喻的。当然，老子也以其独到的视角阐释了他的生命意识，他的大生命观。

一、天、地、人

天是什么？地是什么？人又是什么？从何处来，又向何处去？人和天地是什么关系？这是古老得不能再古老的问题，世界上几乎所有的民族都在形成的初始期就探索这个问题，并试图寻找这个问题的答案，从而求得认同感和归属感。人类早期的祖先崇拜、图腾崇拜，乃至后来的各种宗教无不是在试图寻求这个问题的终极答案。

在中国传统的民间文化中，天地是有意志的，是人的主宰。天地都有着另一种世界，天上是被理想化的世界，在人们的想象中那里有仙山琼阁，这个理想的世界叫天堂，居住在这个理想化世界中的便是神仙，可以无忧无虑，可以不死。地下则是被狰狞化的世界，这个被狰狞化的世界叫地狱，凡人能想到的苦难折磨都会在这里聚集，是无尽苦难的处所。人的世界存在于天地之间，上有天下有地，在凡间的人向往天上的理想世界，畏惧下地狱受无尽的煎熬。而无论上天堂还是下地狱都是凡间生命结束之后的往生世界。因此，传统的生命观总是包括两个方面，将现世与往世联系起来。可以说这也是老子的大生命观产生的文化土壤。

中国古人对天地的认知是“天覆地载”（《礼记·中庸》）。天高高在上笼罩一切，地在下承载一切，万物都存在于天地之间。

认为天地有意志，其本质是对人的行为的制约，有了对天地的敬畏，人在心底深处便有了归依，就不会肆无忌惮、为所欲为。直到现在人们还在说“人在做，天在看”。意思是说，人的所作所为应当谨守规范，应当凭良心做合乎天理的事，恣意妄为会遭天谴。上天关注着每一个人所做的每一件事，人在天地面前从内到外无可隐藏，无可遁形。这当然也是天人感应观念的现实反映。

在一般的宗教信仰中，天被具象为神，中国传说中是女娲造人，而西方的基督教，则是上帝造了亚当和夏娃。女娲和上帝都是神，都具有创生万物的能力。神不但创造了人，而且还掌管人的生死。由于人是神创造的，所以在人与神的关系上，神是主导，人是神的附庸。人是神造的，人的生死受神的支配。在这一点上东西方文化不约而同，有着惊人的一致性。

在老子的语境中，天地是有出所、有生命、有意识的。天是一种意志的体现，能影响万物，却没有具体的形象。

老子之道“**先天地生，寂兮寥兮，独立而不改，周行而不殆，可以为天地母**”。（《老子·第二十五章》）也就是说，道的出现先于天地，天地本原于道，是由道产生的，而由道产生的天地是有生命的。老子在另一处说“**天长地久。天地所以能长且久，以其不自生，故能长生**”。（《老子·第七章》）长生是相对于短命而言的，没有生命也就无所谓长生。这里的“自生”“长生”是指天地生命的存续状态。有生命就意味着有生死，有生死就有寿夭。庄子在《逍遥游》中说：

> 小知不及大知，小年不及大年。奚以知其然也？朝菌不知晦朔，蟪蛄不知春秋，此小年也。楚之南有冥灵者，以五百岁为春，五百岁为秋；上古有大椿树者，以八千岁为春，八千岁为秋，此大年也。

意思是：小智慧比不了大智慧，生命短的比不了生命长的，怎么知道是这样呢？朝菌的生命周期不超过一天，蝉虫的生命周期不超过两季，这就是小年。楚国南面有灵龟，以五百年为一个春季，五百年为一个秋季；上古时有大椿树，以八千年为春，八千年为秋，这才是大年。庄子用这样的比喻旨在说明寿命长短的相对性，不同的物种有不同的生命周期，不可一概而论。庄子的这段话有助于理解老子所说的“天长地久”的含义。灵龟、大椿树比起朝菌、蝉虫来固然算是长生，但是，比起天地的长生来，灵龟、大椿树的长生又显得微不足道。

但是，长生不是永恒。即使天地也必须按照一定的法则运行，否则也有崩坏之虞。老子说：“**昔之得一者：天得一以清，地得一以宁……其致之，天无以清将恐裂，地无以宁将恐废……**”（《老子·第三十九章》）老子说的“一”，也就是“道”，得一，就是得道，得道就是按照道的规则运行。这里的清、宁，裂、废是天地能否按照规则运行所产生的存续或崩坏的两种状态。天地循道而行，则天可清、地可宁；背道而驰，则天必裂、地必废。

在老子的学说中，没有直接回答人是从何而来的，也没有回答人的生死是谁来掌管的问题。但是老子说“**道生一，一生二，二生三，三生万物**”。（《老子·第四十二章》）这里所谓万物，泛指一切，当然也包括人。天地万物都本源于道，人是万物中的一种，自然也是源于道。倒是庄子依据老子道论对人的形成做了精彩的解说：

> 生也死之徒，死也生之始，孰知其纪！人之生，气之聚也。聚则为生，散则为死。若死生为徒，吾又何患！故万物一也。是其所美者为神奇，其所恶者为臭腐。臭腐复化为神奇，神奇复化为臭腐。故曰："通天下一气耳。"
>
> （《知北游》）

意思很清楚，人的生命并没有什么特别的，只是万物中的一个种类，整个天下万物都是气变化而来的。

那么，老子又是如何看待人与天地的关系，人在天地中处于什么样的地位？在老子的语境中，天、地、人相互感应，是相通的。他说："**天地之间其犹橐龠乎，虚而不屈，动而愈出。**"（《老子·第五章》）"橐籥"就是古人所说的风箱。老子把天地比作风箱寓意深刻。风箱是一个相对封闭的整体，上下左右相连，中间虚空，上面一动，下面就出风。在老子看来，天地之间就像一个大风箱，彼此相关，上下联动。因此，天地人相互感应，没有什么是完全独立的。天地的变化会对万物产生影响，当然也会对人产生影响，反之亦然。

老子说：“**道大、天大、地大、人亦大。域中四大，而人居其一焉**。”（《老子·第二十五章》）这清楚地表明人在万物中的突出地位，人是与道、天、地并称的四大之一。这里所说的人不是指哪一个具体的人，而是一个抽象概念，是指整个人类。在王弼的《老子》注本中，“人亦大”作“王亦大”。这是误解。因为《老子》通篇没有将“王”作为论述的重点，况且，紧接着一句是“**而人居其一焉**”，而不是“王”居其一焉。由此可见，应当是“人亦大”。老子所说的人不是匍匐在神灵面前的仆从、附庸，而是“域中四大”之一的主体，是可以与天地共存共生的。这种观点与原始宗教图腾、祖先崇拜以及创生宗教佛教、基督教等截然不同。无论原生性宗教还是创生性宗教都把神看作是人的主宰，神支配一切，人的生、死、祸、福都取决于神，笃信宗教的人甚至认为人是为神而生。这样的观念否定了人的主体地位，把人置于无足轻重的窘境。而在老子的“域中四大”中没有神的位置，即便在老子的五千言中神也是偶尔被提及，而且不是被论述的主要对象。

在老子的学说中，道是核心，但人却是主体。道虽然不依赖于人而存在，但是如果域中四大缺少了人，道的意义就会大打折扣。对人而言，道的意义在于归根结底是要被人认知的，是要指导人的行为的。因此，在这个意义上可以说，老子之道是人本之道，是人以及由人所构成的人类社会的应然之道。

人虽然是域中四大之一，但是与天地有很大不同。天地循道运行，自然有序，而人的行为却受自身欲望支配，不能自觉循道而为。老子将天之道与人之道做了对比，指出了两者的根本差异。他说：

> 天之道，其犹张弓欤？
> 高者抑之，下者举之，
> 有余者损之，不足者补之。
> 天之道，损有余而补不足。
> 人之道则不然，损不足以奉有余。
> 孰能有余以奉天下？唯有道者。
> 是以圣人为而不恃，功成而不处，
> 其不欲见贤。

（《老子·第七十七章》）

意思是：天道像张弓射箭。高了，就压一压，低了，就抬一抬，弓弦过紧了就松一松，松了就紧一紧。天之道是以多补少。人之道却相反，是以少补多（以穷补富）。谁能以自己所有奉献给天下人？只有得道的人。因此，得道的圣人做事而不自恃，事成而不居功，他不想显得自己多贤明。

这里所说的“道”不同于老子本体论意义上的常道，属可道的范畴，指不同事物的本性。天之道是“损有余而补不足”，老天通过“抑”“举”“损”“补”，来对各种事物进行调节，使各种事物达到和谐状态。老天的这种本性说白了其实质就是有目的的平衡。按老子的观点，上天视万物为刍狗，平等相待，不会厚此薄彼；万物处于自然状态时，无所谓高或低，也无所谓有余或不足，保持着一种平衡状态，但是，当这种平衡被打破之后，高、低、有余和不足就有了意义，这时上天则通过“损有余而补不足”的方式使万物恢复自然平衡的状态。这“抑”“举”“损”“补”都是为了平衡而采取的调节的方式，通过调节而达到整体的平衡。例如，在自然界，无论气候变化，还是万物生长总是循着一定的规律运行发展。天气或阴或晴，或旱或涝，看似变换无穷，实则偶然之中又必然，受着总体平衡的制约。某一物种过分发展，一定有它的天敌来制约，从而使万物发展有序，形成不同层次的生物链。因此老子说：“**天之道，利**

而不害。”（《老子·第八十一章》）

老子这里所说的“**损不足以奉有余**”的“**人之道**”是人类社会的实然状态，而不是应然状态。人是社会性的动物，人的本性中有与同类相互攀比的一面，有畏强凌弱的一面，更有受欲望支配的一面。这种本性是人与生俱来的，又是人最难克服的弱点。这是不言自明的。因此，在这种本性的驱动下行事，必然是“**损不足以奉有余**”大行其道。其结果是，富者更富，穷者更穷。富者以财敛财，如鱼得水，左右逢源；穷者捉襟见肘，走投无路，举步维艰。强者得意时，趋炎附势者云集，唯恐对其殷勤献得不够，马屁拍得不响；失意时则墙倒众人推，或落井下石，或唯恐避之不及。弱者被剥夺、被欺凌，不仅遭人鄙视，而且最早被牺牲的也是这个群体。这样的例子不胜枚举，俯拾即是。欲壑难填，常常被用来形容人的贪欲难以满足，说的是人本性中偏激的一面，如无节制，必然走向极端。由这样的本性的人所构成的社会，奉行的必然是恃强凌弱、弱肉强食的丛林法则。而这正是强权、暴政赖以生存的土壤。这种实然状态与老子倡导的应然状态大相径庭。显然，老子不赞成这种“**人之道**”。

当然，社会的实然状态并不是一种合理存在，应然状态才符合道的要求。好在人是可以被教化的，老子提倡的是“**圣人之道**”就是人以及人所构成的社会的因循之道。圣人之道师法天地，“以万物为刍狗”，不分强弱贵贱对所有的人一律平等相待；“**圣人之道，为而不争**”（《老子·第八十一章》）自然而然，近乎天道。因此，人应该遵从圣人的教化，以圣人为师，改造本性中“**损不足以奉有余**”这种与天道相违逆的地方，从而达到合乎与天地相合、符合道的应然状态。

在老子看来，天、地、人都是有生命的，三者构成了相互关联的大系统，而三者统归于道，道归根结底左右着天、地、人的兴衰存亡。简言之，道的不可移易的铁律是：自然。得道者昌，逆道者亡。人和万物一如刍狗，没有特殊，没有例外。

二、“出生入死”与“复命”

宋朝的大诗人陆游曾写过“死去元知万事空”（《示儿》）的诗句，意思是人死了一切都没有意义了。“人死万事休”也是人们常说的一句话。就凡人而言，生命之所以珍贵，是因为对每个人来说只有一次。唯其如此，才有了对生命的珍惜，对生的无限眷恋，也才有了对死的恐惧，有了忍辱偷生、好死不如歹活的苟且，有了慷慨赴死、虽死犹荣的悲壮。生命因有限而有了对无限的追求，所以充满了活力，充满了选择；生命因死亡而珍贵，所以有了无穷的意义，有了对永生的向往。

当然，也有人对生死看得比较明白。古希腊哲人苏格拉底说："死亡大约是两种情形：其一，是肉体与灵魂俱灭，如同无梦的睡眠一般。其二，如世俗所言，是灵魂由此地移居彼地。"另一位古希腊哲学家伊壁鸠鲁说得更透彻："死亡这个恶中最令人畏惧的东西其实对我们是无足轻重的，因为当我们存在时，死亡对于我们还没有来；而当死亡来临时，我们已经不存在了。"这样的解读似乎是在谈与己无关的事，实则还是一种无奈。

陵墓也是生死观的反映，前提是为陵墓的使用者预设了一个以凡间价值观为尺度的往生世界。陵墓是安放亡故人遗骸的处所，人们试图通过这样的设置，来寄托哀思，安排已故人的往生世界。尽管世界上民族众多，风俗不同，陵墓的形制各异，但主要功能却是一样的。帝王陵反映的是帝王们的生命观。规模宏大的陵墓、精巧复杂的工程，奢靡的陪葬品，甚至残酷地用活人活物殉葬，都不过是各类帝王们对往生世界的憧憬。他们不仅想在现世享尽荣华，在死后也想延续生前的尊贵。从规模浩大的秦始皇陵墓、明朝的十三陵，到清朝的东陵、西陵，乃至古埃及的金字塔，都是帝王们对往生世界的诠释。他们知道自己无法不死，因而想按照现世的模式，打造一个往生世界。达官贵人，庶民百姓上行下效，也都根据自身条件，或繁或简来建造陵墓。

也有的哲人对死后世界不以为然。儒家先贤孔子说："未知生，焉知死？"（《论语·先进》）这是孔子回答弟子季路问鬼神之事时所说的。意思是，活着的事还没搞清楚，哪里管得着死后的事。实际上是避开直接回答生死问题，先秦哲人墨子虽然认为有神鬼（《明鬼》），但还是更关注活人的世界，主张厚生薄葬（《节葬》）。

老子对生死问题的看法不同于其他哲人，有其独到之处。"**出生入死**"本原于老子《道德经》第五十一章的首句。一般将这句话解读为出入于危险境地，时时与死神相伴。但这不完全是老子的本意。按照老子的一贯思想，这句话的本意是，人一出生便开始走向死亡，如影随形。生命成长的过程，也是向死亡靠近的过程。这个过程或长或短，因人而异，但是，古往今来，不分尊卑也无论善恶，没有任何人能够无限延续这一过程。因此，对生死应该持一种达观态度，视生命为一种自然过程。

时隔两千多年，现代存在主义哲学家海德格尔在其著作《存在与时间》里对生死问题的思考与老子的“**出生入死**”有异曲同工之妙。不过，海德格尔提法是“向死而生”。意思是，活着的人以一种“此在”的形式存在着，而死则作为一种“将在”也已存在，而且注定决定着“此在”的归宿。“此在”作为活着的存在，其标志是“能死”或“有死”（即有死亡的资格），也就是“向死而生”。命题本身与老子所言“出生入死”本意是相同的，都是把生死作为生命体一个不可逆的过程，而且都把死作为生的先定存在。死这个先定存在是相对于生而言的，并没有一个死后世界。只不过海德格尔从存在主义的视角（曾在、此在、将在）考虑生死问题，而老子考虑生死问题的出发点则是无有之道。海德格尔对老子颇有研究，据说他甚至打算与一位中国学者合作翻译老子的《道德经》。很难说海德格尔受老子思想的影响有多深，但是作为一个思想家，博采众长，在融汇前人思想的的基础上提出自己的观点无疑是值得称道的。

庄子深得老子精要。他说：“生死，命也。其有旦夜之常，天也。”（《大宗师》）意思是：生死是定数，就像白天黑夜轮替一样是一种不可违背的自然规律。因此，庄子对人的生死是这样看的："夫大块载我以形，劳我以生，佚我以老，息我以死。故善吾生者，乃所以善吾死也。"（《大宗师》）对死持一种达观态度。

庄子在《养生主》中还讲了一个非常精彩的寓言故事来诠释老子的生死观。故事是这样的：

> 老聃死，秦失吊之，三号而出。弟子曰："非夫子之友邪？"曰："然。""然则吊焉若此可乎？"曰："然。始也吾以为其人也，而今非也。向吾入而吊焉，有老者哭之，如哭其子；少者哭之，如哭其母。彼其所以会之，必有不蕲言而言，不蕲哭而哭者。是遁天倍情，忘其所受，古者谓之遁天之刑。适来，夫子时也；适去，夫子顺也。安时而处顺，哀乐不能入也，古者谓是帝之县解。"指穷于为薪，火传也，不知其尽也。

意思是：老聃死了，老朋友秦失来吊唁，大哭三声就走了。弟子们说："难道你不是老师的朋友吗？"秦失说："是的。"弟子们又说："那么可以这样吊唁吗？"秦失回答："是的。开始我以为你们像你们的老师一样超脱，看来不是。刚才进去凭吊，看到老的像哭自己的儿子，年轻的像哭自己的母亲。他们之所以会聚在此，一定有人本不想说，却无意识地说了什么，不想哭却情不自禁哭了。这是违情悖理，忘记了生命受命于天。古时候把这叫作违反天意的过错。来到这个世界，你们老师是应时而生，离开这个世界，是顺时而去。一切顺其自然，悲伤和欢乐都不必放在心上。古时把这称为自然解脱。浸油的烛火会烧尽，火种却会代代相传，没有穷尽。"庄子以对生命的达观态度阐述了对生死的看法。死亡是每个人都必须面对的，不管愿不愿意，它都已经先定地存在着，因此，无须过度担忧、过度恐惧，把它看作不过是生命自然的、必然的结果罢了。坦然面对，生命会因自然而美丽。

田园诗人陶渊明在一首诗中写道："死去何所道，托体同山阿。"（《拟挽歌辞·其三》）用淡然的心境，直白的比喻来说明生命的自然。

文豪苏轼也得老庄生命观之神髓，将生命与天地自然联系起来并宏而论之，他在《前赤壁赋》中写道："盖将自其变者而观之，则天地曾不能以一瞬；自其不变者而观之，则物与我皆无尽也，而又何羡乎？"苏轼用变与不变的相对性将瞬间与永恒，我与万物联系起来，人与天地万物共存亡，夭折不必担忧，长寿也不必得意。达观之态，溢于笔外。

印度诗人泰戈尔说：“生如夏花之绚烂，死如秋叶之静美。”（《飞鸟集》）这是用诗的语言，画的意境来对生命过程的诠释。

不过，老子对生死问题的思考并没有止于“**出生入死**”。老子所持的是一种大生命观，他关注的是生命之树的整个存在过程，而不仅仅是关注树上的一片树叶这个个体的生命过程。也就是说，他关注的是人类的生命过程，而不仅仅是某一具体的、个体的生命过程，个体的生命是整体生命的一部分。因此，他将这个问题放到与天地同在的宏观视野中，以一种大生命观中来看待人的生死。他说：

致虚极，守静笃，

万物并作，吾以观复。

夫物芸芸，各复归其根。

归根曰静，静曰复命，

复命曰常，知常曰明。不知常，妄作凶。

知常容，容乃公，公乃王，

王乃道，道乃久，歿身不殆。

（《老子·第十六章》）

意思是：抛开头脑中的一切杂念，使头脑达到全然虚空的状态；使自己心气平和宁静达到极致。在这种状态下，我去观察万物生长的状态和过程。（这是如打坐般的静观状态）世间万物，芸芸众生，经过一个生长过程后都要再次回到生命的原点。回到生命的原点叫作静，静的状态，叫作生命再生，再生可以说是符合常理，(符合道）懂得这个道理可说是明智的。不懂得道，而去妄为，就会导致坏的结果。（所以）明白道，就会对事物宽容，有了宽容之心，就会做事公平，做事公平，就符合天的意志，符合天的意志，就符合道的要求，这样做时就会让危险远离自己。

在这一章里，老子虽然没有直言人的生死问题，但老子所观察的万物中当然也包括人。这里，老子还提出了一个重要概念“复命”。关于“复命”有多种解释，学者严灵峰认为：“复其性命之本真，曰复命。”是指个体生命对其本性的复归。陈鼓应认为复命是“复归本原”。张松如则认为复命是“在‘静’的境界中孕育新的生命”。联系起来看，孕育新的生命符合老子的本意。

自然界中很多动物、植物都是这样，循环往复，生生不息，以复命的方式展现其强大的生命力。

在老子看来，天地万物各自都要按照自己的运行轨迹回到生命出发原点，回到原点就是由动态转为静态，而这种静态正是孕育生命的过程，意味着生命的再次开始。这就是复命。复命是生命运行过程的常态，也是老子的生命之道。这里老子展示的是一种大生命观，是生命现象轮回的全过程。在老子看来，个体生命的消亡，并不意味着生命整体的消亡，而是一种回归，回归到生命的原点。而复命意味着再生。不过，这种再生不是个体生命的死而复生，而是一个生命周期之后，由新的生命延续族群的生命过程。在原野中自生自灭的野草最能说明"复命"的道理。一粒草种在春风中破土而出，萌发出嫩芽，虽然小，却蕴含着强大的生命力。在夏雨的滋润中，野草的生命力得以充分释放，蓬蓬勃勃，根繁叶茂，达到生命过程的极致。正是在生命的最高点它开始向本原回归——孕育延续自己生命的种子，这草的种子和曾经的它一模一样。到瑟瑟秋风漫卷大地时，野草也完成了它的生命过程，而延续它生命的种子则等待来年的又一次轮回。

动物也是这样。有些动物有冬眠现象，比如蛙、熊等。蛙是最常见的两栖动物，以虫为食，对庄稼生长颇有助益，具有顽强的生命力和超强的繁殖机能。春天来临，蛙是最早苏醒的动物之一。当原野中还是嫩嫩的新绿时，此起彼伏的蛙鸣显示出盎然的生机。继之，水中便可看到那密密麻麻一片片乌云似的蝌蚪——蛙的后代。这是蛙的复命，是蛙的强大所在。熊是兽类中的强者，以凶猛彪悍著称。母熊还有一特点是在冬眠时产仔。不可思议的是，一头母熊可以在长达五个月的时间里不吃不喝却还能产仔。这是熊的复命，是熊的另一种强大。

这些动物特性在上古时代就被先民所认识，有的民族将它们视为与己相关的神物而加以尊崇，并作为本族的图腾。有学者认为，女娲是由蛙图腾演变而来，而熊则是黄帝部族的图腾。老子的生命观与上古流传下来的图腾崇拜或许有某种联系。这当然不是一种巧合，而是对生命现象静观所得。

在中国文化中，祭祖是一种传承几千年的传统，是维系宗法社会最重要的内容之一。一些重大节日如春节、清明节、中元节，等等，都是祭祖的传统节日，每逢这些日子作为中国人不管身在何处，都要供祭品、做仪式以祭奠故去的先辈和亲友。老子说“**子孙以祭祀不辍**”。（《老子·第五十四章》）意思是一个家族的延续是靠子子孙孙一代接一代地祭祀先祖。如果把传之久远的家族比作一个生命体，那么这个生命体绵绵不绝的重要标识就是子孙祭祀先祖。如果没有了祭祖这种形式，那么，个体的存在仅仅是个体而已。因此，祭祖既是一个家族凝聚力的重要表现，也是一个家族薪火相传的昭示。可以说，这是人类复命的表现之一。

老子的大生命观在某种程度上与自然科学中物质不灭定律有着相近的看法。所不同的是，物质不灭定律从自然科学的角度论证说明了物质存在形态的转变，而老子则从道的视角说明生命过程的各种形态的转变。有了这种观念，便视生死为自然。视死如归，用老子的观念阐释就不仅是一个成语，一个比喻，而是对生命现象的表述。在老子看来，世间万物的生命是有周期性的，草木是这样，动物也是这样。个体生命总是有限的，个体生命的有限性和整体生命的相对无限性形成了生命存续的方式。了解了这一点，就可以坦然对待个体生命存亡。

老子的“复命”直接来自于观察，本质上却来自于道。道的运行方式是大、逝、远、反，天地万物的生、发、衰、灭也是按这样的方式运行。整体生命由一个个、一代代鲜活的生命组成，个体生命由孕育、出生，长大，到衰老，死亡，完成自身的生命过程，而新的生命又源源不断地产生。生命的延续正是“复命”，是“道”给生命的规定性，无法回避，无法逃脱。

三、“长生久视”之道

老子宏观地看生命现象，但是并没有因此而漠视个体生命。对个体的生命也有一整套说法，道家的养生理论深受老子的影响，甚至将老子的养生思想看作是老子的主要思想，把老子的五千言看作养生学。而老子的养生实际是一种思想观念，一种生活理念。

司马迁在《史记》中说老子活了“百六十多岁，或云二百余岁”。说明老子的长寿是有缘由的。道家推崇的养生术大多是对老子五千言的另类解读。有些道家修道是为了追求个体生命的长生不老，道教的信徒追求白日飞升，得道成仙都是以个体生命的存续为前提的，也就说，得道就可以不死，可以永生，可以成仙，可以随意往来于天上和凡间，而这种观念与老子的生死观大相径庭。

老子的生命观中的确也有长寿的概念，但是，老子所说的长寿却不单单指个体生命的持久延续，而是“死

而不亡者寿”。意思是一个生命体虽然消亡，但是却影响力长久存在。社会现实也是如此，有些人虽然个体生命早已消亡，但社会影响力却经久不衰。如老子、孔子、苏格拉底等人都属于享“寿”的一类人。他们的思想、观念被不断地传承，影响了一代又一代人。可以说，只要人类历史存在，他们就会被铭记，就会被谈起，永远不会被遗忘，他们虽死犹生。

生死在天亦在人

“生死有命，富贵在天”是一般人对生死不确定性的解读。一般说来，人皆想长寿，但是能否长寿并不由自己决定。在生死问题上，大多数人对于命运的安排无能为力。但是，并非所有的人在命运面前一筹莫展，也有少数人可以在一定程度上把握自己的命运。老子阅人无数，对世人的生死问题看得非常透彻。他说：

> **出生入死。**
> **生之徒十有三，**
> **死之徒十有三。**
> **人之生，动之于死地亦十有三。**

夫何故，以其生生之厚。

盖闻善摄生者，陆行不遇兕虎，

入阵不被甲兵。

兕无所投其角，虎无所用其爪，

兵无所容其刃。

夫何故，以其无死地。

（《老子·第五十章》）

意思是：人一出生便向死亡进发。长生之人占十分之三，短命之人占十分之三，过分注重长生反而适得其反的人也占十分之三，什么原因呢？是因为这样的人对养生看得太重了。听说善于保护自己生命的人，在陆地上行走不会遇见犀牛（兕）老虎，进入战阵不用披盔甲持兵器。犀牛没有用其角的地方，虎没有用其爪的地方，兵器没有用武之地，为什么呢？因为他没有处在危险之地。

这是老子关于养生的重要论述。从这一章可以看出，老子不认为有什么不死的人，也没有得道而成仙之说。人一出生就开始了向死亡的进发，没有例外。但是，人的寿命却是有差异的，有的人长寿，有的人短命，还有的人过分注重养生反而导致短寿。事实也是这样，秦皇、汉武都是一代雄才，伟烈丰功，不可一世，但在生死观上却不脱凡夫俗子的窠臼。他们为了长寿费尽心机。秦始皇听信江湖术士谗言，派徐福率三千童男童女赴海外去寻不老仙药，但事与愿违，徐福有去无回，不老仙药终是一种传说。秦始皇求长寿而不得，不过四十多岁就撒手人寰。汉武帝在他那个时代算是长寿的，活了七十多岁，但是和他想要的长寿，甚至不死相比，还是差了很多。为求长生之法，他不择手段，又是修筑蜚廉馆、桂观馆、益延寿观，又是让术士炼长生不老药，遍尝养寿仙草，无奈天不假年，只能抱憾而终。

在老子看来，善于摄生的人不过十分之一。这样的人在陆地上行走会绕开猛兽出没的地方，以规避可能遇到的危险；在战场上不会去硬拼，以减少兵戈加身之害。为什么呢？因为他避开了致命的危险。能这样做的不一定是善摄生的人，但善摄生的人一定是会这样做的。老子以犀虎、战地为例，用以表示极危险的地方。“不遇兕虎，不被甲兵”，并不是说善于摄生之人有什么特殊超人的本事，而是说善于摄生之人会主动地避开危险，不涉险地。古语云“君子不立于危墙之下”。两者是一样的道理。因此，养生的第一要务是要规避可能危及生命的危险，而不是等到危难临头再想办法。任何人都不可能预料所有的事，再周全的计划也不能排除意外。如果遇上意外，坦然面对是最好的应对方法。

本来，趋利避害是人的本能，但是一旦掺杂了其他因素，就可能迷失心智从而使危险加身。所以，善摄生者首先要有健全的心智和未雨绸缪的观念。从理智上而不仅仅依靠本能去规避危险，才是最好的全生法。

养生贵在养心

有句话说：性格决定命运。内含的意思是，人的一生有无数个选择，一系列选择的结果连起来就是一个人的命运。在一系列的选择链条中，有的选择深思熟虑，有的选择在一念之间，有的选择则是无意识的，而选择这个行为却是由性格决定的。有一种说法不无道理："积行成习，积习成性，积性成命"。其中的"性"就是指性格。那么性格是什么？性格的心理学释义为：人在对现实现象的态度以及对此做出的相应的行为表现方式的综合体现。它是人的社会属性的最重要的表现方式，也是心理活动的重要因素的体现。其实，不完全如此。人的性格既有先天遗传的一面，也有后天可塑的一面，人的选择主要是由后天形成的一面起作用。比如人的社会地位、受教育的程度、个人的价值取向、审美观念，等等，都是对选择时起重要作用的因素。而平和的心境、超然的理性往往会做出正确的选择。那么，在纷繁的社会中如何才能有平和的心境和超然的理性呢？在老子的大生命观中，并无特殊的养心办法。与认识其他事物一样，了解事物的生发、运行的规律，然后反求诸己。这就是养心。老子说：

天下有始，以为天下母。

既得其母，以知其子，

既知其子，复守其母，没身不殆。

塞其兑，闭其门，终身不勤。

开其兑，济其事，终身不救。

见小曰明，守柔曰强。

用其光，复归其明，无遗身殃，

是为袭常。

（《老子·第五十二章》）

意思是：天下事物都有起始，起始的本原，就是生产之母。了解事物的起始本原，就知道事物来自何处。知道事物本身，反过来按照事物的本原遵循的法则行事，就会终身远离危险。堵塞与外界接触的感官，堵塞与外界通气的孔窍（引发贪欲的感官），关闭与外界交往的门户（隔绝外界诱惑），终身都会受用不尽。放纵自己的欲望，为贪欲而做事，终身都不会满足。大而显小才称得上明智，持续守柔才称得上强。用这样的光（道理），返照自身之明（指导自己的行为），终身都不会遭殃。这可以说是修道（袭：通习）。

养心与修道有共同之处，甚至可以说修道是最好的养心方法。养心也需要了解事物的本原，了解事物与本原之间的关系。一般说来，欲望越大，追求满足欲望的动力越大，危险也就越大。而远离危险才是保全生命的最好办法，没有比一辈子平安无事终享天年更好的养生法了。远离危险的最佳办法就是克制自己的欲望，拒绝外界的诱惑。而名利却是非分欲望的源头，养心的天敌。

养心贵在寡欲

所谓“欲”主要指人的心理需求，与心理满足相对而生。由于人的生存境遇不同，欲求的内容也大不相同，但是有一点完全一致，即其所求的必然是其所尚未满足的。一个饥肠辘辘的人，他最迫切的欲求可能只是一顿饱饭；一个富可敌国的人，他的欲求可能是富敌天下。两者所求的内容不同，但欲求并未满足这一点却是相同的。在一般人看来，前者的欲望是正当的，是人的基本需求，而后者则是过分的，近乎贪婪。而贪婪则往往是养生的大敌。老子说：**“咎莫大于欲得”**（《老子·第四十六章》）。意思是，最大的过错，莫过于贪欲。然而，人生在世孰能无欲？养生的关键是能否克制欲望。当企图满足某种欲望成了一个人全部的精神需求时，那么这种欲望无异于可让人产生生理依赖性的毒品。如此强烈的欲望是一种偏执，一种病态，而这与养生所要求的心态是背道而驰的。因此民间有种说法认为“贪欲是把杀人的刀”。此言不谬。这把刀不但会伤别人，对自己危险更大。人在追逐名利时往往不会意识到祸患将至。

然而，在人类社会中，追逐名利却是一种常态。这里所说的名，是指社会认知度，代表一定的社会地位；而利则主要指拥有或可供支配的财富。名利的拥有者可以得到他人的羡慕嫉妒恨，可以自我感觉与众不同。但是，趋名逐利同样是与老子养生的理念背道而驰的。老子对名利的态度非常鲜明，明确指出名利乃身外之物，过于追逐名利必然付出沉重代价。名利与养生，二者不可得兼。退一步说，即使有人秉持“人为财死，鸟为食亡”的信条，以追逐名利为目的而不顾其余，但他可能对名利的本质缺乏认识，他的行为大抵是盲目的。只看到名利耀眼的一面，没有看到名利毁人的一面。的确也有人似乎是名利双收，福寿俱得，但绝大多数人看到的只是表面，而对真实情况并不知晓。老子对如何看待名利有一番精当的论述，他说：

名与身孰亲？

身与货孰多？

得与亡孰病？

是故甚爱必大费，多藏必厚亡。

知足不辱，知止不殆，可以长久。

（《老子·第四十四章》）

意思是：名望与身体相比，哪一个更亲近？身体和财富相比，哪一个更重要？得到名利与失去生命相比，哪一个害处更大？因此，过分地追逐名望必然耗费大量的精力，贪得无厌地聚集财富，必定付出沉重的代价。所以知足可以避免受辱，知止可以远离危险，这样才可以长久。

老子非常明确地说明了人的生命（身）与名利的关

系。这既是经验的，又是理性的。《红楼梦》中有一首《好了歌》从另一视角很好地诠释了生命与名、利、情的关系。

世人都晓神仙好，唯有功名忘不了，
古今将相在何方？荒冢一堆草没了。
世人都晓神仙好，只有金银忘不了，
终朝只恨聚无多，及到多时眼闭了。
世人都晓神仙好，只有有娇妻忘不了，
君生日日说恩情，君死又随人去了。
世人都晓神仙好，只有儿孙忘不了，
痴心父母古来多，孝顺儿孙谁见了？

《好了歌》不仅说名、利，还说了情与个人的关系。不过，名利在社会上起的作用显然要比情显要得多，而且，若无名利纠缠，无论亲情还是爱情本来可以简单得多。《好了歌》本意是劝人出世的，“神仙”的世界没有名利情的困惑，而人世间的名利情都是虚幻的，不值得留恋。所以，吟唱《好了歌》的跛足道人说，“好便是了，了便是好”。强调“了”也就是放弃虚幻的名利情，才能有所谓的“好”。其实，跛足道人《好了歌》的

“好”也是虚幻的，因为神仙是虚拟的产物。以虚幻说虚幻当然也不会超脱虚幻。但是，名利对人的诱惑却是实实在在的，对人心性的伤害也是实实在在的。因此，老子提出拒绝名利诱惑的办法就是：**“见素抱朴，少思寡欲。”**（《老子·第十九章》）即崇尚朴素理念，不作非分之想。这是理性地认识名利的危害、自觉地远离名利的诱惑是养心的最好办法。

养生贵在淡泊

大多长寿者不是刻意追求养生的人，而是顺应天年的人。顺应天年就是遵从生命的自然轨迹，当行则行，当止则止。行之怡然，止之泰然，不惶惶于来日无多，不戚戚于命途多舛。对生命的本质看清楚了，对名利也就看淡了。

当代知识分子中最著名的长寿者当属周有光老先生了。他生于 1906 年 1 月，卒于 2017 年 1 月，享年已满 112 岁。周老学识广博，50 岁之前是经济学家，50 岁之后搞中国文字改革，是汉语拼音的创始人之一。一百多岁时老人还执笔不辍，对天下事发表见解。有意思的是，周老先生曾经被告知是短命相。他年轻时身体不好，得过肺痨，还患过忧郁症。妻子张允和身体也差。他们结婚时，家里有人私下找了算命先生给他们算命，算命先生说这对夫妇只能活三十五岁。但是，周有光两口子风风雨雨那么多年却安然无恙，妻子张允和以 93 岁高龄故去，而周老先生享寿 112。周老先生并非有超常的养生之道，甚至八十多岁还得过一场大病。但是，周老先生心态却是常人难以企及的。老人在《周有光百岁口述》中谈了养生之道。老人说："首先，生活要有规律，规律要科学化；第二，要有涵养，不要让别人的错误惩罚自己，要能够'卒然临之而不惊，无故加之而不怒'。"周有光有"三不主义"：一不立遗嘱，二不过生日，三不过年节。其原因不是有什么特殊讲究，而是怕麻烦。他安居陋室，睡觉、吃饭、看书、写文章，日常生活简单到极致，淡泊到极致。一生成就斐然却不以为意，真正做到了"**生而不有，为而不恃**"，真正做到了"卒然临之而不惊，无故加之而不怒"。老人写过一篇周氏"陋室铭"以表明自己的生活态度：

山不在高，只要有葱郁的树林。水不在深，只要有洄游的鱼群。这是陋室，只要我唯物主义地快乐自寻。房间阴暗，更显得窗子明亮。

书桌不平，更怪我伏案太勤。门槛破烂，偏多不速之客。地板跳舞，欢迎老友来临。卧室就是厨房，饮食方便。书橱兼作菜橱，菜有书香。喜听邻居的收音机送来音乐。爱看素不相识的朋友寄来文章。使尽吃奶气力，挤上电车，借此锻炼筋骨。为打公用电话，出门半里，顺便散步观光。仰望云天，宇宙是我的屋顶。遨游郊外，田野是我的花房……

老人乐观、达观，把常人眼中的烦恼，如房子小、采光不好、室外杂音、挤公交等生活中的琐事视为快乐的源泉。这真是一种高境界，而且如此境界并非刻意修为。看起来都是平凡小事，似乎谁也能做，其实不然。只有看淡了世人所求所欲，才能心静如水，顺其自然。周老先生所做的与老子提倡的确有异曲同工之妙，看淡养生，反而长寿。

由此观之，养生在于自然，不可强求。养生贵在养心，养心贵在养性，养性贵在淡泊，淡泊贵在平和，平和贵在寡欲。能清心寡欲就达到了养生的上乘境界。如此境界，使生命之树常青也是自然而然的。

第七章

老子的为政理念

天下是被天下人寄托给圣人的，圣人是被委托治理天下的人，受到被委托人的信任，应当全心全意为天下人理政，而不可将公权力私用。抽象概念“圣人”是完美人格的代表。圣人要有很高的道德修养，他的所作所为要符合道的准则。

老子不仅关注天地万物的本原和运行规律，也关注国家、社会、民生。因此，老子的哲学思想和价值观也必然要反映到他的治国理念中来。在《老子》五千言中，有相当多的内容直接涉及为政治国，有些是间接对为政者提出的建言。

一、老子的天下观

天下为何物?

“天下”是《老子》五千言中出现频率最多的词之一。说老子心系天下也不为过。在古人的观念中，地在天之下，所以称被天覆盖之下的大地为天下。后又引申为政权统辖的政治范围，聚家成国，聚国成天下。也就是说，天下是由家国构成的，天下是最高、最大的政权代称，所有的国、家均在其治下。《尚书·大禹谟》言“奄有四海，为天下君”。统驭四海之内的所有家国，是天下的最高统治者，所谓“君天下，曰天子”（《礼记·曲礼下》）。当政者为了给自己的权力披上合法性的外衣，鼓吹君权神授，表明自己受命于天，以天帝之子的名义君临天下，以此将统治者神圣化，神秘化。为使家天下千秋万代不改姓，天子大位的传承以嫡亲血统作为合法依据。不过，这只是历朝历代家天下统治者的一厢情愿。

在老子生活的时代，尽管诸侯国林立，周王室式微，但是天下名义上无疑是周天子的天下。然而，天下并不当然就是周天子的家天下。虽然到老子事周时，周朝已延续了约四百年，但是，周王朝之前的天下并不姓周。周之前还有商，商之前还有夏。夏、商、周之间的政权更替与血缘传承无关，是通过政治集团间博弈实现的，充满了暴力和血腥。而周室的式微又勾起各大诸侯国的野心，它们摩拳擦掌、觊觎天下，企图取而代之。天子的政权本质上是靠实力支撑的，而实力的核心是暴力机器。所谓承天景命君权神授不过是谎言而已。

在家天下之前，上古的先民社会似乎曾存在一种合乎人类持续发展的良治模式。孔子每每称道上古之时，对三代充满憧憬。所谓三代，是指上古之时，尧、舜、禹治理天下的时代。那时，天下为公，天下是天下人的天下。在帝位传承上，尧、舜、禹奉行的是禅让制，即在全民范围内选贤举能，德才兼备者才有可能被推选为当政者。而且，当政者并不仅仅意味着拥有荣耀和权势，更要承担善治天下的责任，因此，虽然有人够条件被推举，却唯恐避之不及。如许由让天下的故事。

但是，禹将治理天下的大权传给儿子启之后，公天下的传统就被破坏了。当政者的权力产生了异化，原有的公天下被强势人物据为己有，化公为私，成为家天下。

在老子的五千言中，没有认可君权神授的说法，也没有承认天子拥有天下的合法性。他不仅没有提及夏朝、商朝，就是对他任柱下史的周室也未置一词。这样的做法对史官来说当然不是疏忽，而是刻意。说明夏、商、周的家天下观念不被老子认同。

老子的天下观标新立异，独树一帜。他说：

将欲取天下而为之，吾见其不得已。

天下神器，不可为也，不可执也，

为者败之，执者失之。

是以圣人无为故无败，无执故无失。

故物或行或随，或嘘或吹，

或强或羸，或挫或隳。

是以圣人去甚，去奢，去泰。

（《老子·第二十九章》）

意思是：想要将天下作为自己的私物并治理它，我看他是做不到的。天下神器，不可妄为，妄为者必败，把持者必失。因此，圣人无为所以无败，不执掌什么，也就不会失去。事物或是在前，或是随后，或是吸气或是出气，或是强壮或是羸弱，或是挫败或是毁灭。因此圣人要去掉过分，去掉奢靡，去掉安逸。

“**天下神器**”，理应是天下人的神器。在老子看来，“**天下神器**”，不是谁可以拥有，也不是可以随意处置的。老子所称圣人则是以无为处事，且不将神器据为己有。老子虽然没有明指将欲取天下的“为者”“执者”是何许人，但能“为”天下或“执”天下的，一定是能够执掌“**天下神器**”或觊觎“**天下神器**”的人。

“**天下神器**”说白了就是治理天下的权力。治理天下的权力是因天下人的存在而产生的一种存在，是天下人的公器。既然是公器，就应该为天下人所有，为天下人所用，不可以由哪个人任意而为，更不可以作为个人的私物。在老子的天下观中，只有治理者，没有拥有者。因此，老子告诫执政者，若把“**天下神器**”作为囊中私物任意处置，那一定没什么好结果。强行贯彻自己的意志，一定失败；将神器据为己有，一定不会得逞。天下事物的性情各有不同，总是有前有后，有缓有急，有强有弱，有挫败有毁灭。因此，治理天下的圣人要去掉过激想法，去掉奢靡享受的欲望，去掉追求安逸的心态。

在老子的为政理念中，治理天下的不是天子，而是圣人。老子所说的圣人无关乎血统的传承，也不是依靠实力夺得天下的豪杰，而是能够按照符合道的方式为政的有德之人。圣人治理天下，无疑是对家天下的否定。老子所指的为政者并不是家天下的为政者，而是被百姓推举产生的为政者。老子明确说：

……

是以圣人欲上民，必以言下之。

欲先民，必以身后之。

圣人处上而民不重，处前而民不害。

是以天下乐推而不厌。

……

（《老子·第六十六章》）

意思是：圣人若想成为权力的拥有者必须言语谦和身段放低，要想领导百姓，必须将自己的利益放在百姓的利益之后。执政者被百姓供养，而不能让百姓觉得负担重，做领导而不能危害百姓，这样百姓才真心拥戴。

这表明，圣人治理的天下不是哪一家的天下，而是天下人的天下，圣人所执掌的权力，是天下人赋予的。圣人为政的合法性也是天下人决定的。直白地说就是，圣人想要做领袖需要人民的认同，百姓的利益应当在执政者之上。圣人居于统治的地位被百姓供养，但是不能成为百姓的负担，圣人在前发号施令却不会让百姓觉得是祸害。因此才能受到天下百姓拥戴。

老子还说：

> ……
>
> **故贵以身为天下，若可寄天下；**
>
> **爱以身为天下，若可托天下。**
>
> （《老子·第十三章》）

意思是：看重天下的百姓像看重自己身体一样的人，可以把天下托付给他；爱惜天下百姓像爱惜自己的身体一样的人，可以把天下托付给他。“**天下神器**”是被天下人寄托给圣人的，也就是说圣人是被委托治理天下的人，受到被委托人的信任，因此应当全心全意为天下人理政，而不可将天下人赋予的公权力私用。

二、为政者的德行

任何一种以国家社会为论说对象的思想理论都会对为政者的修养、德行提出明确的要求。比如，柏拉图描绘的《理想国》是由德行高尚的哲学家作为管理国家的执政者。孔子基于“礼”提出“君君，臣臣，父父，子子”，要求一国之主谨守君道。而他所说的君道则是“礼”，所谓“君使臣以礼，臣事君以忠”。（《论语·八佾》）

老子对执政者的德行要求是非常具体的，在《老子》五千言中，没有一处将有名有姓的古代圣贤作为榜样。无论是在朝为政治理天下的尧、舜、禹、汤，还是在野的隐者商容、许由，都没有被提及。老子所提到的贤明为政者的代称是“圣人”。这是很不寻常的，因为古人为了强调自己学说的说服力，往往抬出一些人们公认的优秀人物作为榜样，三代明君尧、舜、禹就经常被提及。但是，老子却以抽象的“圣人”为榜样。抽象的圣人要比具体的圣贤范围要广得多，具备一定的品质德行便是圣人。

在老子话语中，抽象概念“圣人”是完美人格的代表。圣人有着很高的道德修养，他的所作所为符合道的准则。担当治理天下大任的为政者应当是圣人，至少也应当是按圣人的德行来要求为政者。

“圣人抱一为天下式”

老子道论的核心价值理念是“自然”，在他的话语体系中主要是围绕这个话题展开的。老子的所谓“自然”就是指事物的应然状态。在老子的话语中，圣人首先应是崇尚自然、效法天地的典范。圣人应通过“法天地”来使自己的行为合于道。老子说：

天长地久。
天地所以能长且久者，
以其不自生，故能长生。
是以圣人后其身而身先，外其身而身存。
非以其无私邪？故能成其私。

（《老子·第七章》）

意思是：天地长久存在。天地之所以能长久存在，是因为它不刻意为了自己的长生做什么，所以才能长生。因此，圣人后考虑自己，反而能在民众前面，将自身置之度外，反而能使自己得以保存。难道不是因为圣人无私吗？正是因为圣人无私所以能成就他自己。

老子的这番话是要说明一个道理，天地本于自然，顺应自然，之所以能长久存在，就是因为与天地始终保持一种自然状态。这种状态就是不自生。因为不自生，所以天地才能长久。圣人做事应效法天地，将天地作为遵循自然的榜样。具体而言就是圣人为人处事要“后其身”“外其身”。所谓“后其身”是先人后己；而“外其身”则是将自己置之度外，即抛开自我。其实就是做人做事要“忘我”，这样反而能成就自己。

按老子一贯的思想，事物总是相对而立，相反相成，这是事物存在的本质。圣人无私利，以道为准则处理天下事。他说：

曲则全，枉则直，

洼则盈，敝则新，

少则得，多则惑。

是以圣人抱一为天下式。

不自现，故明；

不自是，故彰；

不自伐，故有功；

不自矜，故长。

夫唯不争，故天下莫能与之争。

古之所谓曲则全者，岂虚言哉！

诚全而归之。

（《老子·第二十二章》）

意思是：能变通应对才会保全，（曲：本以为弯，不直，转义为变通）有弯才有直，有低洼才有充盈，有旧才有新，少可以有所得，多了却不知如何选择。因此，圣人以道为行事准则。不自我标榜，反而显得突出；不自以为是，反而都认为他做得正确；不自我夸耀，反而功劳自在；不摆架子，反而被举为官长。只有不争，所以天下才没有可以与之争的对手。古人所说的“曲则全”哪里是虚言呀！的确，事物得以保全，归之于“曲”的处事方式。

“**抱一为天下式**”就是始终以“道”为处理天下事务的准则，不偏不倚。

“**不自现**”“**不自是**”“**不自伐**”“**不自矜**”是老子对为政者的提出的要求。说白了就是不争名利，克己奉公。圣人循道而为，以此作为天下的范式和榜样。

圣人“以百姓心为心”

以执政者的意志为主导实施统治是一种政治常态，百姓的生存状态或多或少都要受执政者意志的影响，古往今来莫不如此。执政者通过权力贯彻自己的意志，在一些人看来是理所当然的。因为，执政者的权力是通过实力博弈取得的，博弈需要付出代价，付出代价就要求得到补偿。于是，获得政权后以各种听起来很神圣的名义将治理天下的公器据为己有，化公为私，以权谋私，将执政者的意志强加给天下，使天下百姓自觉成为供其驱使奴役并任意处置的家奴。这就是人类社会普遍且长期存在的极权政治、精英政治以及伪民主政治的实质。

但是，在老子的为政理念中，执掌公器的应当是圣人，而圣人治理天下不应该以个人意志为主导。他说：

> 圣人常无心，以百姓心为心。
> 善者吾善之，不善者吾亦善之，德善。
> 信者吾信之，不信者吾亦信之，德信。
> 圣人在天下，歙歙焉，

为天下浑其心，百姓皆注其耳目，

圣人皆孩之。

（《老子·第四十九章》）

意思是：圣人没有自己的固定不变的想法，以百姓的想法为自己的想法。善者，我要善待他，不善者，我也善待他，就会得善（善的理念就会普及）。讲信用的人我以信待之，对不讲信用的人我也以信待之，就会得到信用（守信的理念就会普及）。圣人治理天下是内敛的，宽容的，不事张扬（歙歙焉），与天下同心（浑：全也），百姓都关注圣人一举一动，圣人要像对待自己的孩子一样对待百姓。

从这段话可以看出。在为政者圣人与被治理者百姓的关系上，老子强调的是被治理者的意志，而不是治理者的意志。为政者不可以将自己的意志强加于百姓。百姓中有各种各样的人，既有善的，也有不善的，既有讲信用的，也有泼皮无赖，这是正常现象。“十个手指不一般齐”，一母所生兄弟姐妹尚且秉性各异，何况天下百姓。但是作为治理者来说，他们都是被教化的对象，在这点上都是一样的。所以老子认为，圣人教化天下百姓，应一视同仁，没有差别。所谓“**天地不仁，以万物**

为刍狗；圣人不仁，以百姓为刍狗”。（《老子·第五章》）意思是天地对万物是一样看待的，不分贵贱，都有被尊崇的时候，也都有被舍弃的时候，就好像是祭祀用的祭品刍狗一样。刍狗只是一个恰当的喻体——祭祀前非常尊贵，祭祀完毕便归于平淡。圣人对待百姓也应当像天地对待万物一般。

圣人不以个人意志为天下人的意志，时常感念天下苍生。圣人应该心怀宽广，善待所有人，无论他善还是不善。善待所有人就会得到最大的善，而这最大的善是人心向善。圣人应该说话算数，对所有人都讲信用，而不管别人是不是言而有信，这样就会获得最大的信。而最大的信，是人人讲信用，彼此之间没有欺诈。一个人人向善，人人讲信用的社会是圣人教化百姓的结果。

“圣人为腹不为目”

追求物质的享乐、官能的刺激是人的本性之一，但是这种本性却是人性的弱点，而且是难以自控的，如不加约束，很容易走向极端。一味追求物质的享乐、官能的刺激给人带来的伤害比起给人带来的愉悦可谓得不偿失。比如毒品、赌博会给人带来极大的刺激，可使人在短时间内获得极大的愉悦，但是为此付出的代价很少人能承受得起。这似乎是尽人所知的常识，现实却是有太多的人沉溺其中，乐此不疲。

若是一介平民追逐享乐，那么，他的负面影响范围有限，不过是他个人及其相关的人而已；若是主政一方的大员追逐沉溺于享乐，那么，他治下的百姓就会民不聊生；若是掌管天下的统治者耽于声色犬马，穷奢极欲，就会天下大乱、政权崩坏。历史上因放纵自己而丢掉江山的帝王不胜枚举。本性上说，人有追逐安逸享乐、贪婪放纵的一面，而无论其地位的尊卑贵贱。老子深谙人性的弱点故而告诫人们：

五色令人目盲，

五音令人耳聋，

五味令人口爽，

驰骋畋猎令人心发狂，

难得之货令人行妨。

是以圣人为腹不为目，故去此取彼。

（《老子·第十二章》）

意思是：缤纷的色彩使人眼花缭乱，华美的音乐使人耳朵听觉衰退，丰盛的饮食使人味觉麻木，寻求纵马驰骋打猎的刺激会使心神狂乱，喜欢稀奇的货物会妨害人的操行。因此，圣人注重内心的修持，而拒斥外部的诱惑。（这里老子以“腹”指代内、指代实；以“目”指代外、指代虚。）所以，舍弃外部的奢靡，保持自我的操行。

五色、五音、五味皆人之所欲，驰骋田猎、稀世珍宝亦人之所欲。上有所好，下必甚焉。为政者的奢靡会像传染病一样扩散，最终腐败会吞噬全社会。其实，对国家的统治者来说，个人生活的奢靡还是其次的，好大喜功、讲究排场，满足虚荣则会给百姓带来更大的祸害。所以老子提倡“**见素抱朴、少私寡欲**”。朴素、节欲是老子崇尚的价值理念。他让治理天下的圣人从自身做起，也就是“**圣人去奢，去甚，去泰**”（《老子·第二十九章》）。意思是，圣人须舍弃奢靡，不要过分，不求个人的安泰。圣人居于为政者的地位，所言、所行、所好、所恶对治下百姓而言有着无可替代的示范作用。

圣人应当身体力行

听其言、观其行是评价一个人是否言行一致的基本方法。在老子看来，为政者不仅仅是发号施令者，更应是身体力行者。圣人的言行具有榜样的力量。老子借古代圣人之口要求为政者以身作则。他说：

……

故圣人云：我无为而民自化，

我好静而民自正；

我无事而民自富；

我无欲而民自朴。

（《老子·第五十七章》）

意思是：古代的圣人说：我无为而自然会教化民众；我好平静，而百姓就会从事自己的正业；我不大兴土木征调劳役（有事），百姓自然会富足；我不追求声色犬马，百姓自然会淳朴。

这里老子强调的是圣人的品行，圣人不是通过发号施令，而是通过自己的行为来教化和影响百姓。老子要求圣人“无为”“好静”“无事”“无欲”，只有这样，百姓才能“自化”“自正”“自富”“自朴”。百姓向榜样看齐是一个由自发到自觉的过程，而法令在这个过程中是无能为力的。因此，为政的圣人自身应该具备高于常人的修养和德行，而一个社会是否人人向善、人人讲信用，是否民心淳朴，首先要看为政者自身的所作所为。

圣人应有度量、有担当

老子要求作为治理国家的圣人不仅要有宽广的胸怀，要严于律己，要见素抱朴，还要有担当负责任。这些都是为政者应有的品德，而这些德行中担当作为一个贤明的为政者尤为重要。老子借他人之口说明了这层意思：

> ……
>
> **是以圣人云：**
>
> **受国之垢，是谓社稷主；**
>
> **受国不祥，是为天下王。**
>
> （《老子·第七十八章》）

意思是：能够承担国家的屈辱，才可以称得上国家的领导者，能够承担国家的灾难，才可以称得上是天下的领导者。

曾几何时，一国之主能够忍辱负重是一种常识。《左传·宣公十五年》载："谚曰……瑾瑜匿瑕，国君含垢，天之道也”。意思是美玉有瑕疵，国君受非议，是天经地义的。这里的“垢”同“诟”，所谓“受国之垢”是老子给为政者提出的要求，一国之主要有度量，有宽容之心，让人畅所欲言，而不怕诟病，如果像在周厉王治下“国人莫敢言，道路以目”（《史记·周本纪》），那么离垮台就不远了。

“**受国不祥**”中的“不祥”是指灾难。“**受国不祥**”就是要求为政者在国家遭受灾难之际站出来，或是对灾难的后果要有担当，不推诿。其实，作为治理国家的为政者在一般情况下担当和负责并不突出，但到了紧要关头或是需要为决策失误而导致失败或困难局面负责时，敢不敢于担责就是圣人和庸人的分野。只要做事，就可能做错事，不可能一贯正确，即使是圣贤亦不能免过。为政者若标榜一贯正确，功为己，过为人，实际是不敢担当，与庸人无异，而勇于担责才是圣人必备的品质。

由此可以看出，在老子的话语中，治理天下的圣人之所以为圣人，不是靠承天景命的谎言，也不是靠父传子继的血统，而是他的言行、作为、品德。他应当具备善以待人的宽厚，言而有信的坦诚，严于律己的自觉。圣人是道含于内，德显于外的化身。圣人是凡人中产生的圣人，凡人中的得道者就是可以治理天下的圣人。

三、圣人之治

如何治理天下，是执掌天下者思虑最大的课题。公天下，家天下各有不同的理念。就家天下而言，大凡治国为政者，无非有两个目的，其一是想方设法尽其所能要长治久安，使自家的天下能够长久传承；其二是使治下的地域能有发展，自己的政权更加稳固。在老子看来天下理应是公天下，公天下的主体是民众，公天下的治理形式是圣人之治。

遵道而为

老子之道虽然“**视之不见**”，“**听之不闻**”，“**搏之不得**”，却又无处不在。“**道者，万物之奥**。”意思是，道内在于万物的深处。因此，治国理政也是有道可循的。作为为政者，圣人除了应具备的品德之外，在治理国家时还应遵循道的原则。为政先修道，循道以为政，这是为政者的第一要义。老子说：

道常无名。朴虽小，天下莫能臣。
侯王若能守之，万物将自宾。
天地相合以降甘露，民莫之令而自均。
始制有名。名亦既有，夫亦将知止。
知止可以不殆。
譬道之在天下，犹川谷之于江海。

（《老子·第三十二章》）

意思是：常道无名，朴（道的代称）虽然微小但在它面前天下没有能臣。“**道常无名**”也可理解为“常道无名”。老子所说的“道”是高度抽象的却又适用于任何具体事物。但是，无处不在且对事物的发展起决定性作用的“道”却常常质朴无名。道虽然小得搏之不得，但在道的面前天下没有什么了不起的能臣。侯王如果能够遵循道的法则，那么万物就将自然顺服。为什么这样说呢？老子用了一个比喻来说明其中道理：天地感应，甘露自降。不管民众是不是对老天爷祈命，都可以均等地享受上天降下的甘露。这是告诫侯王只要遵循“道”的原则为政也能达到“**民莫之令而自均**”的效果。万事万物出现后就有了“名”。所谓名，就是此事物区别于他事物的概念，同时也涵盖了事物的内在属性和规定性。具体而言，天有天之名、地有地之名、侯王有侯王之名、臣民有臣民之名。既然天地、侯王、臣民各有其名，则应当按其各自的名分遵循的各自的“道”，这就是“知止”。不可混淆，不可逾越，不可替代。只有这样才可以避免危险，才可以长久。道对于天地万物而言，就像千条江河归大海一样。

能否遵道而为，要看当政者的修为。老子说：

道者，万物之奥。

善人之宝，不善人之所保。

美言可以市尊，美行可以加人。

人之不善，何弃之有？故立天子、置三公，

虽有拱璧以先驷马，不如坐进此道。

古之所以贵此道者何？

不曰：求以得，有罪以免邪？

故为天下贵。

（《老子·第六十二章》）

意思是：道内在于万物的深处。（遵道而为）对有德的人（善人，“善，德之建也”。《国语·晋语》）犹获珍宝，对德行不高的人（不善人）是一种保护。美言可以博取名声，美的行为可以让人效仿。人即使德行不高岂可放弃？因此，统治者要立天子（树立权威）、置三公（建立管理架构），虽然有玉制礼器（拱璧），华美的座驾（驷马），不如遵道而行。古人为何如此看重道？难道不是说，可以得到所求，可以避免犯错误（有罪：犯错）吗？所以天下以遵道而行为贵。

从这段文字可以清楚地看出，对于统治者而言，遵道而为比起立天子、置三公这样政权架构，比起拱璧、驷马这样的礼仪排场来要重要得多。对于统治者而言，最大的诉求，无非是政权稳固，国泰民安，最希望的是不犯大的过失，但是，只有遵道而行才能达到这样的目的。

那么如何做才算是遵道而行呢？老子这样说：

治大国，若烹小鲜。
以道莅天下，其鬼不神。
非其鬼不神，其神不伤人；
非其神不伤人，圣人亦不伤人。
夫两不相伤，故德交归焉。

（《老子·第六十章》）

意思是：治理大国像烹饪小河鲜一样，也有相应的准则。道行天下，鬼怪就发挥不了神通。不是鬼怪没有了神通，而是即使鬼怪作乱也伤不了人。不仅鬼怪作乱伤不了人，圣人遵道治国也不会伤人。鬼怪和统治者都不伤害百姓，所以两者之德相交，泽被于民。（鬼应是不安定因素的指称，神作动词用，意为发挥作用。）

老子告诫治理天下的圣人，治理天下，遵道而为是第一位的，国家的运行有其自身规律，不可以随心所欲，肆意妄为。遵道而为，不安定的因素就不会起作用，即使出现一些不好的现象也不会对社会造成伤害。道行天下，不仅不安定因素不会发作，而且圣人也不伤害治下的百姓。这两方面都不伤害百姓，就是德惠及百姓。

如果一个国家不是“**以道莅天下**”就会出现另一种情况。所谓：

大道废，有仁义，
智慧出，有大伪，
六亲不合，有孝慈，
国家昏乱，有忠臣。

（《老子·第十八章》）

在老子看来，一个国家是不是“**以道莅天下**”，仁义、忠孝不是衡量的尺度，恰恰相反，仁义、智慧、孝慈、忠臣这些为人称道的字眼儿却是社会失道后的结果。简言之，暴虐当道，仁义才会显得稀缺，满朝奸佞才会显出忠臣可贵。当人们津津乐道仁义、智慧、孝慈、忠臣的时候，意味着道将不行，继而也会国将不国了。

遵道而为是一种执政理念，应当融入执政者的思维中。道不是具体的条文，也不是供人膜拜的有形器物，不可能人人理解，人人得道，但是执政者应当了解这一点。老子说：

天下皆谓我道大，似不肖。
夫唯大，故似不肖。
若肖，久矣其细也夫。
我有三宝，持而保之。
一曰慈，二曰俭，三曰不敢为天下先。
慈故能勇，俭故能广，不敢为天下先，
故能成器长。
今舍慈且勇，舍俭且广，舍后且先，死矣！
夫慈以战则胜，以守则固。

天将救之，以慈卫之。

（《《老子·第六十七章》）

意思是：天下人都说我所说的道不着边际，大而无当，似乎什么也不像。正是因为道大得能包容万物，所以才什么也不像。若是像什么，那么道也太渺小了。我有三种法宝就是遵守道的准则：一叫作慈爱；（“慈”形声字，从心，从兹，本意为有助人之心。引申为“爱”。《说文解字》解：慈，爱也。）二叫作节俭；三是以不敢为的心态把天下人放在自己之前。有慈爱之心，所以民心所向；（《左传》共用之谓勇。《说文解字注》：勇者，气也。气之所至，力亦至焉。心之所至，气乃至焉。）有了节俭，所以能财源广进；以不敢为的心态把天下人放在自己之前，所以能成为治理天下的官长。当今的执政者舍弃慈爱并且强取民意；舍弃节俭并且广为敛财；舍弃甘居人后并且强为人先，这是死路啊。以慈爱之心聚集民气，用于战则胜，用于守则牢不可破。上天要帮助谁，就赋予他慈爱之心，这是对他最大的保护。

这是老子对执政者如何遵道而为的原则性表述。“三宝”的思想在其治国理念中多次出现。如**“圣人以百姓之心为心”“治人事天莫若啬”“圣人后其身而身**

先”“以辅万物之自然而不敢为”等，都是在表达同样的思想。当然，老子也表达了对他所处时代的执政者的失望和感慨，认为当时执政者的所作所为是背道而驰。

无为而治

遵道而治的真谛就是无为而治。无为是一种行事方式，也就是“**以辅万物之自然而不敢为**”。无为而治是指以无为的行事方式管理事务。具体到统治者，无为而治就成了一个有特定内涵的政治理念，即以无为的行事方式治理国家。老子说：

> **道常无为而无不为。**
> **侯王若能守之，万物将自化。**
> **化而欲作，吾将镇之以无名之朴。**
> **无名之朴，夫亦将无欲，**
> **不欲以静，天地将自正。**
>
> （《老子·第三十七章》）

意思是：道的宗旨是无为，无为之为却能无所不为。

侯王若能谨守此道，万物会自然化育。若化育背离道而贪欲发作，就要用以道来抑制它，使之回到合乎道的规矩上来。遵道而为，就会无私欲，无欲守静，天下自然太平。

这是老子对掌握国家权力的侯王的忠告，强调为政必须遵道而为。“**无名之朴**”是道的代称。遵道而为的要义便是无为，无为方可无不为。

对于为政者而言，若以无为的理念为政，首先不是要做什么，而是不要做什么。因为“要”表达的是一种主观意志。一般说来，在权力结构中，权力的使用和对权力的制约是一种反向变量关系，权力越小，受到的制约越大，为所欲为的范围就越小；反之，权力越大，受到的制约越小，为所欲为的范围就越大。因此，掌握一定权力的人很容易“有为”，也很愿意“有为”。不过，“有为”与所为的结果密切相关，而与“有为”者最初愿望关系不大。比如，历代王朝“有为”的初衷都是为了政权的长治久安，但是，王朝的兴替却说明当政者的“有为”不仅达不到他们的愿望，而恰恰是“有为”毁了他们的政权基业。老子说：

民之饥，以其上食税之多，是以饥。

民之难治，以其上之有为，是以不治。

民之轻死，以其上求生之厚，是以轻死。

夫为无以生为者，是贤于贵生。

（《老子·第七十五章》）

意思是：民间发生饥馑，是因为上面收税太多，所以发生饥馑。民众难于治理，是因为上面恣意妄为，民众无所适从，所以难治。民众看轻生死，是因为上面过分享乐奢靡无度，所以民众看轻生死。过恬淡的生活，胜于追求无度的享受。

这是在告诫当政者若不摆正自己辅助者的位置，搜刮民脂民膏、恣意妄为，奢靡无度，就会让国家陷于混乱。百姓轻生，是因为没有活路，民不聊生的后果就是揭竿而起。当政者的“有为”最终会导致政权的易手。

那么，什么是无为而治呢？老子说了这样一番话，可视为无为而治的思路。他说：

不尚贤，使民不争；

不贵难得之货，使民不为盗；

不见可欲，使民心不乱。

是以圣人之治，

虚其心，实其腹，

弱其志，强其骨。

常使民无知无欲，

使夫智者不敢不为也。

为无为则无不治。

（《老子·第三章》）

意思是：不推崇贤能，使民众不起攀比的念头；不看重难得的货物，使民众不起盗取占有的念头；不显露自己的喜好，使民众不去胡思乱想，不去盲从。因此，圣人理政的做法是，使治下的民众有包容之心，能温饱度日，弱化他们的非分之想（志，指主观意志），强健他们的体魄。常常使民众处于一种简单、无贪欲的纯朴状态，让有智的能人小心谨慎，不去为非作歹。以无为的方式治理，就没有治理不了的。

老子所举无为而治，直指人心，直指人的本性。他清楚地看到人性中的弱点，并且提出了规避的方法。人性中有喜欢攀比的一面，想高人一等，就要去争，相互争夺，必然有损伤。当政者不举贤能，民众就不会为当贤能去争斗。人之所以想得到难得的货物，甚至不惜为盗，是因为社会的价值取向看重这些东西。倘若当政者倡导的社会价值取向不看重难得之货，民众自然不会起盗取占有的贪念。人有从众心理或者说是趋炎附势的恶习，当政者若随意展示自己的好恶，必然是上有所好，下必甚焉。因此，当政者为使民心安定，不起波澜，不显露自己的喜好。上述这些做法都是针对民众的心理弱点而提出的，民众并不当然正确，需要圣人的教化。所谓的圣人之治，是圣人站在辅助者、引领者的位置引导民众要有包容心，重视他们的温饱，使他们安于自身的状态，不存非分之想，并且重视强健他们的身体。通过这些措施，使大多数民众没有贪欲，生活简单、健康，即便有一些所谓知者能人的异类也让他们小心谨慎从事，不去为乱。如此无为而治，则天下大治。

老子说这些都是从民众切身利益出发的，百姓最希望的是生活安定、身体健康，而圣人治下的社会常态恰与百姓的愿望相契合，这样才能长治久安。

其实，为无为对为政者也是一种自保的最佳方式。老子说：“**圣人无为，故无败，无持，故无失**。”（《老子·第六十四章》）意思是，圣人采取无为而治的方式做事，所以不会失败，不去把持什么，当然就不会失去什么。由此可见，治理者主观上的“无为”方能达到客观上的“无不为”。

“以正治国”

无为而治是为政者的理念，而具体的政治基础则是“**以正治国**”。以正治国是遵道而为的具体体现。正如老子所说，“**侯王得一以为天下正**”。所谓“正”就是不偏不倚，这里的“正”指治国的规则、正气、公正。因此，治理国家者，首先要自身正，也就是说，当政者的行为举止要得当。老子说：

重为轻根，静为躁君。
是以君子终日行不离辎重，
虽有荣观，燕处超然。
奈何万乘之主，而以身轻天下？
轻则失根，躁则失君。

（《老子·第二十六章》）

意思是：稳重是根基可以左右轻浮，沉静是主宰可以约束躁动。因此，为政者总是乘坐带帷盖的辇车外出（蔽前后谓之辎，载物必重谓之重。《左传·宣公十二年》疏）。虽然住华美的宫殿，却超脱地把它作为闲居一般。一个万乘之国的君主怎么能因一己之私而轻慢天下呢？（身，指代万乘之主）轻慢会失去根基，躁动会失去主心骨。

这是告诫当政者，稳重冷静对处理国事是非常重要的。应勤政问政而不是坐着辇车到处跑，须知，王公的出行对百姓是一种负担，一种骚扰，因此，虽为万乘之主也不可以为满足自身的欲求而轻慢天下。轻浮躁动会失去治理国家的根本。

天下是治还是乱，与当政者的所作所为有极大的关系。老子说：**“取天下常以无事，及其有事，不足以取天下。”**（《老子·第四十八章》）

意思是：（为政者）常常以不增加百姓的负担（无事）来获得天下的民心，到了随意增加百姓负担的地步（有事），就不会得到天下民心。

因此，所谓“治国”实际上治理的对象是百姓，而百姓最关注的是为政者在行使权力的时候是否有规矩，是否公正。老子说：

以正治国，以奇用兵，以无事取天下。

吾何以知其然哉？以此：

天下多忌讳，而民弥贫；

人多利器，国家滋昏；

人多伎巧，奇物滋起；

法令滋彰，盗贼多有。

……

（《老子·第五十七章》）

意思是：圣人按照正道来治理国家，以奇谋来用兵，以不事功来取信天下。我怎么知道是这样的呢？是因为：天下的忌讳越多，民众就会越贫穷；民间的利器多，说明国家秩序昏乱；民间机巧盛行，怪诞的事物就多；越强调国家法令，说明盗贼越多。

老子所列这些现象因果相连，与执政者的作为密不可分。当政者的忌讳多，对百姓的束缚就多，百姓的负担就越重，所以贫穷；民间利器多是出于自保，说明国家管理不善人人自危；民风不淳朴是因为执政者不正，所以怪事多；而仅靠法令来限制盗贼则是本末倒置。

老子提出“**以正治国**”，是从根本上达到良善社会的正途。那么，如何解读老子所说“**以正治国**”的“正”？

大成若缺，其用不弊。

大盈若冲，其用不穷。

大直若屈。大巧若拙。大辩若讷。

静胜躁，寒胜热。清静为天下正。

（《老子·第四十五章》）

意思是：最圆满的事物也像是有残缺的，但它的功用却不会被遮蔽；最充盈的器物也像是空虚的，但是它的作用却没有穷尽。笔直像是弯曲；巧到极致，却好似笨拙；最好的辩才，却好似不善言辞。清静可以克服躁动，冷处理可以克服脑子发热。清静无为才是治理天下的正道。

老子这段话告诉当政者事物的表象与真实并不一致，不要只看表象，不要紧盯着小的瑕疵，而是要看整体，看功用、看效果。清静在老子的语境中有不主动作为，谨守应然之道的含义。所谓“**不欲以静天地将自正**”说的就是圣人治国理政。

“**以正治国**”还有待民宽容、存愚弃智等内涵。老子说：

其政闷闷，其民淳淳；

其政察察，其民缺缺。

祸兮福之所倚。

福兮祸之所伏。

孰知其极?

其无正。正复为奇，善复为妖。

人之迷，其日固久。

是以圣人方而不割，廉而不刿，

直而不肆，光而不耀。

（《老子·第五十八章》）

意思是：为政者待民宽容，其治下就民风淳朴，为政者待民严苛，其治下百姓就奸猾。祸患隐含着福运，福运潜伏着祸患（两者相互交织，互为因果）。怎么能知道变化的节点呢？福祸这样的事没有定数，正常可以变成非常，祥瑞的可以变成怪异的。人们不明白事物是可以变化的，耽迷其中已经很久了。所以圣人原则性强却不刻薄（不刿），直率却不过分（不肆），光彩照人却不炫耀。

这段主要是说，为政者要宽厚待民，不要严刑峻法。一般人沉迷于祸福的纠结之中难以自拔，却不知道祸福相互依存，因果相连。因此，圣人的做法是遵道而为，适可而止。

“**以正治国**”的另一思想就是为政的圣人要去机心，

不要耍手段，不要自以为聪敏。老子说：

古之善为道者，

非以明民，将以愚之。

民之难治，以其智多。

故以智治国，国之贼，

不以智治国，国之福。

知此两者，亦稽式。

常知稽式，是谓玄德。

玄德深矣远矣，与物反矣，然后乃至大顺。

（《老子·第六十五章》）

意思是：自古以来善于以道治国的圣人不是去开启百姓的机谋之心，而是使他们保持淳朴状态。百姓难以管理，是因为当政者机谋心太重。所以，用机谋治国是国之患，不以机谋治国是国之福。明白了这两者的差别，也就是明白了为政的法则。经常按照法则做事，可以说是具备了为政的玄德。玄德深奥邈远，与万物一样要返回到本初的自然状态，以这样的理念治国，国家才会大顺。

老子在这里特别强调了“稽式”，所谓“稽式”就是治国理政的应循法则，**“常知稽式”**就是要抛去机谋之心，堂堂正正治国。让百姓处于一种纯朴安宁的状态。

老子的**“以正治国”**就是告诫执政者摆正自己的位置，明确自己的职责，不要让那些虚名障眼。

老子还明确地劝诫当政者不要一味追求自己的权威，不要让百姓畏惧当政者，暴力镇压工具不应用于对付百姓。政权的稳固不是靠当政者的淫威，而是要让百姓安居乐业。老子说：

民不畏威，则大威至。
无狎其所居，无厌其所生。
夫唯不厌，是以不厌。
圣人自知不自见，自爱不自贵。
故去彼取此。

（《老子·第七十二章》）

意思是：百姓不畏惧当政者，则是百姓对当政者权威的最大认同。百姓不觉得自己居住的地方狭窄，对自己的生活满意。只有当政者不去压榨百姓（不厌：不压榨），百姓才对自己的生活满意（不厌：不厌倦）。聪明的当政者知道自己有权威却不去刻意显现自己的权威，爱惜自己却不要自以为高人一等。因此，要抛弃自尊自贵的一面，保留低调自爱的一面。

这段话说明了统治者与被统治者的关系。当政者只有获得百姓的认同才会有无形的、有效的权威。暴政纵然可以使百姓噤若寒蝉，却终难使政权长治久安。

以正治国的内涵还包括慎用暴力，因为暴力对当权者来说从来不是好的选项。老子说：

民不畏死，奈何以死惧之。
若使民常畏死，
而为奇者，吾得而杀之，孰敢？
常有司杀者杀。
夫代司杀者杀，是谓代大匠斫。
稀有不伤手者矣。

（《老子·第七十四章》）

意思是：百姓不畏惧死亡，怎么可以用死亡来威胁他们。若要百姓畏惧死亡，就对其中的作乱者（为奇），我们要抓起来杀掉，谁还敢做乱？由专门的机构（有司）做这件事。代替专门机构做杀人的事，就是代替木匠做活，很少有不伤手的。

这是告诉当政者，那种以为用暴力就可使百姓屈从的想法是要不得的。使用强制力要有针对性，只能对少数作乱者绳之以法，而且只能由专门机构按规矩来做，绝不能乱来一气，政出多门。不然的话，终归会自食其果。

“啬”为国本

老子崇尚节俭。在他看来节俭不仅是圣人个人的德行，而且还是一种治国理念。他说：

治人事天，莫若啬。
夫唯啬，是谓早服，
早服谓之重积德，
重积德则无不克，
无不克则莫知其极，
莫知其极，可以有国；
有国之母，可以长久。
是谓深根固柢，长生久视之道。

（《老子·第五十九章》）

意思是：治理人事，侍奉天地，没有比怜惜节用更重要的了。怜惜节用是说凡事要早作准备，勤勉做事可以说是在不断地积德，不断地积德就没有什么不可克服的，没有什么不可克服的，就会蓄积无比强大的力量，蓄积了无比强大的力量，就可以担负国之大任。有了（节俭这样的）国之根基“国母”，（国家）可以长治久安。这才是根深基固，长治久安的治国之道。

“啬”，是个古老的字，在甲骨文中就有，本意是“穑”，即收割庄稼，转义为爱惜、节俭。韩非子《解老》说“少费谓之啬”。“早服”可理解为一个合成词，“早”为修饰“服”的副词，而“服”同备，直译是早做准备。有备无患，引申义为勤勉。

老子把“啬”作为治国的根基，当然是有道理的。“啬”在这里是指为政者应当秉持的一种心态：要怜惜苍生，怜惜万物。因为有了怜惜之心，方可人尽其才，物尽其用。而做到了人尽其才、物尽其用，国家自然会逐渐强大、欣欣向荣，长盛不衰。所以，“啬”是为政者强本固基的根本。

老子还举反面的例子告诫当政者，如果背离大道，一味奢靡，对当政者来说是十分危险的。他说：

……

朝甚除，田甚芜，

仓甚虚，服文采，

带利剑，厌饮食，

财货有余，是为盗竽（一作盗夸）。

非道也哉。

（《老子·第五十三章》）

意思是：朝纲废弛，田地荒芜，粮仓空虚，朝官却衣着华丽，身佩利剑，食不厌精，财货充裕。这是强盗一般的为政，哪里是循道而为呢！

对于为政者而言，明白道理容易，做起来却很难，诱惑太多，制约太少。若不怀“啬”治之心，而逞奢靡之欲，必然偏离大道走向衰亡。这是经过人类数千年历史一再检验过的，而又至简至明的道理，执掌政权者应引以为鉴。

“不以兵强天下”

古往今来，所有的国家无论其大小都是建立在实力的基础上，国家间从来没有摈弃凭借实力、使用强制力来解决问题。征战杀伐不绝史书，无论中国外国都差不多。可以说战争是一种对人类自身伤害最大、付出代价最高、却又难以规避的解决问题的方式。

但是，在老子看来这是与天道相违的。老子说：

天下有道，却走马以粪，

天下无道，戎马生于郊。

祸莫大于不知足，咎莫大于欲得。

故知足之足，常足矣。

（《老子·第四十六章》）

意思是：道行天下，战马用于田耕，而天下无道，战马甚至在生马驹的时候，也要准备上战场。最大的祸端来源干不满足，最大的过错来源于贪心。因此，真正认识到知足，就会常常满足了。

战争对百姓的伤害最严重，对社会的破坏最严重，有道则天下太平，海晏河清；无道则兵祸蔓延，民不聊生。兵祸多起于不知足，犯错误的原因多是贪心。古往今来，胜利者变成失败者，得到的又失去，大多就是因为贪欲过盛。

老子反对战争，认为发动战争是最大的失道。他还说：

> 夫兵者，不祥之器，
> 物或恶之，故有道者不处。
> 君子居则贵左，用兵则贵右。
> 兵者不祥之器，非君子之器，
> 不得已而用之。
> 恬淡为上。
> 胜而不美，而美之者，是乐杀人。
> 夫乐杀人者，则不可以得志于天下矣。
> 吉事尚左，凶事尚右。
> 偏将军居左，上将军居右，言以丧礼处之。
> 杀人之众，以哀悲泣之，
> 战胜，以丧礼处之。
>
> （《老子·第三十一章》）

意思是：兵戈是不祥的器物，是所有器物中最让人厌恶的，所以有道的人不靠近它。君子以左为贵，总在左面，用兵时以右为贵，就在右面。兵戈是不祥的器物，不是君子用的器物，不得已才用它。淡然处之，是最好的。打了胜仗也不值得高兴，打胜仗得意是乐于杀人。而乐于杀人者，不会得到天下人的认同。好事在左，凶事在右。偏将军在左侧，上将军在右侧，这是说以办丧礼的仪式来队对待战事。战争伤亡多，令人悲伤哀泣，胜仗的庆典要以丧事的规矩来办。

兵器、战争都是为杀人而产生的，所以遵道而为的人绝不会轻启战端。战争本身就是悲剧，无非是杀人或被人杀，没什么值得庆贺的，相反，即使获胜，也是可悲可哀的，因为胜利的旗帜浸透了双方战死者的鲜血。所以在老子认为，打了胜仗要按丧事来办。这是对生命的尊重，也是对发动战争者的劝诫。

这段话可以看出，老子特别看重人的生命，特别反对战争。战争意味着杀戮，杀戮就意味着生灵涂炭、民不聊生。好战就是好杀人，好杀人是不得人心的，不得人心者自然也不会得天下。

老子还说：

> **以道佐人主者，不以兵强天下，其事好还。**
> **师之所处，荆棘生焉，**
> **大军之后，必有凶年。**
> **善有果而已，不敢以取强。**

果而勿矜，果而勿伐，果而勿骄。

果而不得已，果而勿强。

物壮则老，是谓不道，不道早已。

（《老子·第三十章》）

意思是：以道治理天下的君主不以武力凌驾于天下，使用武力这种事总是要遭到报应。排兵布阵的地方荆棘丛生，大战之后一定会有凶年。战胜不过是要达到目的罢了，不是要逞强。胜了不要傲慢，胜了不要夸耀，胜了不要骄傲，虽然胜了却并不是愿意打仗，只是不得不打罢了。胜了不要逞强，事物达到极限就会走向反面。这可以说是违背道的准则所致，违背道的准则就会很快衰败。

老子不仅反对战争，而且反对胜利者的狂妄、夸示、傲慢，认为战争这种事如果冤冤相报，会永无休止。所以告诫统治者，遵道而为的君主是以弘扬道德使天下归心，而不是使用武力。即使用兵也是不得已，并且胜利了也要谨慎小心，不要过分。老子的反战思想是非常鲜明的，他把好战不好战作为衡量统治者是不是遵道而为的重要分野。战争是不得已的事，所以战争的胜利者没什么可值得炫耀的，好战是好战者失民心、失天下的重要因素，崇尚武力者必然会被武力击败，这个道理是被历史一再证明了的。

“以奇用兵”

尽管老子反对战争，但是他也知道从人好争斗的本性上来说战争是不可避免的，即便是君子也有“**不得已而用之**”的时候。那么老子是如何用兵的呢？其实，老子之道用于军事便是老子的用兵之道。“**以正治国，以奇用兵**”。（《老子·第五十七章》）治理国家与用兵打仗两者的对象是不一样的。因此，对敌用兵就是要让对方摸不着自己的意图，以敌方想不到的方式方法击败敌手。用兵首先讲的是正当性，他说：

……

夫慈，以战则胜，以守则固。

天将救之，以慈卫之。

（《老子·第六十七章》）

意思是：慈，用于战斗则胜利，用于防守则牢不可破。上天要救的人，会以慈来保护他。

战争本是杀伐之事，对垒双方都必欲置对方于死地。而老子却以“慈”作为制胜的根本。这里的“慈”代表的是正义，也是一种心态。上天会垂青于正义的一方。正义之师参战是不得已而为之，且不以杀人为乐事。以这样的心态参战几近哀兵，而哀兵往往是取胜的重要条件。

老子说：

用兵有言：吾不敢为主而为客，
不敢进寸而退尺。
是谓行无行，攘无臂，执无兵，乃无敌。
祸莫大于轻敌，轻敌几丧吾宝，
故抗兵相加，哀者胜矣。

（《老子·第六十九章》）

意思是：善于用兵者常说：（打仗时）“我小心谨慎，宁可不为主而为客，不轻易前进一寸，而宁可退一尺。”可以说，要行动却没有阵势（**行无行**），要发力却没有发力的样子（**攘无臂**），有武器却像没有武器的样子（**执无兵**），这样才能无敌。（对于用兵来说）最大的祸端是轻敌，轻敌就像是我丧失了克敌制胜的宝贝。所以，双方实力相仿，以必死心态迎战的一方（哀兵）获胜。

这段话主要有两层意思，一是说将帅用兵打仗时的心态。对待敌方，要反主为客，了解对方的想法；两军对垒时，宁肯承认对方气势强，避让对方的锋芒。其二是说，要麻痹敌人却不被对手所麻痹。迷惑敌人就是不让对方看出己方的真实意图，达到“以奇用兵”的效果。轻敌是用兵大忌，失败往往是因为轻敌。交锋时要以哀兵的心态迎敌。

老子特别看重带兵者的修养。他说：

善为士者，不武。

善战者，不怒。

善胜敌者，不与。

善用人者，为之下。

（《老子·第六十八章》）

意思是：善于领兵的人不轻易动武，善于打仗的人不会被激怒，善于战胜敌人的人不与敌人交手。善于带兵的人，总是对部下谦和。

这是多么精深的军事思想！老子当然不是带兵打仗的战将，也不是运筹帷幄的谋士，但是老子对战争的本质却看得很清楚。老子在道的层面谈用兵之道，**“以柔**

克刚”“以弱胜强”都是基于此，而这是一般领兵打仗的将军或出谋划策的谋士所不及的。因此，老子用兵之道是制胜之道，但是，能深刻领悟老子用兵之道并具体运用到实践中去的军事家却是凤毛麟角。

邦交之道

周朝实行的是分封制，有大小诸侯国三百多个。大的如齐、秦、燕、韩等，小的如虢国、中山等。诸侯国虽然大小不一，强弱不等，但结构相似，互不隶属，都有相对的独立性，在自己的属地有治权。因此，诸侯国之间的交往就是当时的国际关系。在诸侯国之间的关系上，老子也对当政者提出了告诫。他说：

> **大国者下流，**
> **天下之牝，天下之交。**
> **牝常以静胜牡，以静为下。**
> **故大国以下小国，则取小国，**
> **小国以下大国，则取大国。**
> **故或下以取，或下而取。**

大国不过欲兼畜人，

小国不过欲入事人。

夫两者各得所欲，

大者宜为下。

（《老子·第六十一章》）

意思是：大国处于下游，就像是天下事发生之母，也是天下各种事务交汇的中心。雌性常常以静胜雄性，这是因为静的一方总是谦下。所以，大国以谦下的方式对待小国，则可使小国依附；小国对大国恭敬，则可使大国为己所用。所以，（两者）或是因谦下而获得依附，或是因恭敬而得以利用。大国不过是为了扩张势力，小国不过是为了得到庇护。两者各自得到想得到的。大国还是谦下为好。

这一章是老子专门论述国家间关系的，这里所说的大国小国是指老子所处时代的诸侯国。春秋战国时代，诸侯国之上的周天子朝廷只是摆设，对诸侯国没有实质上的约束力。大小诸侯国之间的关系实际上是一种兼并与被兼并的关系，而且大国多以追求霸权为目的，奉行弱肉强食的丛林法则。老子非常明白诸侯国之间关系的本质，但他提出的国与国之间的相处之道，却是独树一帜的。老子认为，大国及大国之间的关系主导着国际事务，影响天下的事多因大国而发，因此说大国是各种事件的源头和各种关系汇聚的中心。这一点似乎从未有变，即便当今也是大国在主导国际事务。老子以雌雄之间的关系来说明不生事端的好处。“**牝常以静胜牡**”，这里的“静”有被动的含义，也就是不主动挑事端。获胜的往往不是主动挑事的一方，而是被动却有准备的一方。在大国与小国的关系上，老子点出了事物的本质。国家大小有别，诉求各异，但有一点是相同的，即要达到目的就应该谦下。谦下就是抬举对方，尊重对方。彼此以对方为上，以己为下，各如其愿，各得其所。这才是国与国之间能够长久相处之道。

当然，弱肉强食环境中的生存之道仅凭尊重还不是相处之道的全部，也要对对方有所戒备，对自身的底牌有所保留。正所谓：

……

柔弱胜刚强。

鱼不可脱於渊，国之利器不可以示人。

（《老子·第三十六章》）

意思是：柔弱可以战胜刚强，鱼离不开水，国家的护国重器不能轻易对外宣示。

四、“小国寡民”的理想国

人是群居性动物，人的社会性是与生俱来的，既然如此，社会治理就是一种必需，这是人的本性所决定的。从人类既往的历史看，治理模式有多种，如宗族、部族、邦、国、天下……不一而足。但无论形式如何，社会治理的本质没有变化，即社会治理是针对人和人群的治理。那么，什么样的社会治理才是一种理想状态？什么样的政治是良政？什么样的政治是恶政？不同的价值取向，会有不同的标准。对同样的政治状态，不同的人、不同的处境，评价也会大相径庭。明君之治是良治，还是能臣之治是良治？史官的评价不足为训，因为史官是官府所设，端着别人给的饭碗，歌功颂德、隐恶扬善是他们的正业，就是想秉笔直书也难。所有的官史都是从治者的角度出发去评价政治的善恶，其修史的目的无不是为当政者所用。但是，老子却与众不同，他把评价良政或恶政的标准定位于民，也就是说，由被治者对治者进行评价，应该说这样的评价才是最恰当的。老子说：

> **太上，不知有之，**
> **其次，亲而誉之，**
> **其次，畏之，**
> **其次，侮之。**
> **信不足焉，有不信焉。**
> **悠兮，其贵言，**
> **功成事遂，百姓皆谓我自然。**
>
> （《老子·第十七章》）

意思是：最好的当政者是百姓不觉得他存在，其次是百姓对当政者赞许有加，再次是百姓对当政者畏惧，最糟糕的是百姓对当政者抱怨辱骂。当政者失信于民，是因为他们言而无信。（当政者）平和从容，且少发号施令，功成事遂，百姓都说本来应该是这样，而用不着对当政者感恩戴德。

有一则故事可以为老子的这段话作注脚：

> 帝尧之时，天下泰合，百姓无事。壤父年八十余，而击壤于道中。观者曰：“大哉！帝之

德也。”壤父曰：“吾日出而作，日入而息，凿井而饮，耕田而食，帝何德于我哉？”

（皇甫谧《高士传》）

这则故事的深意在于，老百姓安居乐业是自然的事，并非是当政者的赐予。被统治者不觉得统治者的存在，这是真正的良治——无为而治，是治理的最高境界。换言之，最好的治理不是要管什么，而是要不管什么，也就是说要最大限度地限制当政者的治权，使其对社会活动起辅助、引导作用而不是强制管理。其实，西方政治中也有大致相同的说法：最好的政府，是没有事的政府。

良治是理想社会的前提，而构筑理想社会也是人类的天性之一。自古以来，人类从来没有停止过对理想社会的追求，不管是东方文化，还是西方文化，或是其他类型的文化；也无论是世俗文化，还是宗教文化都含有这方面的内容。如“理想国”“乌托邦”、天堂、极乐世界，等等。对理想社会的描述，归根结底反映了人们向往美好、良善、安定，规避丑陋、恶劣、动荡的心态。

老子对他的理想国也作过一番描述，他说：

小国寡民。

使有什伯之器而不用，

使民重死而不远徙。

虽有舟舆，无所乘之，

虽有甲兵，无所陈之。

使民复结绳而用之。

甘其食，美其服，

安其居，乐其俗。

邻国相望，鸡犬之声相闻，

民至老死，不相往来。

（《老子·第八十章》）

意思是：邦国小，百姓少，即使有功效十倍百倍的工具而不用，让百姓看重生死而不远离家乡。虽然有船有车，却没有什么用，虽然有兵器军队，却派不上用场。让百姓回到结绳记事的简单状态。他们认为自己的食物甘美，衣服漂亮，居住安逸，喜欢自己的民俗。与邻邦相望，鸡鸣狗叫都能听见，但是百姓至死都不相往来。

这是一首恬静的田园诗，一幅唯美的风土画。

老子描述的理想国的场景或许在上古结绳记事的时代曾经有过，但在老子所处的现实中并不存在。这样的理想国需要特定的条件，如公天下的政体、和平的外部环境，自给自足的经济，自然淳朴的民风，百姓安居乐业，当政者无为而治，等等。因此，在当时这样的理想国也只能存在于想象中。不过，有一点是可以肯定的，即它是老子治国理念想要达到的最高境界。在老子描述的理想境界中，虽然有社会的治理单位“国”，但“国”的规模不大，人口也不多。在这样的国度里，人们感觉不到治者的存在，正所谓“**太上，不知有之**”。民是社会的主体，人们在一种自然状态中按照自己的方式生活。这里一派祥和，没有争斗。一般国家统治所必需的军队，在这里却派不上用场。人们对自己的生命十分珍惜，这里生活安定，无须为了躲避战乱而迁往他乡。人们在相对封闭的地域中生活，虽然有车有船，但只是将其作为生产工具而不是用来交通迁徙；征战杀伐、攻城略地不可缺少的铠甲兵器，在这里却连放置的地方都没有。

这里的人民过着简单的生活，保持着古朴的民风。他们享受自己劳作的果实，欣赏自己身上穿的衣服，对自己居住的房子很满意。他们心态平和、精神充实，按照传统习俗安排自己的生活。

这里国与国之间阡陌相连，鸡犬相闻，但是国家之间彼此并不联系，相安无事；而百姓世世代代也只在自己的国度中活动，不去关注外面的世界精彩不精彩，与外面的世界没有往来。

老子强调淳朴、简单、安宁才是百姓生活的根本。在这种状态下百姓活得有滋有味，无忧无虑，当然是一种理想的生存状态。

无独有偶，儒家的孔子也对理想社会提出了自己的构想，他说：

> 大道之行也，天下为公。选贤与能，讲信修睦。故人不独亲其亲，不独子其子，使老有所终，壮有所用，幼有所长，矜寡孤独废疾者，皆有所养。男有分，女有归。货恶其弃于地也，不必藏于己；力恶其不出于身也，不必为己。是故谋闭而不兴，盗窃乱贼而不作，故外户而不闭。是谓大同。
>
> （《礼记·礼运》）

意思是：大道行于天下时，天下是公天下。管理天下公器的是被选举出来品德高尚、能干的人，（社会）讲诚信，倡导和睦。所以人们不只是奉养自己的父母，抚育自己的子女，使老年人能终养天年，中年人能为社会效力，孩童能顺利地成长，使老而无妻的人、老而无夫的人、幼年丧父的孩子、老而无子的人、残疾人都能得到供养。男子要有职业，女子要适时婚配。对于财产，人们憎恶把它抛弃在地上的行为（而要去收贮它），却不一定要自己私藏；人们都愿意为公众之事竭尽全力，而不一定为自己谋私利。这样一来，奸邪之谋不会发生，盗窃、造反和害人的事情也不会发生，（家家户户）都不用关大门了，这就是理想中的“大同”境界。

有意思的是，孔子描述的大同社会与老子的“**小国寡民**”社会有相同之处。两者共同的前提是“公天下”。尽管孔子提倡“克己复礼”，想恢复周的家天下，但他所说的大同社会的前提却是“公天下”。没有公天下这个前提，大同世界的理想就不会存在，因为公天下与家天下有本质的区别。这种提法似乎与他一贯的政治理念自相矛盾，其实不然。孔子的确有恢复周家天下的意识，但他更推崇上古时尧舜禹当政的所谓“三代”。他说：“大道之行也，与三代之英，丘未逮也，而有志焉。”（《礼记·礼运》）意思是：大道畅行之时，（尧、舜、禹）三代英才荟萃，虽然孔丘我赶不上这些英才，但我却有志向他们学习。这里的所谓“三代”当指尧舜禹当政之时，那时的政治模式可以说是公天下。也有解释说“三代”为夏、商、周，但夏、商、周是家天下，且政权易主是通过血腥的暴力，显然与孔子所说的大同社会不一样。尧、舜、禹治国时代才是儒家推崇的典范时代。

不过，两者也有明显的差异。在老子的理想国中，没有等级之分，大家都是“民”，是一种自治状态；孔子的大同社会却是有“贤”“能”这样的管理者或者叫社会精英。有了这种区分，人与人之间已然播下了的不平等的种子。因此，老子的理想国是百姓真正的乐土，“**功成事遂，百姓皆谓我自然**”。（《老子·第十七章》）而孔子的大同则是说其然而不说其所以然，并隐含了贤能这样的人治因素。因此，所谓大同，不过是等级理念支撑的虚像而已。

古往今来，无论中外，人类对理想社会的向往从来没有缺失过，对理想社会的追求和尝试也从未中断过。但是，究竟什么样的社会才是理想社会，则从未有过一致的认识。中国不仅有老子的“小国寡民”孔子的“大同”社会，也有张鲁的“二十四治”和陶渊明的“桃花源”。西方有柏拉图（前 427 年—前 347 年）的“理想国”，托马斯·莫尔（1478 年— 1535 年）的“乌托邦”，即便现代社会也还有以自给自足方式存在的哈特公社（加拿大）。

或许老子小国寡民式的居民自治是个例外，其他几乎所有的理想社会构想无非是一种治理者与被治理者关系、人与人之间的关系以及人与社会的关系三者融洽和谐的状态。诚然，它需要一定的环境和一定的物质基础，但与物质的极大丰富和科学技术的高度发达没有必然联系。因为虽然物质极大丰富可以使人衣食住行无忧，却无法满足人的贪欲；科技的高度发达可以使人有为所欲为的工具，却无法提供人与人之间、人与社会之间的和谐。因此，权力的属性、治理模式、人与人之间的关系、人与社会的关系才是政治的本质。因为离开了公天下的权力属性，民众从根本上没有制约执政者的权力，而只是单纯的被治理者；治理者若不是“**无为而治**”，而是以个人意志强力推行，则民众就不会有自在的生活。

尽管人类追求理想社会的梦想从未间断，但在现实中也从未有过可长期存在的人们普遍认同的理想治理模式。这当然是对人类自身的最大挑战。老子的小国寡民距今已远，远得遥不可及。但是，其中内含的自治理念却仍有活力。现代社会看似纷繁复杂，其实每个人接触的圈子、活动范围却极为有限。对于大多数人来说，每个人都存在于某一个小圈子中，以何种方式存在？不过一念之间。道无所不在，德亦无所不在，平和、简单、知足、安逸才是一种生活的至高境界。

第八章

解读《老子》的两种路向

解读《老子》有两种路向：一种是将其作为深奥的思想；另一种则作为宗教的“经”。这两种路向是道家与道教的分野。这两者相互交叉，各取所需。历朝历代各种不同的版本对《老子》的解读释义，是传播老子思想的载体。

自老子留下洋洋洒洒的五千言，不知所终后，解读这五千言便成了许多读书人孜孜以求的正业。但是，老子从未正式收徒，传说中唯一的五千言传人尹喜（关尹）也称不上是登堂入室的亲授弟子。可以说，老子的五千言的确存在，却没有嫡传正本。关于《老子》的成书时间曾有不同看法。但是，1993 年湖北荆门郭店楚墓出土的竹简本《老子》的现身，使得这一问题得到部分解决。即可以肯定，至迟在战国已经有《老子》成书。

在春秋战国时，老子是诸子中的一子，老子之言只是一家之言。在那个时代，对《老子》的解读还没有宗教化色彩。不可否认，《老子》五千言中确有超验的、近乎神秘主义的表述，但主要还是讲道。同老子被教主一样，《老子》五千言也是被经书化的。解读《老子》有两种路向：一种是把它作为一种深奥的思想进行研讨、解读；另一种则从宗教的层面把它作为“经”来读。这两种路向是道家与道教的分野。当然，这两种路向并不是背道而驰的，而是相互交叉，各取所需。

一、传世《老子》的流变

早在先秦，《老子》就有相当大的社会影响力，但世间流传的版本或语焉不详，或残缺不全，也没有公认权威的解读。或许是这个缘故，两千多年来，试图求其正解的人绵绵不绝、趋之若鹜，在可以预见的将来也依然会是层出不穷、未有尽期。正是千百年来各种人士对《老子》持续不断的解读释义，道家一脉才成了中国传统文化的主要流派之一，老子的思想也才广为流布。这是一种非常有趣的文化现象。虽然历朝历代注家、疏家不计其数，各种版本可谓汗牛充栋，但是每一种解读都是作者自己对《老子》理解的阐释，没有一种阐释能被所有人认同。由于可供研究的资料有限，任何诠释者都不可能再现言说《老子》的语境。因此，不同时代的人都会根据自己的理解，提出自己认为合理的解读。从这个意义上来说，对《老子》的解读释义、各种不同的版本反倒成了老子思想的载体。这正应了老子的名言：**"生而不有，为而不恃，功成而弗居。夫为弗居，是以不去"**（《老子·第二章》）。

从已知的文献看，开启解读《老子》先河的是韩非子（前280年—前233年）。韩非子是战国晚期人，倡导刑名之学，以法家著称。在历史上，法家与道家观点接近，甚至一脉相承，故有“道生法”一说。韩非“喜刑名法术之学，而其归本于黄老”（《史记·老子韩非列传》）。

韩非子才气横溢，热衷权术，他的《解老》《喻老》是最早解读《老子》的专论。不过，韩非子的《解老》《喻老》所涉及的内容与传世的《老子》的八十一章相比只是很少一部分，并没有对《老子》的全部内容作全面解读。而且，他多是借老子之言阐发自己的主张，或者是为自己的主张找依据。《解老》《喻老》涉及了《老子》约二十余章的内容，即第一章、第八章、第十四章、第三十三章、第三十六章、第三十八章、第四十一章、第四十六章、第四十七章、第五十章、第五十二章、第五十三章、第五十四章、第五十八章、第五十九章、第六十章、第六十三章、第六十四章、第六十七章、第七十一章等。这些解读主要内容集中在治国理政上，而对

《老子》形而上之学鲜有涉及。

以韩非子《解老》解读《老子·第六十章》为例：

> **治大国者若烹小鲜。以道莅天下，其鬼不神。非其鬼不神也，其神不伤人也。圣人亦不伤民。两不相伤，则德交归焉。**故以理观之，事大众而数摇之，则少成功，藏大器而数徙之，则多败伤，烹小鲜而数挠之，则贼其宰，治大国而数变法，则民苦之。是以有道之君贵虚静，而重变法。故曰："**治大国者若烹小鲜**"。人处疾则贵医，有祸则畏鬼。圣人在上，则民少欲；民少欲，则血气治而举动理，举动理则少祸害。夫内无痤疽瘅痔之害，而外无刑罚法诛之祸者，其轻恬鬼也甚。故曰："**以道莅天下，其鬼不神。**"治世之民，不与鬼神相害也。故曰："**非其鬼不神也，其神不伤人也。**"鬼祟也疾人之谓鬼伤人，人逐除之之谓人伤鬼也。民犯法令之谓民伤上，上刑戮民之谓上伤民。民不犯法，则上亦不行刑；上不行刑之谓上不伤人，故曰："**圣人亦不伤民。**"上不与民相害，而人不与鬼相伤，故曰："**两不相伤。**"民不敢犯法，则上

内不用刑罚，而外不事利其产业。上内不用刑罚，而外不事利其产业，则民蕃息，民蕃息而畜积盛，民蕃息而畜积盛之谓有德。凡所谓祟者，魂魄去而精神乱，精神乱则无德。鬼不祟人则魂魄不去，魂魄不去而精神不乱，精神不乱之谓有德。上盛畜积而鬼不乱其精神，则德尽在于民矣。故曰：“**两不相伤，则德交归焉**。”言其德上下交盛而俱归于民也。

意思是：因此，从理上来说管理大众的事却屡屡变动就成功得少，大装备移动次数多了易损坏，烹制小鱼虾老是翻动就不成样子，治理大国总是变法，那么百姓最遭殃。因次，有道的当政者重视政事的平稳，不轻易变法，所以说“**治大国若烹小鲜**”。人得病就重视医生，遇倒霉事就害怕鬼。圣人主政，百姓就没有非分之想，没有非分之想就会血气顺畅，而且举止合乎常理。举止合乎常理祸害就少，人内无各种恶疾病患，外无刑罚杀戮之祸就对鬼不大在意。所以老子说“**以道莅天下，其鬼不神**”。处于治世下的百姓不太关注神鬼的危害，所以老子说“**非其鬼不神也，其神亦不伤人也**”。鬼作怪使人生病，叫作鬼伤人，人驱逐病魔叫作人伤鬼。百姓违法犯禁，叫作民伤当政者，当政者以刑罚制裁百姓，叫作君伤民。百姓不违法，那么当政者也不对百姓用刑。当政者不用刑法对待百姓，叫作上不伤人。所以老子说："**圣人亦不伤人。**"当政者与百姓互不伤害，人与鬼互不伤害，所以说"**两不相伤**"。百姓不敢触犯刑律，那么当政者对内不用刑罚，对外不惹是非并做利于百姓产业的事，那么百姓就能休养生息。休养生息就能人财两旺。这样的状态可以说是有德。大凡所谓作祟，是魂魄离去导致精神混乱。精神混乱就无德可言。鬼不作怪，人的魂魄就不会离去，魂魄不去那么精神就不会混乱，精神不混乱便属于有德。当政者使百姓人财两旺，鬼也不来捣乱，那么就是德普施于民啊。所以老子说："**两不相伤，德交归焉。**"这是说，德在当政者和百姓中都发挥作用，德兴盛而归于百姓。

以上是韩非子《解老》一例，对《老子》其他章节的解读也大致是这种形式，韩非子对老子的解读是非常精当的。他不仅说其然，而且说其所以然，从道理上透析老子的言外之意。当然，韩非子还是有所侧重，他以老子之言来说明重法的思想。只可惜韩非子没有系统全面地解读老子的文章。

韩非子的《喻老》则主要以一些寓言故事为喻体，

借老子之言，阐发自己的观点。比如，韩非子为解“**大器晚成，大音希声**”之意，讲了一个故事：

> 楚庄王莅政三年，无令发，无政为也。右司马御座而与王隐曰：“有鸟止南方之阜，三年不翅，不飞不鸣，嘿然无声，此为何名？”王曰：“三年不翅，将以长羽翼；不飞不鸣，将以观民则。虽无飞，飞必冲天；虽无鸣，鸣必惊人。子释之，不谷知之矣。”处半年，乃自听政。所废者十，所起者九，诛大臣五，举处士六，而邦大治。举兵诛齐，败之徐州，胜晋于河雍，合诸侯于宋，遂霸天下。庄王不为小害善，故有大名；不蚤见示，故有大功。故曰：“**大器晚成，大音希声**”。

意思是：楚庄王临朝三年，没有发布政令，也没有干什么政事。右司马在楚庄王御座旁隐喻道：“有只鸟栖息在南面的土丘上，三年不动翅膀，不飞不鸣，默然无声，这是怎么回事？”楚庄王说：“三年不动翅膀，将以此长成羽翼；不飞不鸣，将以此观察民众的规则。虽然没有飞，一旦飞就会直冲云天；虽然没有鸣，一旦鸣就会惊世骇俗。你放心吧。我知道你的用意了。”半年后，庄王亲自处理政事。所废弃的法令有十条，所兴起的事情有九件，责罚大臣五个，提拔士人六个，而国家治理得很好。又起兵讨伐齐国，在徐州打败了它，在河雍地区战胜晋国，在宋国会盟诸侯，称霸天下。庄王不因小事而坏其大事。所以有大名；不早早表现才干，所以成大事。因此说：“**大器晚成，大音希声**。”

这个寓言故事是“一飞冲天”“一鸣惊人”的出处。其实，韩非子要表达的意思是，做大事者不急于表现，不看重眼前，经过长时间的充分准备后，突然爆发，势不可挡。韩非子所讲的意思与老子本意并不契合，他只是用老子的话表述自己的观点，老子原话的本意并不如此。

韩非解读《老子》谈不上是全面研究，他只是在思想上接近老子，喜欢用老子的话来强调自己的观点，因而他的解读更多的是发挥他自己的思想。

老子的学说虽然在春秋战国时就影响很大，但整体解读老子思想的却几乎没有，即使庄子也只是在其文章中有一些零散介绍，除韩非之外还看不到有其他专门著述。从这个意义上讲，对《老子》的解读滥觞于韩非子也不为过。

两汉时期对老子思想的解读

两汉时老子的学说也是朝廷推崇的显学，但是，系统地解读老子的著述依然不多见，仅寥寥数种，如河上公的《老子章句》《老子道德经注》，严遵的《道德指归》《老子注》等，远远少于同时期儒家经典。河上公是具有传奇色彩的人物，汉文帝曾专程前往拜见，但只是传说而已。一般认为，河上公的著述为托名之作，是东汉中后期出现的。如此说来，西汉的隐士严遵是最早系统地解读《老子》的学者。

严遵（前 86 年—公元 10 年），字君平，四川成都人，活跃于西汉末年，是著名道家学者。严君平隐居于市井，以占卜为生，虽才高名重却终身不仕。据晋皇甫谧《高士传》载："严遵，字君平，蜀人也，隐居不仕。常卖卜于成都市，曰得百钱以自给。卜讫，则闭肆下帘，以著书为事。"所著之书应当包括《老子指归》。这部书又叫作《道德真经指归》，可以说是严遵解读老子五千言的心得。指归的本意是意旨，《老子指归》也就是谈老子的内涵的深意，而不是逐字逐句的注释。比如，《老子·第四十五章》**"大成若缺，其用不弊；大盈若**

冲，其用不穷；大直若屈，大巧若拙，大辩若讷，静胜躁，寒胜热。清静为天下正”。严遵的《老子指归》（卷之二）是这样解读的：

> 道德无为而神明然矣，神明无为而太和自起。（太和）无为而万物自理。或无根而生，或无足而走，或无耳而听，或无口而鸣，殊类异伦，皆与之市。母爱其子，子爱其母，男女相兼，物尊其主。巢而生喙，胎而生乳，鸟惊而散，兽惊而聚。阴物穴居，阳物巢处，火动炎上，水动润下。万物青青，春生夏长，秋成冬熟，皆归于土。非有政教，物自然也。由此观之，为不生为，否不生否，明不生明，晦不生晦。不为不否，不明不晦，乃得其纪也。故大道坦坦，不出门户，其出弥远，其知弥寡。道在于身，不在于野，化自于我，不由于彼。万物长治，智慧不起。

严遵这一段的解读似乎与所要解读的内容没有直接关联，似乎言不及义。从这段话的字面来看，老子意思是，表象与实质的差异，真正的圆满，反而好像有缺失；

了解透彻，反而显得木讷；巧到极致，反而看起来笨拙；若缺，若冲、若屈、若拙、若讷，都是事物的表象，而大成、大盈、大直、大巧、大辩才是事物的实质。所谓大是言其达到极致。严遵没有从字面解读老子这段话的意思，而是从旁解读，强调道内在于物，即“道在于身”，万物自然而然，物化于自我，强调物的主体性，“物自然”。严遵的这种解读方式特点在于表述自己对道的体悟和心得，而不是逐字逐句解释原文在讲什么。

严遵的《老子指归》不仅在当时影响很大，对后世研究老子也有很大影响。不仅被道家奉为圭臬，道教也将其列为经典。

西汉后期对经典的解读出现了一种新的方式——经学。经学原本是泛指各家学说要义的学问，后来特指研究儒家经典。经学的研究方式是通过解释其字面意义、阐明其蕴含义理。经学出现后变成了大多数知识分子治学的主要方式，在解读经书的同时也阐发自己的思想主张，即所谓“六经注我，我注六经”（宋人陆九渊语），这种状态直到近世没有太大的变化。刘向（约前 77 年—前 6 年）开经学之先河，应属最早的经学家。刘向整理了许多先秦古籍，虽然以儒家经典为主，但对诸子百家之言也作了勘校和评述，如《管子》《韩非子》《晏子》

《关尹子》《列子》等。刘向的治学方法对后世影响很大，东汉对经典的解读更是逐字逐句，从对经典的注疏中探求微言大义。东汉古经文学的马融（79 年—166 年）、郑玄（127 年—200 年）就是这方面的代表。他们的治学主要是给儒家经典作注释，但不拘泥，所谓遍注群书。如马融除了儒家经典外还为《老子》《离骚》《淮南子》等书作注。两汉经学家们的治学方法对解读经典开启了一条新的路向，后世学人解读经典无不以此为基础，当然，对《老子》的解读也不离其根本。

王弼与老子思想的传播

魏晋时期为经典注疏已成治学风气，王弼便是其中的佼佼者。王弼（226 年—249 年）字辅嗣，三国时代曹魏山阳郡人，出身世家，其继祖父王粲，是曹魏著名的文学才俊“建安七子”之一，与孔融、陈琳、徐干、阮瑀、应玚、刘祯齐名。王弼聪颖早慧，又有深厚的家学渊源，小小年纪就名声显赫，是中国历史上最有成就的天才少年之一。《晋书·王弼传》称其“幼而察慧。年十余，好老氏，通辩能言”。王弼在哲学上的最大贡献是倡导“玄学”，他和贵戚何晏（曹操养子）同为

“玄学”的重要领军人物，他们所倡导的“正始玄学”开一代风气。所谓“玄学”是指魏晋时期以研讨、解读“三玄”即《老子》《庄子》《周易》而产生的一种文化思潮。“玄”出自老子的“**玄之又玄，众妙之门**”。王弼解释：“玄也者，取乎幽冥之所出也。”（《老子指略》）也就是说，“玄学”之玄在于深奥，在于本原。“玄学”关注的核心是：有与无、本与末、动与静、名教与自然等问题。魏晋玄学兼容道儒，在中国思想史上具有深远的影响。

王弼的玄学的基本理念是“贵无”。王弼称“天下之物，借以有为生，有之所始，以无为本”。（王弼《老子注·第四十章》）他强调的是“无”的本原性，即万物的代名词“有”的出所、所谓；强调“无”的主导地位，在无和有的关系上是“无中生有”。以王弼、何晏为首的魏晋玄学及其“贵无”的思想在中国哲学史上尤其对认识论具有重要意义。

王弼主要是通过注释的形式来阐发他的玄学思想。他一生著述颇丰，流传至今的著作有：《老子注》《老子指略》《周易注》《周易略例》《论语释疑》等。另有《周易大衍论》《周易穷微论》等已失佚。王弼的注解反映了他认知的独到之处。如他打破了既往的解《易》方式，以思辨思维取代象数之学，使得对《易经》的研究提高到探知其所以然的高度，这无疑是易学研究史上的一次创新。王弼的《老子注》的方式也与前人有所不同。王弼注《老子》是逐章解读原文，择其要者阐明原书本意，并表述心得。比如对《老子·第十四章》的解读：

视之不见名曰夷，听之不闻名曰希，搏之不得名曰微。此三者，不可致诘，故混而为一。

王弼解读：无状无象，无声无响，故能无所不通，无所不往，不得而知，更以我耳目体，不知为名，故不可致诘，混而为一也。

意思是：道没有形态，没有声响，因此能无所不在。不能以我的感官去感知。不知其名，不可探一究竟，所以混而为一。

其上不皦，其下不昧。绳绳不可名，复归于无物。是谓无状之状，无物之象，是谓惚恍。

王弼解读：欲言无邪，而物由以成。欲言有邪，而不见其形，故曰，无状之状，无物之象也。不可得而定也。

意思是：要说是“无”，但物却是因其而成，要说是“有”，却又不见其形。因此说，没有形态的形态，没有具象的抽象，不能去把握、确定。

迎之不见其首，随之不见其后。执古之道，以御今之有。

王弼解读：有，有其事。

意思是："今之有"是一种现实的存在。

能知古始，是谓道纪。

王弼解读：无形无名者，万物之宗也。虽今古不同，时移俗易，故莫不由乎此，以成其治者也。故可执古之道，以御今之有，上古虽远，其道存焉，故虽在，今可以知古始也。

意思是：道，无形无名，却是万物的本源。古今虽有差异，却是一脉相承，治理的道理是一致的。道一以贯之。以今推古，以古御今，上古虽然久远，而道却依然存在。所以可以通过悟道来知晓上古的开始。

天下皆知美之为美，斯恶已。皆知善之为善，斯不善已。（《老子·第二章》）

王弼注文：美者，人心之所乐进也；恶者，人心之所恶疾也。美恶，犹喜怒也；善不善，犹是非也。喜怒同根，是非同门，故不可得偏举也。

意在强调：喜怒是非皆由心生，所以不可偏颇。

故有无相生，难易相成，长短相形，高下相倾，音

声相和，前后相随。

王弼注文：此六者皆陈自然不可偏举之明数也。

意在强调：六种现象都是说自然而然不可偏颇的道理。

是以圣人处无为之事，行不言之教；万物作焉而不辞，生而不有，为而不恃，功成而弗居。夫唯弗居，是以不去。

王弼注文：自然已足，为则败也。智能自备，为则伪也。因物而用，功自彼成，故不居也。使功在己，则功不可久也。

意在强调：无为之为，功在自然，居功自恃，不可长久。

又如：

上善若水。水善利万物而不争，处众人之所恶，故几于道。（《老子·第八章》）

王弼注文：人恶卑也。道无水有，故曰，几也。

意在强调：道是“无”而水是“有”，因此水只能是接近道而不是道。

居善地，心善渊，与善仁，言善信，正善治，事善能，动善时。夫唯不争，故无尤。

王弼注文：言人皆应于治道也。

意为：人应该循道而为。

从以上的注文中可以看出，王弼解读老子的方式是，就文章的意思阐发自己见解，力图说明原文的本意，并不逐字逐句解读。他认为意思清楚的一笔带过，认为需要解释的，则加以说明。而他的想法也在对原文的阐释中得以表述，由此形成了他的玄学思想。王弼及其《老子注》是那个时代的产物。他所代表的魏晋玄学充满强劲的活力，强烈冲击了两汉渐趋僵化的经学，他的开放思想和探究所以然的治学方法也深刻影响了后世学人。

王弼的《老子注》对老子五千言的研究具有特殊重要的意义。这是因为，尽管《老子》在先秦两汉都有重要的学术地位，也一度成为显学。但是，从流传下来的资料看，那时对老子的研究还缺乏系统性，甚至连《老子》五千言的完整内容也没见到。直到 1973 年湖南长沙马王堆出土了《老子》的帛书本和 1998 年湖北荆门郭店村出土了《老子》的竹简本才确证老子有一个完整的思想体系，而且在先秦、西汉确实有极大的影响。虽然学界有刘向将老子五千言分为八十一章的说法，但很难说刘向是《老子》通行本的最早编著者。因为，在王弼本之前并没有一个成体系的刘向本《老子》在世间流传。即使刘歆的《七略·诸子略》也对老子着墨不多。如此看来，王弼的《老子注》对诠释、传承老子的思想体系是无可替代的。在王弼之前，也有不少人解读过《老子》，但都是部分的解读，且不成体系。人们无法通过这些解读系统了解老子的思想。正是王弼的《老子注》使人们看到了老子五千言的全部内容：八十一章。早于王弼的西汉严遵，稍后的东汉严光（前 39 年—41 年，字子陵）都作过《老子注》，但没有留下全本。差不多与王弼同时期的何晏也做过《老子注》，也早已失传。因此，流传至今的王弼《老子注》弥足珍贵。尽管我们也很难考证出王弼所注老子五千言原本的出处，也无法确知老子思想的真实原貌，但是千百年来，王弼《老子注》一直是人们认识和了解老子思想的主要载体，而老子的思想正是借助这一载体得以保留和传播。从对老子思想诠释与解读这一意义上来说，王弼《老子注》既是了解老子思想的载体，也是研究老子绕不过去的门径。当然，虽说王弼的成就是一种标杆，一面旗帜，但远非学问的尽头。他的《老子注》也有不少似是而非，语焉不详的地方，诚如此，才有了后人对老子五千言不断的探求，才使得老子的思想被更多的人认识，成为中国文化的重要组成部分。

魏晋以降，历朝历代通过注解来领悟阐释老子思想的人不计其数，其中不乏九五之尊的皇帝，如六朝的梁武帝著《老子讲疏》、唐玄宗著《御注道德真经》、宋徽宗著《老子注》、明太祖著《大明太祖高皇帝御注道德真经》、清世祖顺治著《御注道德经》，也有不少辅政名臣，如魏徵著《老子治要》《老子注要》、王安石著《老子注》、司马光《道德真经论》、归有光《道德经评注》，等等。至于文人学者、骚人墨客为老子五千言作注者更是如过江之鲫，不可胜数。而这些注本大多都离不开参考王弼《老子注》。仅此而言，王弼的《老子注》居功至伟，其价值无论在学术上还是在对老子思想的传播上都是不可替代的。

二、老子五千言与道教教义

道教将老子奉为教祖，以遵奉老子之道而得名。老子的五千言被作为教义，称为《道德经》。事实上，道教的理论内核也是围绕道德经作宗教性的解读。道教对老子五千言的诠释，是解读老子思想的另一种路向。

作为创生宗教，总是要有一套说辞来向信徒说明其存在的神圣性、合理性。而任何成为教义的经典都不仅具有易于传播和接受的特性，而且也一定有其不同于其他宗教的理论内核。基督教的内核之一是原罪论。原罪论认为所有人在上帝面前都是有罪的，而这罪又是与生俱来的，需要终身赎救才能求得在天堂的幸福。这是基督教神学理论的基本内核，其他说法或经典都是围绕这一核心命题展开。佛教的理论内核就是因果论，无论多么复杂的解释都无非是要说明，世间万物处在不断的果报轮回中，人的所作所为都必定与因果相关，因此虔诚修行，才能修成正果。

道教的理论内核则与其他的创生宗教有所不同。其他创生宗教，设定了现世与来世，将人的生与死分为两个分明的境界，一个人只能生或死，不能既生又死，或既死又生，而神则没有生死之别，神主宰着生死两界。而道教则是修行可以得道，得道可以成仙，成仙便能白日飞升，长生不死。

任何比较成熟的宗教都应该有比较完备的宗教哲学和道德规范，而巫术或神仙方术都缺乏这方面内容，只有老子既有万物生成的本体论论，又有慈善、谦退、俭约、清静、质朴、寡欲等道德主张，可以作为道教据以成立的基础。《老子》内容采用极富感染力的韵语形式，又不失其思辨色彩，西汉时就被视为“经”即《道德经》。其文句洗练、含蓄，便于作多种解释。《老子》（《道德经》）是道教的主要经书，无论哪一派都是将此书奉为圣典。但是，道教对《老子》（《道德经》）的解读是在宗教语境下的解读，读者对象是信徒，而信徒对经书从不怀疑，句句是真理，一句顶一万句。对经书可以有不同的理解，但没有是非之辨，这是信仰问题，不容讨论。

河上公的《老子章句》

在道家的经典《道藏》中，最早解读《老子》五千言经典的著作之一是河上公的《老子章句》，相传是河上公所著。但是，河上公是何许人？历史没有详细记载。司马迁著《史记》提到过河上丈人，但语焉不详。《史记·乐毅列传》载："乐臣公学黄帝、老子，其本师号曰河上丈人，不知其所处。"尽管司马迁没有给河上公立传，但可以肯定的是，关于河上丈人的传说在司马迁时代就有了，而且，正因为语焉不详，给河上公的传说涂上了浓重的神秘色彩。

魏晋之时，皇甫谧著《高士传》，有这样的记载：

河上丈人者，不知何国人也。明老子之术，自匿姓名，居河之滨，著老子章句，故世号曰河上丈人。当战国之末，诸侯交争，驰说之士咸以权势相倾，唯丈人隐身修道，老而不亏。传业安期生，为道家之宗。

这里所说的“著老子章句”就是道教的经典河上公所著《老子章句》。当然，现存的署名河上公著《老子章句》是不是司马迁所说的“老子章句”大有疑问。因为，现存的河上公著《老子章句》与出土的西汉帛书本《老子》差异很大，编排次序也不相同，而现存的河上公著《老子章句》与王弼所著《老子注》次序编排大致相同，行文相近，而且解读文字也更接近东汉或魏晋时期。所以说，现存的河上公著《老子章句》应是东汉后期道教出现后或魏晋时期有人假托河上公之名而著。

河上公的《老子章句》与前人解读有所不同，他将《老子》五千言八十一章的每一章都加上标题，这种方式又有别于经学家官修的《论语》。《论语》的篇名是根据开篇的头一句话，如“学而第一”“为政第二”“里仁第四”“述而第七”，等等。而河上公《老子章句》则是作者根据自己的理解将每一章的内容主旨概括出篇名。

如，体道第一、养身第二、安民第三、无源第四、虚用第五、成象第六、韬光第七、易性第八……象元第二十五…… 独立第八十、显质第八十一，等等。河上公对老子五千言的解读在当时已是很详尽了，而且语言也相对浅显。比如对《老子·第十四章》的解读：

赞玄第十四

视之不见名曰夷，听之不见名曰希，搏之不得名曰微。

河上公解读：无色曰夷。言一无采色，不可得视而见之。无声曰希。言一无音声，不可得听而闻之。无形曰微。言一无形体，不可抟持而得之。

意思是：夷、希、微是道的存在形式，不可把握。

此三者不可致诘，故混而为一。

河上公解读：三者，谓夷、希、微也。不可致诘者，夫无色、无声、无形，口不能言，书不能传，当受之以静，求之以神，不可问诘而得之也。混，合也。故合于三名之为一。

意思是：道是夷、希、微三者合一，道不可由他人口书相传而获得，也不可以自己推究而获得。修道，须静心以求悟。

其上不皦，其下不昧。绳绳不可名，复归于无物。

河上公解读：言一在天上，不皦。皦，光明。言一在天下，不昧。昧，有所闇冥。绳绳者，动行无穷级也。不可名者，非一色也，不可以青黄白黑别，非一声也，不可以宫商角徵羽听，非一形也，不可以长短大小度之也。物，质也。复当归之于无质。

意思是：道在上不显光明，在下不显黯昧，无穷无尽，不可名状，指无色无声无形，物虽然为有，却复归于无。

是谓无状之状，无物之象，是谓惚恍。

河上公解读：言一无形状，而能为万物作形状也。一无物质，而为万物设形象也。一忽忽恍恍者，若存若亡，不可见之也。

意思是：道为万物创造者，人们却看不见。

迎之不见其首，随之不见其后，执古之道，以御今之有，能知古始，是谓道纪。

河上公解读：一无端末，不可预待也。除情去欲，一自归之也。

言一无影迹，不可得而看。圣人执守古道，生一以御物，知今当有一也。人能知上古本始有一，是谓知道纲纪也。

意思是：道循环往复，无首尾，无踪迹。圣人以道统御万物，古今如一。

又如对《老子·第八章》的解读：

易性第八

上善若水。

河上公解读：上善之人，如水之性。

意思是：修道达到一定境界的人其性情如水一般。

水善利万物而不争，处众人之所恶，故几于道。

河上公解读：水在天为雾露，在地为源泉也，众人恶卑湿垢浊，水独静流居之也。恶，乌路反。水性几于道同。几，音机。

意思是：水的形态多样，人不愿处在低处，水却处之泰然。水的品性接近于道。

居善地，心善渊，与善仁，言善信，政善治，事善能，动善时。

河上公解读：水性善，喜于地草木之上即流而下，有似于牝动而下人也。水深空虚，渊深清明。万物得水以生，与虚不与盈也。水内影照形，不失其情也。无有不洗，清且平也。能方能圆，曲直随形。夏散冬凝，应期而动，不失天时。

意思是：以水喻得道之人所作所为，谦卑利他，随和处事，应时而变，应期而动，合于自然。

夫唯不争，故无尤。

河上公解读：壅之则止，决之则流，听从人也。水性如是，故天下无有怨尤水者也。

意思是：水性因势而变，不争，所以无过。

以上是河上公解读《老子》的两则范例。通篇的解读大抵如此。从解读中看不出特别的神学色彩，阐释依然没有离开原文的旨意，但神学解释的倾向性是显而易见的。

张道陵与《老子想尔注》

五斗米道以老子五千文为主要经书，《老子想尔注》便是当时祭酒宣讲经书的注释本，全名《老君道德经想尔训》，相传为张道陵所著，但实际上张鲁著的可能性更大一些，因为张道陵的天师地位是张鲁奠定的，而民间也有张鲁是《老子想尔注》作者的说法，不过此书早已亡佚。清末，敦煌莫高窟发现六朝写本《老子道经想尔注》残本，从《老子》第三章“**则民不争**”开始，到第三十七章“**无欲以静，天地自正**”止，共五百八十行。原件已为英国人斯坦因掠走，现藏于伦敦博物馆。

《老子想尔注》与《太平经》有相似之处，同样认为老子是道的化身。强调“一”即“道”。《老子想尔注》的最大特点是从修炼成仙的视角解读《老子》，从精、气、神去讲修炼长生之道。指出：精结为神，修道者欲令神不死，就应该“结精自守”，以清静为本。解读的基本形式是逐句阐释，为了诠释的需要，它在解《老子》时，数处改易原文。如将第十六章“公乃王，王乃天”句中的“王”字改为“生”字，并解释为：能行道公政，故常生也；能致长生，则副天也；天能久生，法道故也；人法道意，便能长久也。又如将第七章“**非以其无私邪？故能成其私**”句中的“私”字改为“尸”字。

虽然《老子想尔注》是残卷，但从中还是可以对作者的思想窥见一斑。下例几则《老子想尔注》的解读很有代表性。如对《老子·第七章》的解读：

天长地久。天地所以能长且久者，以其不自生，故能长生。

《老子想尔注》：能法道，故能自生而长久也。

是以圣人后其身而身先，外其身而身存。

《老子想尔注》：求长生者，不劳精思求财以养身，不以无功劫君取禄以荣身，不食五味以恣，衣弊履穿，不与俗争，即为后其身也。而由此得仙寿获福。在俗人先，即为身先。

意思是：要长寿，就不要花心思求财而要专心养生，要谈泊功名利禄，生活俭朴，不与人争，这就是“后其身”，因此而获得福寿，就是“身先”。“外其身而身存”意思与前句同。

以其无尸，故能成其尸。

《老子想尔注》：不知长生之道。身皆尸行耳，非道所行，悉尸行也。道人所以得仙寿者，不行尸行，与俗别异，故能成其尸，令为仙士也。

意思是：不了解长生之道，身体不过是行尸走肉罢了。不遵道而行，都是不了解生命的本质。得道之人之所以长寿，就是遵道而行，与常人有别，因此能摆脱肉身，成为仙人。

又如《老子想尔注》对《老子·第八章》的解读：

上善若水，水善利万物而不争。

《老子想尔注》：水善能柔弱，像道去高就下，避实归虚。常润利万物，终不争，故欲令人法则之也。

意思是：水能柔弱，就像道那样去高就低，避实归虚，滋润万物却不争名分，因此使之作为人效法对象。

处众人之所恶。故几于道。

《老子想尔注》：水能受垢辱不洁之物，几像道也。

意思是：水能忍辱容垢，很像道的品格。

居善地，心善渊。

《老子想尔注》：水善得窐空，便居止为渊。渊，深也。

意思是：水善于在低洼处聚积，形成深渊。

与善仁。

《老子想尔注》：人当法水，心常乐善仁。

意思是：人应当像水那样，心怀仁善。

言善信。

《老子想尔注》：人当常相教为善有诚信。

意思是：人应当以善相待，有诚信。

政善治。

《老子想尔注》：人君理国，常当法道为政则致治。

意思是：君王治国应遵道而行，则可达到大治。

事善能。

《老子想尔注》：人等当欲事师，当求善能知真道者，不当事耶伪伎巧耶知骄奢也。

意思是：做事要找能干且循道而为的人。

动善时。

《老子想尔注》：人欲举动，勿违道诫，不可得伤王气。

意思是：人行动时，不要违背道诫，不可伤王气。

夫唯不争，故无尤。

《老子想尔注》：唯，独也。尤，大也。人独能仿水不争，终不遇大害。

意思是：人只要能像水一样不争，最终会免于大难。

《老子·第十四章》是论道的，《老子想尔注》对第十四章的解读颇能代表作者对道的认知。

视之不见，名曰夷；听之不见，名曰希；搏之不得，名曰微。

《老子想尔注》：夷者，平且广；希者，大度形；微者，道炁清：此三事欲叹道之德美耳。

意思是：夷，指道的表现形态平坦并且宽广；希，指道宽宏大量形态；微，指道气清明。这三者是感叹道的无形存在之美德。

此三者不可致诘，故混而为一。

《老子想尔注》：此三者淳说道之美。道者天下万事之本，诘之者所况多，竹素不能胜载也，故还归一。多者何伤，朴散淳薄更入耶！故不可诘也。

意思是：夷、希、微是言说道的形态之妙。道是天下万物之本，探其究竟的人很多，说法多得不可数计，所以回归于一。说法虽多，但朴（道的别称）散为器形态万端，因此不可探究竟。

其上不皦，其下不忽。

《老子想尔注》：道炁常上下，经营天地内外，所以不见，清微故也。上则不皦，下则不忽，忽，有声也。

意思是：道无所不在，经营万事万物，之所以看不见，是因为清静精微缘故。道无所谓明暗，也没有声音。

蝇蝇不可名，复归于无物。

《老子想尔注》：道如是不可见名，如无所有也。

意思是：道这样不可具名，就像不存在一样。

是谓无状之状，无物之象，是谓惚恍。

《老子想尔注》：道至尊，微而隐，无状貌形象也。但可从其诫，不可见知也。今世间伪伎，指形名道，令有服色名字状貌长短，非也。悉耶伪耳。

意思是：道至为尊贵，精细而又隐蔽无具体形象，但可以遵道而为，不可以知其究竟。当今之世多为伪道，指认某种东西命名为道，并给道加上具体形象。这是错误的，都是假的。

迎不见其首，随不见其后。

《老子想尔注》：道明不可见知，无形象也。

意思是：道是不可见、不可知的，也没有具体的形象。

执古之道，以御今之有。

《老子想尔注》：何以知此道今端有，观古得仙寿者悉行之，以得知今俗有不绝也。

意思是：凭什么知晓道的存在？只要看古来成仙长寿者都是修行得道之人，就知今世道也是绵延不断的。

能知古始，是谓道纪。

《老子想尔注》：能以古仙寿若喻，今自勉厉守道真，即得道纲纪也。

意思是：若能以古来得道成仙长寿者自况，修真求道，也就可得修道的纲纪了。

从以上几则注解可知，《老子想尔注》虽然是道教解经用书，但大体上还是在追寻老子的本意，解经语言的宗教色彩也不浓重。不过，其得道成仙求长生不老的倾向也是显而易见的。这对道教普通信众有很大的吸引力。

葛玄的《老子节解》

葛玄（约 164 年—244 年）师从三国时的术士左慈修道，是古《灵宝经》主要参与造作者。他在道教中具有很高的地位，被道教灵宝派尊为葛天师。他还是葛洪的从祖，葛洪的《神仙传》将其称为葛仙翁。在道教传说中，葛玄专事修道炼丹，后来得道成仙、白日飞升。

据传葛玄曾作《老子节解》，但早已亡佚，一些片端残本散见于《道藏》其他经本中。如《云笈七签》《道德真经注疏》等。关于《老子节解》的作者，各种典籍所载不一。有的认为是尹真人尹喜由老子亲授，唐王悬河编《三洞珠囊》卷八，引述《老子节解序》云：“老子以无极灵道元年七月甲子，授关令尹喜《五千文节解图》。”也有人认为可能是河上公所作（唐·陆德明《经典释文·叙录》），今有严灵峰据残本编辑的《辑葛玄老子节解》。

所谓“节解”，顾名思义，只是部分地、有选择地解读，而不是完整地、无遗漏地解读。《老子节解》的解读方式迥异于既往，对《老子》的本意做了改造，将一部内容博大精深的思想著述解读成一部养生炼气，羽化登仙的方士术书。从解读的形式可以看出《老子节解》完全背离原文字的本义，只是根据需要恣意附会。

比如，《老子·第七章》：

天长地久。

天地所以能长且久者，以其不自生，故能长生。

是以圣人后其身而身先，外其身而身存。

非以其无私邪？故能成其私。

《老子节解》的解读：天长者，谓泥丸（道家修炼用语，指头脑）也，地久者，谓丹田（小腹）也。泥丸至绛宫（心），丹田上升，行一上下，元炁流离，百节浸润，和气自生，大道毕矣，故曰长生。

意思是：天长说的是人的头脑（泥丸），地久说的是人的小腹。头部行气至心，腹部的丹田之气上升，真气上下通畅，元气周身流布，通体滋润，自然产生阴阳融合之气，就能体悟到大道，所以说长生。

又如，《老子·第六十一章》：

大国者下流。

天下之交，天下之牝。

牝常以静胜牡，以静为下。

故大国以下小国，则取小国。

小国以下大国，则取大国。

故或下以取，或下而取。

大国不过欲兼畜人。小国不过欲入事人。

夫两者各得所欲，大者宜为下。

《老子节解》的解读：“谓泥丸居上为大国，丹田处下为小国，行一之道，闭气咽液，下流丹田。液化为血，血化为精，精化为气，胎息引之，还补其脑，推而行之，云布四海，故上取下聚也。小国自知卑下，守分雌柔，聚于大国之中，钦风慕义也。”

意思是：头在上为大国，丹田在下为小国，修炼悟道，屏住呼吸吞咽口中唾液，徐徐咽下使之流入丹田。津液化为血，血化为精，精化为气，然后像胎儿在母腹中呼吸那样徐徐引导精气，还补于脑。再运气流布全身，所以精气要上取下聚。

《老子·第八十章》：

小国寡民。

使有什伯之器而不用，

使民重死而不远徙。

虽有舟舆，无所乘之；

虽有甲兵，无所陈之。

使民复结绳而用之。

甘其食，美其服，安其居，乐其俗。

邻国相望，鸡犬之声相闻。

民至老死不相往来。

《老子节解》的解读：百姓谓百脉也，所以盈缩不和平，有口不含一，唇干液竭，故脉失精泄也。小国谓形中，什伯谓五脏，心与肾为什，肝与肺为伯，闭口行气，则什伯气盛而无不用。邻国者，两耳也，两耳相望，保其安也。使神气各有所守，不来往相干，故至老常能聪明也。

意思是：所谓百姓是指人体百脉，之所以盈缩变化不平和。（修道时）心不守一，则唇干没有唾液，因此脉象微弱，精气枯竭。所谓小国指丹田，所谓什伯指五脏，什指的是心和肾，伯指的是肝和肺。闭口运气，则五脏精气旺盛而无所不用。所谓邻国是指两个耳朵。两个耳朵相互照应，保其平安。使人体的各个部分精气贯通，又各司其职，互不相干，所以直到老还耳聪目明。

以上几则《老子节解》颇有代表性，在对《老子》的解读方式上有着不可替代的意义。可以说这种解读对道教信徒的内修提供了具有指导意义的范式。《老子节解》的文字是用道家练功术语表述，也就是将《老子》中的很多概念解释成人的身体的部位或器官，围绕养生修炼论述，所谓“身国一体”“身国同治”。如，将天、大国当作泥丸（人的脑部），地、小国当作丹田（人的小腹），把心、肾解读为什，把肝、肺解读为伯，等等。将老子所言“用兵”，则以口舌之争或阴阳交合之说解之，比如，《老子》第六十九章“**用兵有言：吾不敢为主而为客**”被解读为：“上兵谓口也，下兵谓阴也”。

“口言妄则自伤，故言谦让也。轻用阴则丧精，故不敢为唱而为和也”；“**祸莫大于轻敌**”被解读为：“谓自恣交接者，则有丧祸之灾”。《老子节解》还把老子阐释道理的部分，表述成修炼的门道。诸如行一、服气、还精补脑，等等。

由此可见，《老子节解》与既往解读最大的不同就是将老子的思想观念转化为可操作的、实用性很强的“术”。修道者可通过“术”的修炼达到长生甚至白日飞升的境界。不过，尽管《老子节解》与既往的解读有很大不同，但其根本是一致的，即对道的认同。《老子节解》强调“行一”。在老子的语境中“一”经常作为道的另一种表述。“抱一”“得一”都是指“道”。《老子节解》称“一行身中，除邪愈病，莫知尽极，则其命长存”。也就是说，行一得道是长生不老的不二法门。

结语

老子之道是一门大学问。老子《道德经》尽管只有五千言，但自其问世以来无数的研究者一直在探求其真义，且无论多么了不起的大家、大师都没有穷尽其意涵，因此也不可能有所谓有共识的权威话语权。

本书试图将老子及其五千言作为一个整体来研究，根据论述主题解读老子的思想。本书虽然不是逐章顺序注释五千言，但对老子八十一章的解读也尽在书的内容中，而且每一章都是在具体的语境中解读。

此书是作者长期研究思考的结果，书内有一些独到的看法，或许不够成熟，但属一家之言。作者研究老子纯属兴趣，不落窠臼，无功利羁绊，心中没有权威，笔下不拘俗套，无顾忌，也就无须曲笔讳言，怎么思考便怎么落笔，只求论之有据，言之有物。

罗养毅

2016 年 12 月 10 日

附录

各章出现的《老子》章节

第一章

《老子·第三十八章》《老子·第五十九章》《老子·第三十一章》《老子·第六十八章》《老子·第三十六章》《老子·第五章》《老子·第四十二章》《老子·第五十三章》《老子·第七十章》《老子·第二十章》《老子·第四十一章》《老子·第十三章》《老子·第十五章》《老子·第四十八章》《老子·第七十一章》《老子·第四十七章》《老子·第十章》《老子·第五十六章》

第二章

《老子·第十四章》《老子·第二章》

第三章

第四章

《老子·第六章》《老子·第四章》《老子·第二十五章》《老子·第七章》《老子·第一章》《老子·第十一章》《老子·第二章》《老子·第四十二章》《老子·第五十一章》《老子·第二十一章》《老子·第三十四章》《老子·第十四章》《老子·第四十章》《老子·第三十九章》《老子·第三十五章》

第五章

《老子·第四十一章》《老子·第三十八章》《老子·第八章》

《老子·第五十五章》《老子·第二十八章》《老子·第十章》《老子·第五十四章》《老子·第二十八章》《老子·第五十一章》《老子·第二十三章》《老子·第二十七章》《老子·第六十四章》《老子·第六十三章》《老子·第四十三章》《老子·第七十八章》《老子·第七十六章》《老子·第四十二章》《老子·第七十三章》《老子·第八章》《老子·第八十一章》《老子·第十六章》《老子·第七十九章》《老子·第二十四章》《老子·第六十六章》《老子·第六十八章》《老子·第三十三章》《老子·第五十八章》《老子·第四十六章》《老子·第九章》《老子·第三十章》《老子·第十九章》《老子·第五十三章》《老子·第三十八章》

第六章

《老子·第二十五章》《老子·第七章》《老子·第三十九章》《老子·第四十二章》《老子·第五章》《老子·第二十五章》《老子·第七十七章》《老子·第八十一章》《老子·第五十章》《老子·第十六章》《老子·第五十四章》《老子·第五十章》《老子·第五十二章》《老子·第四十六章》《老子·第四十四章》《老子·第十九章》

第七章

《老子·第二十九章》《老子·第六十六章》《老子·第十三章》《老子·第七章》《老子·第二十二章》《老子·第四十九章》《老子·第十二章》《老子·第五十七章》《老子·第七十八章》《老子·第六十二章》《老子·第六十章》《老子·第十八章》《老子·第六十七章》《老子·第三十七章》《老子·第七十五章》《老子·第三章》《老子·第六十四章》《老子·第二十六章》《老子·第五十七章》《老子·第四十五章》《老子·第五十八章》《老子·第六十五章》《老子·第七十二章》《老子·第七十四章》《老子·第五十九章》《老子·第五十三章》《老子·第四十六章》《老子·第三十一章》

《老子·第三十章》《老子·第六十七章》《老子·第六十九章》《老子·第六十八章》《老子·第六十一章》《老子·第三十六章》《老子·第十七章》《老子·第八十章》

第八章

《老子·第六十章》《老子·第四十一章》《老子·第四十五章》《老子·第十四章》《老子·第二章》《老子·第八章》《老子·第七章》《老子·第六十一章》《老子·第八十章》

主要参考资料

司马迁：《史记》。

班固：《汉书》。

陈寿：《三国志》。

王弼：《老子注》。

河上公：《老子道德经河上公章句》，中华书局 2006 年版。

陈鼓应：《老子注译及评介》，中华书局 2009 年版。

任继愈主编：《中国道教史》，上海人民出版社 1990 年版。

李养正：《道教概说》，中华书局 1989 年版。

图书在版编目（CIP）数据

玄之又玄：说老子/罗养毅著．—北京：世界知识出版社，2016.12

ISBN 978-7-5012-5402-6

Ⅰ.①玄… Ⅱ.①罗… Ⅲ.①道家 ②《道德经》—研究 Ⅳ.①B223.15

中国版本图书馆CIP数据核字(2016)第317462号

责任编辑　刘豫徽
责任出版　王勇刚
责任校对　张　琨

书　　名　玄之又玄：说老子
　　　　　Xuanzhiyouxuan：Shuo Laozi
作　　者　罗养毅

出版发行　世界知识出版社
地址邮编　北京市东城区干面胡同51号（100010）
经　　销　新华书店
网　　址　www.ishizhi.cn
投稿信箱　lyhbbi@163.com
电　　话　010-65265923（发行）
　　　　　010-85119023（邮购）
印　　刷　北京京科印刷有限公司
开本印张　850×1168毫米　1/32　12½印张
字　　数　200千字
版次印次　2017年3月第一版　2017年3月第一次印刷
标准书号　ISBN 978-7-5012-5402-6
定　　价　38.90元